历史的帘子 ②

胡策陌 著

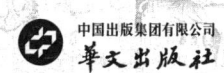

中国出版集团有限公司
华文出版社

图书在版编目（CIP）数据

历史的帘子. 2 / 胡策陌著. --北京：华文出版社，2024.3
ISBN 978-7-5075-5938-5

Ⅰ.①历… Ⅱ.①胡… Ⅲ.①中国历史-通俗读物 Ⅳ.①K209

中国国家版本馆CIP数据核字（2024）第034928号

历史的帘子2

著　　者：胡策陌
策　　划：胡　子
责任编辑：寇　宁
出版发行：华文出版社
地　　址：北京市西城区广外大街305号8区2号楼
邮政编码：100055
网　　址：http://www.hwcbs.cn
电　　话：总编室 010-58336239　责任编辑 010-58336195
　　　　　发行部 010-58336267
经　　销：新华书店
印　　刷：三河市航远印刷有限公司
开　　本：880mm×1230mm　1/32
印　　张：9.5
字　　数：193千字
版　　次：2024年3月第1版
印　　次：2024年3月第1次印刷
标准书号：ISBN 978-7-5075-5938-5
定　　价：58.00元

版权所有，侵权必究

卷首语 PREFACE

我自幼喜欢文史，一有空闲，就钻进历史书中乐此不疲。就这样，我与古人"神交"十几年。

大学毕业后，我成为一条"土木狗"，正式称呼叫施工员。每天，灰头土脸的我扛着仪器，盯着钢筋水泥、砖头木料，听着罐车的轰鸣声。虽然劳动能使我快乐，能使我洋溢着劳动人民的自豪笑容，但是我总觉得心里还有点空虚，仿佛失去了什么。岁月无声，弹指一挥间，两年过去了。

一日休假，我在图书馆翻阅《范文正公全集》，无意中翻到《严先生祠堂记》。当我看到"云山苍苍，江水泱泱。先生之风，山高水长"这一句时，我忍不住双目湿润，我明白自己失去了什么：失去了对理想生活的向往，失去了对完美人格的不懈追求！

回工地后，没多久。木工老板对我挤眉弄眼，道："小伙子，我看你忠诚能干，我闺女长得不错，介绍给你认识一下！"我说："好啊！好啊！"

但是，他闺女却对我说，她不想找工地工作的人当对象。她或许是看我长得帅，考虑到肥水不流外人田，又将自己闺蜜介绍给我。

　　我与她闺蜜不合适，成为纯洁的微信好友。一日，刷朋友圈，发现闺蜜在朋友圈晒自己的文章在公众号上投稿成功的事。一番询问后，我也向这个公众号投稿，获得了人生第一笔稿酬。不久，公众号编辑加了我微信，我们在一起闲聊。她对我说，网上有很多平台，可以发表文章，很多专业编辑都在寻找千里马。她向我推荐了几个网上写作平台。

　　千里马不敢当，我最多算是一匹还算勤奋的驽马。两年内，我手写了一百万字，主要以历史随笔、散文、短篇小说为主。网上发表约十几万字，结交了一些志同道合的笔友。其中，青春励志文学作家慕新阳对我说："你应该考虑系统地写一本书了。"我说："写书哪有那么容易。"他说："别让你的努力配不上你的野心。"

　　这句话，令我心中一震。我也觉得自己应该系统地写点什么。之前，我以范仲淹断齑画粥、曾国藩屡试不第激励自己。为节省时间，我每天吃三碗泡面，四个月考了三次，终于考上家乡一家正式单位，告别了工地生涯。

　　我意识到，人如果要追求幸福生活，就必须在反思生活后反抗生活。因此，我应该写一本书，予失意者以精神鼓舞，予平凡者以价值思考，助努力寻找未来的人不惮艰险，聊以慰藉。

　　古人云："以古为鉴，可以知兴替。"中国五千年文明史，如同一条浩荡长河，奔流不息。若有人能撷取其中几朵浪花，便可折射太阳的光辉，闪耀于今人奋斗之路。

　　我站在奔腾的长河中，寻找浪花。

卷首语

起初，我列举了中国历史上著名的一百多位帝王将相，然后，我划掉了80多个，保留了刘邦、张良、刘备、赵匡胤、朱元璋、曾国藩等十九人。他们大多通过奋斗走向成功。他们曾造福华夏，青史留名。他们靠努力走向非凡，他们散发着正能量的味道。

我采用了"一魂、两点、三人、四线"的写作原则。

一魂，指笔下每个人物均具有独一无二的鲜活灵魂。写任何一个人物之前，我会力所能及地收集这个人物所有的资料，仔细阅读辨析。在动笔前，我会认真构思，确定好框架。李斯也好，朱元璋也罢，他们的形象会清晰呈现在我的意识中。他们会将自己的一生向我娓娓道来。

两点，指笔下的人物一生会有转折点与闪光点。转折点，正是文章的转折之处。须知，文似看山不喜平。完全平铺直叙的文章，难免寡淡。闪光点正是每个人物做人的特点，比如曹操的机智、大度、果决、悲悯、率真、仁厚等。

三人，指每个人的一生都会遇到三种人，贵人、敌人、路人。贵人，是在思想上、物质上等领域，给予这个人帮助的人。敌人，是指在某方面伤害他的人。路人，是与他无明显直接冲突，有间接关系的人。值得一提的是，这三种人可以相互转换。比如，曹操曾是刘备的路人，后来是刘备的贵人，最后成为刘备的生死大敌。

四线，指生命线、环境线、思想线、事业线。生命线，指年龄变化，人们在不同的年龄，往往观念行为不相同。环境线，指一个人一生经历的大环境与小环境。前者指广义的政治、社会、人文环境,后者不过是身体所在地点罢了。人是环境的产物,不同环境塑造不同的人。思想线,指不同年龄、不同环境下,做了什么重要决定。事业线,指人物一生做了什么改变命运,甚至改变历史走向的事。

遵守"一魂、两点、三人、四线",基本上一篇人物的架构就出来了。文章开头,为了能便于读者感受历史现场,我均采用"镜头聚焦法",让文字尽量充满画面感与戏剧性,便于读者深入了解人物一生的悲欢离合。文章结尾,我做了小贴士,总结人物一生取得成功的原因,供今人学习他们优秀的地方。

当我敲了这本书的最后一个字时,我的内心喜悦、失落、遗憾交织在一起。喜悦的是,在孤灯下,不知熬了多少夜晚,一本书终于写完了。也正因为完成写作,所以失落,仿佛失去了一位好朋友。遗憾的是,我笔下的这些人物,少则六千余字,多则九千余字,根本不可能全部描述他们滔滔的一生。感兴趣的读者朋友,若有闲暇,请读阅相关书籍资料。与古人神交,不亦乐乎。

这本书,我删改了两次。

第一次,整体文章基调,对人物有过多的调侃与批判。我梦到了司马懿捋着胡子冷笑地看着我、赵匡胤扛着玉斧要敲我的牙、刘邦举着酒坛砸我的脑袋……

于是,我删除了关于他们所有的负面文字,让他们"高大全"。结果在梦里,千古人镜魏徵不乐意了,耿直刚烈的海瑞生气了,王阳明也一脸失望地看着我……

"书生轻议冢中人,冢中笑尔书生气。"

卷首语

　　我明白了。我在写作中，应该从一个看客的角度去观摩、解析笔下的人物，不为尊者讳，不为恶者隐。在人物的一生中，截取他们最重要的画面，尽我所能地将故事讲好，将道理说透，如此而已。

　　我诚恳地告诉大家，虽然我对历史及笔下的人物怀着深厚的感情，但是我毕竟只是业余历史爱好者，难免有疏漏之处，请读者朋友们批评指正，不胜感激。

　　是为序。

胡策陌
2019 年 1 月 15 日

目录 CONTENTS

刘邦：中年小吏如何成为开国皇帝　　1

张良：遇到一位好上司，就一心一意辅佐他　　17

韩信：打不败你的必将使你更强大　　33

陈平：洞察人性的弱点　　51

刘秀：读过书、种过地、经过商的人，能成大事　　67

曹操：乱世之中善于抓住机会的人　　81

刘备：情商高的人，气场都很强大　　99

司马懿：人生是场戏，成功要演技　　117

魏徵：给领导提意见是一门艺术　　133

徐懋功：知进退，懂感恩，才华方能常施展　　147

武则天：朕是女人，温柔机智也有锋芒　　**159**

郭子仪：当机遇降临时，老兵才熬到正四品　　**173**

赵匡胤：青春不怕迷茫，怕的是没有方向感　　**189**

范仲淹：先天下之忧而忧，后天下之乐而乐　　**205**

朱元璋：不逼自己一把，不知自己有多厉害　　**221**

王阳明：从问题少年到心学大师　　**237**

海瑞：天资平平者的人生顿悟　　**251**

曾国藩：笨人的"修身十二法"　　**267**

李鸿章：一万年来谁著史，三千里外欲封侯　　**281**

刘邦：

中年小吏如何成为开国皇帝

有一天，刘邦邀请赋闲在家的淮阴侯韩信，到皇宫喝酒闲聊。君臣二人品着小酒谈论汉室诸将的统率能力。

刘邦扬起酒樽，示意韩信再来一杯。醉醺醺的韩信，仰起头又喝了一杯。刘邦突然问道："你看朕能统率多少兵马？"韩信打了个酒嗝，道："呵呵，陛下最多能带兵十万。"

刘邦微眯着狭长的双目，盯着韩信，满嘴酒气道："你呢？"韩信不假思索道："臣当然是多多益善了。"

刘邦将酒樽轻放在案上，淡淡笑道："多多益善？你怎么还在我麾下效力？"

司马迁在《淮阴侯列传》中并没有描述韩信此刻的心理变化，但是韩信却说了两句话，令刘邦"点赞"，令后人拍案叫绝。

"陛下不能将兵，而善将将，此乃信之所以为陛下禽也。且陛下所谓天授，非人力也。"

陛下，您不擅长带兵，却非常适合统率将军，这就是韩信等人心甘情愿给陛下当臣子的原因。而且陛下啊，您的盖世才华，是上天授予，非人力所能企及啊！

"善将将"即为善于管理将才，也可以说是杰出的领导才干。那么，刘邦真的是天授雄才吗？

1

刘邦的父亲唤作刘太公，母亲唤作刘媪。太公和媪，即是老头和老太婆。当皇帝之前，刘邦不叫刘邦，叫刘季。他的大哥叫刘伯，二哥叫刘仲。伯、仲、季的意思是老大、老二、老三。所以，按照现代语言习惯，可以亲切地称呼刘季为刘老三。

瞧这一家人的称呼，便知不是什么富贵人家。确实如此，刘邦一家原本只是魏国的普通农民。几间茅屋，几亩薄田，平凡度日。

魏安釐王二十一年（前256年），一个平平常常的冬天，灰蒙蒙的暴雨夹杂着电闪雷鸣，纷纷落在丰邑大地上。但据传说，刘邦母亲竟能无视风雷雨电，躺在一条大水沟边呼呼大睡。甚至，刘太公还亲眼看到一头蛟龙趴在自己老婆身上。十个月后，刘邦呱呱落地。

无论是司马迁的《高祖本纪》还是班固的《高帝纪》，都记载了这段故事。中国的史学家很爱给开国之君安上稀奇古怪的身世，仿佛必须是神或兽，才能生出真命天子，就算是为了神化皇帝、歌功颂德，未免也带了些文人的恶趣味。

作为一名老农民的儿子，刘邦没有子承父业，从事农民这一份很安稳的职业。

少年时，刘邦就经常喝酒，交朋友，不喜欢种地干活。成年后，他与杀狗仔樊哙、乡村吹鼓手周勃等"社会青年"，整天喝酒闲逛。

刘老汉常骂刘邦不务正业，游手好闲，不能像二哥一样本分老实，做一个会种庄稼、能置家业的男人。

史书上并未记载刘邦前半生做过什么大事，只说他宽厚仁爱，性格豪迈，平时不拘小节。还有一件传奇的小事。刘邦常常到两家酒店赊酒喝，醉了就睡，酒店老板曾看到刘邦的身上有龙盘旋。所以，刘邦每次留在酒店里喝酒，喝酒的人就会暴增，售出去的酒达到平常的几倍。到了年终，这两家酒店常常烧掉借条，免除刘邦的债务。

秦王政二十六年（前221年），秦灭齐，统一天下。秦王嬴政自号始皇帝。大约在此期间，36岁的刘邦服役于咸阳，观秦始皇出巡，浩浩荡荡，成千上万的人仰其鼻息。他喟然叹息曰："嗟乎！大丈夫当如此也！"啊！这才是大丈夫啊！

也许，就是从那时起，刘邦的心中种下了一颗要成为"大丈夫"的种子。一颗种子生根发芽，长成参天大树，除了自身的渴望，还需要外在的土壤、阳光、雨水。

2

人到中年，刘邦的事业和爱情降临了。

县主簿萧何，举荐泗水一带声名远播的刘邦担任亭长。亭长的职能类似于派出所所长。秦制，十里设置一亭，亭长属于吏，必须有一定的文化，熟习秦的典章法令。

秦法何等严苛细致？以谨慎稳重闻名于青史的萧何，不太可能推荐一个文盲担任亭长。可见彼时的刘邦有一定文化、法律知识。

亭长虽小，对刘邦来说，却太重要了。正是由于长期担任亭长职务，他开始以一个管理者的角度去考虑问题，明白了秦朝普通老百姓渴望什么，厌恶什么。所谓得民心者得天下，明白老百姓需要什么，提供给他们，就能得到老百姓的真诚回报。

史书上并未记载刘邦在沛县担任亭长期间做过什么大事。但是，他若干年后在沛县起义，应者云集。萧何、曹参、周勃、樊哙等人甘心情愿为他效命。可见，他自身才干与人格魅力，获得了周围人的高度认可。

春去秋来，刘邦已经年过不惑，还是一条光棍。谁也没想到，刘邦因为一次喝酒吹牛，竟喜得良缘。

有一富商，人称吕公，逃难沛县。因为他与县令是哥们儿，所以在小县城的社会地位还挺高。某日，吕公邀请沛县的父老乡亲大吃一顿。主持的萧何提高了门槛——上不起一千钱的份子，到屋外大棚下吃饭。

爱凑热闹的刘邦来了，他虽然兜里没带一分钱，却不想蹲在大棚下吃饭。他安排门口接待人员大声喊："哇哦！刘季上份子一万钱！"

吕公以为来了一个大土豪，兴冲冲地亲自迎接了刘邦。萧何对吕公说："吕公，刘邦是个爱吹牛的，不要信他。"吕公神秘兮兮道："我会看相，这位兄弟将来一定了不起！我要把年方二八，貌美如花的闺女嫁给他当媳妇！"

萧何和其他小伙们都惊呆了：吕公这式埋汰自己闺女了！

吕公的老婆也埋怨他："县令不是也喜欢咱闺女吗？为啥把女儿嫁给刘邦？"吕公摆摆手："老娘们儿懂个啥。我会看相。"

刘邦到底长什么样子呢？据司马迁描述："高祖为人，隆准而龙颜，美须髯。左股有七十二黑子（痣）。"隆准者，大鼻子也；美须髯，大胡子也。至于左股有七十二颗痣？按现代的观点，就是黑色素比较多罢了。

其实，吕公应是通过刘邦的言谈举止，感到他是个豪气干云、大有潜力的人的。

所以，对一个想成就大事的人来说，颜值和气质真的很重要。

刘邦的这位老婆，就是史书上大名鼎鼎的吕后。

3

时势造英雄，英雄亦可造时势。

历史的车轮滚滚向前，秦始皇三十七年（前210年），刘邦带领一群壮丁到骊山给秦始皇修墓。壮丁们知道此去九死一生，瞅着机会，便逃走了不少。依秦法，作为带队人的刘邦严重失职，有可能被砍头。

帮闲们纷纷劝说："刘亭长，咱们也撒丫子溜吧！"

刘邦长叹一声，咕嘟咕嘟喝了一瓶酒。他伫立在斜阳下，阖上双目，陷入沉思。

当年，自己曾经到国都咸阳服役，见始皇出巡，长叹一声："嗟乎，大丈夫当如此也！"

自己是平民出身，走到这步是被命运所逼。自己还有年轻漂亮的老婆，有一对可爱的儿女，有一群相交几十年的兄弟。不逃一定死，逃则能保命。自己已经是47岁的人了，重新"创业"是不是晚了点？怕个啥，大不了一死！

刘邦奋力扔飞酒具，昂起头颅，睁大眼睛，张开双臂，朝着剩余的壮丁大喊道："公等皆去，吾亦从此逝矣！"你们跑吧，我也跑！

有十几个壮丁互相看了看，笑道："刘亭长，俺们跟着你跑！"

刘邦也笑了。

他大叫道："好，都是兄弟！酒，管够！"哥几个喝得醉醺醺的，开始往深山逃。探路的小兄弟慌慌张张跑回来了，喊道："刘亭长，不好了！前面有条白蛇拦路。"

刘邦不愧是泗水亭"扛把子"。司马迁用寥寥十几字，塑造了一位大气豪迈的英雄——"高祖醉，曰：'壮士行，何畏！'乃前，拔剑斩蛇。蛇分为两，道开。行数里，醉因卧。"

这便是千古传扬的汉高祖斩蛇起义。

在千古一帝秦始皇病死沙丘这一年，未来的汉高祖刘邦失去秦朝"公职"，开启逃亡模式。

几个月后，陈胜在大泽乡斩木为兵，揭竿而起，他喊出了那句让无数男儿热血沸腾的豪言："王侯将相，宁有种乎？"六国贵族与广大饱受压迫的苦难农民纷纷建立武装势力，反抗大秦帝国。大量秦国官吏或战死，或起义，或逃亡。举国大乱。

这便是秦失其鹿，天下共逐之。

沛县的一群秦国官吏，急如热锅上的蚂蚁。如今天下大乱，

刘邦：中年小吏如何成为开国皇帝

覆巢之下，安有完卵？

起义，又名造反。诛九族的大罪，谁来当老大？沛县县令也想反秦，但犹豫不决。萧何、曹参等经过协商，安排杀狗仔兼刘邦妹夫樊哙，请刘邦回沛县主持大局，县令也同意了。

论年龄，刘邦春秋鼎盛，是沛县一群兄弟的老大哥；论人脉，他朋友多；论为人，刘邦豪气冲天、精明能干。他做过的事，让上司和百姓都非常满意，他深得沛县父老的爱戴。

拯救父老乡亲的重任将落在刘邦身上。沛县县令听说刘邦真要回来，反悔了：你们怕不是要杀我呀！县令立刻下令关闭城门，派兵抓捕萧何、曹参等人。很快，刘邦回来了。他看到紧闭的沛县城门，几十年在社会底层生活的经历浮上心头。刘邦明白老百姓最需要什么。

刘邦安排弓箭手，向城内射了信："亲爱的父老乡亲们，天下人受不了秦国了。全国各地都在起义，各地诸侯要打过来了。乡亲们为什么还要为县令守城？我们跟着起义军混。最起码，咱们一家老小，一定能活着。赶紧抓住县令杀了。否则，等起义军杀过来，大家全完蛋了！"

城里人选择相信他们的刘亭长。沛县父老抓住县令，打开城门，拥立刘邦当领袖。萧何还为刘邦起了一个称号"沛公"。

从此以后，无论艰难险阻，沛县子弟兵随刘邦南征北战，九死无悔。

秦二世元年（前209年），刘邦正式加入秦末农民起义的大潮。他完成了由刘亭长到"沛公"的华丽转身。

刘邦几十年厚积薄发，开启了令世人惊艳、后人向往的成功之路。在残酷的秦末战场上，刘邦待人极为厚道，以仁义为本，被起义军称赞为"长者"，即年老德高的人。

秦二世二年（前208年），刘邦投奔了项梁扶持的楚王。楚王和诸位老将商议后，得出结论：秦地父老因为君王暴虐，受苦受难很久了。派一位忠厚老实的人前去，善待百姓，秦地才会降服。沛公看上去很靠谱，可以派他去。

根据史书记载，刘邦的军队"所过无所掠"，即行军不抢百姓。在乱兵如匪的年代，做到这一点，真的很难得，主将得有一颗仁者之心，才能严明军法，约束士卒。

快50岁的刘邦，旗下人才之盛实在了不得。

文有靠着人格魅力收服的谋圣张良、顶级内政人才萧何，武有曹参、樊哙、周勃、夏侯婴等经历过血与火的考验的猛将。他领着一帮精锐，西取关中。

一路征战，胜多败少，一年左右的时间，刘邦就杀入关中腹地。

秦王子婴元年（前206年），刘邦迫降秦王子婴。自秦孝公以来，令东方诸国心惊胆寒的大秦，灭亡于泗水亭长的三尺剑下！也许直到那一天，世人才看懂了刘邦。

刘邦进入咸阳后，看到美轮美奂的咸阳宫、莺莺燕燕的六国佳丽及数之不尽的珍宝，迫不及待地钻了进去。刘邦在宫里干了什么，史书没有记载。反正，他是不想出来了。

手下看不下去了，樊哙直斥他要做一个土财主，但刘邦没有搭理樊哙。

军师张良出场了，他劝道："秦王缺德，您才能进入咸阳。

刘邦：中年小吏如何成为开国皇帝

您现在为天下人除了祸害，就应该保持布衣素食、埋头苦干的形象。现在入秦，沉溺于享乐之中，实在不像话。良药苦口利于病，忠言逆耳利于行，愿沛公听从樊哙的话。"

刘邦虚心接受张军师的劝谏。

类似的事非常多。刘邦经常任性胡来，然后某个人尝试说服他改正，只要说得有道理，他便起而行之，立刻改正错误，尽量不再犯。

刘邦下令封存了秦朝府库、财物，还军霸上（即灞上，咸阳附近军事要地），整治军队。他不仅礼待秦朝投降的皇室与大臣，还召集关中各县的父老豪杰一起开会。

他在一群将领簇拥下，站在霸上，进行了著名的"约法三章"：

"关中的父老乡亲们，大家被秦国的严刑峻法压迫了很多年。说大秦的不好，便会杀全族，连偶尔说一两句都要杀头！谁能受得了？我现在宣布，杀人偿命，伤人抵罪，盗窃判罪。其余的法律法规条文，全部废除了！从此以后，关中百姓安居乐业就行了！我们来关中，是为了给父老乡亲除害，不是来害大家的，不用害怕！"

这就是流芳百世的"约法三章"。

秦人自商鞅变法以来，压抑了上百年，终于有机会放飞自我了！他们兴奋得直叫："太好了！太好了！"他们争先恐后，为刘邦的军队送来酒肉粮食。刘邦很开心，宣布："俺粮食多，管够！不麻烦父老乡亲们了。"

秦人感动得眼泪汪汪的，纷纷想道：沛公大气啊，忒仗义了！要是沛公留下当我们的王就好了。"

秦人一诺不相负，关中子弟后来成为刘邦统一天下的主力。这证明了一句老话：你怎么对待别人，别人便会怎么对你。

快乐的时光总是短暂的。

坑杀20万秦军，提兵40万的项羽进军关中。此时，刘邦的手下曹无伤派人告诉项羽："沛公欲王关中，令子婴为相，珍宝尽有之。"范增也煽风点火，他对项羽说："刘季过去贪财好色。现在竟然不要钱，也不玩女人了。这家伙现在的志向一定不小！"（沛公居山东时，贪于财货，好美姬。今入关，财物无所取，妇女无所幸，此其志不在小。）

项羽大怒道："气死我了！传令，让弟兄们今天大吃一顿，明天干掉他！"（旦日飨士卒，为击破沛公军！）

局势千钧一发，得到消息的刘邦急忙与张良商议对策。次日，刚毅果决的刘邦只率百骑入项羽大营，在项伯、张良、樊哙等人的帮助下侥幸脱险，留下了"鸿门宴"的典故。

几个月后，项羽自立为西楚霸王，分封18个王。刘邦为汉王，地盘在巴蜀、汉中。项羽又封降将章邯为雍王，司马欣为塞王，董翳为翟王，合称"三秦"，以阻塞刘邦东归之路。

刘邦气鼓鼓的，要和项羽拼个你死我活，被萧何等人劝阻。他接受张良的计策，率3万士卒入汉中，烧绝栈道，表示不想和项羽抢地盘。

尺蠖之屈，以求信也；龙蛇之蛰，以存身也。面对实力强悍的项羽，刘邦选择了蛰伏与忍耐。他积蓄力量，寻找机会，打算再与项羽决一死战！

刘邦：中年小吏如何成为开国皇帝

4

刘邦从刘季、刘亭长走到沛公用了48年，从沛公到汉王只用了3年，建功立业的速度实在令人惊叹。

汉王入蜀不足4个月，大军明修栈道，暗度陈仓，一举拿下三秦之地。

为什么如此迅速呢？因为刘邦大胆起用了一位军事天才——韩信。萧何极力推荐，刘邦纳谏如流，任命从项羽处逃过来的执戟郎韩信担任统率三军的大将军。韩信没有令他失望，百战百胜，人称兵仙。

刘邦的决断和魄力，古今罕见。

刘邦再次踏入关中大地，标志着楚汉之争拉开帷幕。

汉高祖二年（前205年），刘邦又制定了几项利民政策。比如，蜀人免租税两年；关中参军的人，免除全家一年的租税、徭役；修建水利工程；恢复生产；等等。

关中子弟尽心跟随刘邦，在对楚战争中，父死子出征，兄死弟披甲，誓与火烧咸阳宫、屠戮嬴秦宗室的项羽死磕到底。5年后，乌江之畔，分尸项羽的5个基层军官，好几个可以确定是老秦人。

刘邦在与项羽的大战中，输多胜少。最惨一次，56万大军被项羽用3万骑兵杀得落花流水。他的父亲与老婆全做了项羽的俘虏。

可是无论多惨，刘邦总是坚持在正面死死拖住项羽，为韩信等大将创造从战略上包围项羽的机会。

汉高祖四年（前203年），项羽估计是快被刘邦耗崩溃了。自诩英雄的楚霸王，竟然先后用了两次卑鄙的计谋对付刘邦。

第一计，项羽派人对刘邦喊话："你如果不投降，我就把你老子洗得白白的，煮了吃掉！"祸不及妻儿，项羽干得实在不地道。后世姜维降汉，官至蜀汉大将军。司马昭等辈也没有用尚在魏国的姜维老母威胁他。

这种情况下，一般人有两种选择。第一种，为了对父亲的爱，即使不投降项羽，也要谈条件，比如以和谈换取父亲。第二种，为了得天下，不顾老父亲的死活。机智的刘邦选择了第三种。

刘邦对项羽说："吾与若俱北面受命怀王，约为兄弟，吾翁即汝翁。必欲烹乃翁，幸分我一杯羹。"意思是，咱们在楚怀王麾下时，经常一起喝酒吹牛，称兄道弟——你叫我刘大哥，我喊你项老弟。我爹就是你爹，你要煮了你爹，够兄弟的话，让我也尝一碗。

出身贵族的项羽，实在吃不消这种大巧若拙的流氓路数。

第二计，项羽亲自对刘邦喊话："这天下打来打去，死人无数，全是因为咱们哥俩，不如咱俩单挑吧。"

刘邦哈哈大笑道："吾宁斗智不斗力。"然后，他唾液横飞，慷慨激昂地说了项羽的十大罪。

项羽快气疯了，下令神射手偷袭。骂得正来劲的刘邦被射中了胸口。不过他也是真汉子，咬着牙，跳起来，大骂道："项羽

刘邦：中年小吏如何成为开国皇帝

这个没出息的小贼，射中了我的脚指头！"

汉军看到自己的汉王英豪如斯，顿时士气大振。楚军士气更加低落。

汉高祖五年（前202年），项羽兵败自杀，刘邦以礼葬之，楚汉相争宣告结束。仅仅用了4年时间，刘邦从汉王变成了大汉开国皇帝。他于定陶登基称帝，后在张良等人劝谏下，定都长安。刘邦缔造和巩固了一个伟大的帝国，赋予了一个民族"汉"这个名字。

为了实现理想，刘邦抓住时机，重用人才，不妥协，不放弃，终于击败强敌，建立伟大的事业。

待刘邦称帝后，他对经常和他谈论《诗》《书》的儒生陆贾大骂道："你老子我的天下是在马上打下来的，《诗》《书》有什么用！"（高帝骂之曰："乃公居马上而得之，安事《诗书》！"）

陆贾硬怼了刘邦一句："您在马上打天下，能在马上治天下吗？"

刘邦立刻变脸了，对着陆贾长拜道："对不起，我错了。请先生著书，总结秦失天下，我得天下的原因。"

这时候，刘邦六十多岁了，又是一代开国之君，意识到错误后，竟然能向一个儒生道歉，确实称得上有明君之气度。

刘邦愿意向手无缚鸡之力的书生道歉，却不肯向杀人如麻、凶狠狡诈的猛将屈服。

淮南王英布造反时，刘邦61岁了，垂垂老矣，满头白发，百病缠身。

英布曾对手下说："皇帝征战多年，又老又病，早就厌倦了战争。我忌惮的韩信、彭越，已经死了。别的将领，我不放在眼里。兄弟们，抄家伙，反了吧！"

英布还真猜对了，刘邦打算让太子带兵平叛。吕后一听自己的儿子要去打英布这位成名几十年的大将，吓坏了。

在几位大臣的劝说下，吕后跪倒在刘邦病床前哭诉："英布现在可是身经百战的天下第一猛将。咱汉军又是一些骄兵悍将，咱们的宝贝儿子来率领他们，岂不是让一只小白兔带着一群凶残的恶狼？英布知道了这个消息，会高兴死的，搞不好直接攻打长安！皇帝您虽身子不好，可以准备一辆大车，您勉强睡在车上，老将们不敢不尽力。皇帝虽然要辛苦一场，但是为了我和孩子，您就勉为其难吧！"

吕后趴在刘邦的床上号啕大哭。能为她带来安全感的，不是年轻力壮的儿子，而是这位年迈多病、时日无多的丈夫。

刘邦看着两鬓斑白的妻子，骂骂咧咧道："我早知道儿子没用，我自己去了！"

他在周围人的搀扶下，颤颤巍巍地站了起来。他决定拼了老命，维护大汉江山。他咬紧牙，忍病亲征。

两军阵前，刘邦问英布："何苦而反？"英布回答得很实在："欲为帝耳！"

那就别说废话了，开打吧！这场大战很激烈，刘邦虽然亲手铲除了大汉朝最后的威胁，却受了严重的箭伤。

归长安的路上，他去了老家沛县，召集父老子弟们一起喝酒，还找来120个小孩一起唱歌。酒兴正浓的时候，他击筑高声唱道："大风起兮云飞扬，威加海内兮归故乡，安得猛士兮守四

刘邦：中年小吏如何成为开国皇帝

方！"

他让孩子们跟着学唱，又不顾年老体衰，跳起舞来，流淌下一行行热泪。他哭着对沛县的父老说："游子怀念故乡。我虽然定都关中，但是我死了后，我的魂魄还要回到沛县。况且我从做沛公开始，才终于得了天下。我要把沛县作为我的汤沐邑，免除这里百姓世世代代的徭役。"

他与沛县的男女老少畅饮尽欢，谈论往事，回味取乐。十几天后，刘邦要离开，沛县的父老弟兄们坚决挽留。他说："我的人马太多，父老养不起啊。"

唯大英雄真本色。刘邦为何能得到无数猛士的辅佐？一条很重要的原因便是他有真性情，有着烈烈的男儿本色。

5个月后，刘邦去世了。刘邦秦始皇三十七年（前210年）在秦末乱世中起义，至汉高祖十二年（前195年）去世，仅仅15年，便建立如斯伟业。

刘邦是中国历史上第一位平民出身的皇帝。他一次又一次御驾亲征，将一盘散沙的华夏再次统一起来，让饱经战乱的百姓重新安定下来，恢复残破的社会经济，稳定封建统治秩序。

刘邦登基后，重视文治礼乐，将逐渐分崩离析的民心重新凝聚起来。他与麾下文武开创的大汉帝国可以说是中国历史上最强盛的朝代之一，令后世人无限敬仰。他是中国历史上最杰出的政治家之一，是创造大汉民族的一代豪杰。

小贴士

刘邦眼光毒辣，知人善任。钱穆先生在《国史新论》里有精辟评论：汉高祖临阵远不敌楚王项羽，但他能用萧何、张良、韩信，一任总参谋，一任后勤，一任大统帅。他们的精诚合作，既是刘邦消灭项羽的基础和后盾，又为刘邦开创王朝，接管政权做好了准备。

刘邦麾下的人才，韩信、张良是破落贵族，萧何是小吏，樊哙等人不过是屠狗辈。不管是要兵（如韩信），是要钱（如陈平），还是要权（如萧何），他都会竭尽全力支持。所以韩信、陈平等人才从项羽麾下"跳槽"而来，他的麾下人才济济。

刘邦厚待将士，仁义爱民。刘邦长期厮混于社会底层，他知道百姓生存不易，底层的士卒生活艰难。他厚待将士，将打仗得来的战利品豪爽地分给他们。对百姓，他轻徭薄赋，发展生产力，注重得民心。所以，他是民望所归。

刘邦虚心纳谏，知错就改。翻开《史记》，张良、樊哙、萧何、韩信、郦食其等人，都在刘邦任性胡来的时候怼过他。若非胸怀宽广的大丈夫，谁受得了手下的批评？所以，刘邦总能做出最有利于自己的战略规划。

张良：

遇到一位好上司，就一心一意辅佐他

汉高祖五年（前202年）的一天，洛阳南宫，刘邦正在大摆宴席，与文武百官饮酒作乐，气氛颇为欢快。略有几分醉意的刘邦，晃晃悠悠，站了起来，摆手道："先别喝！咱们聊聊，你们实话实说，朕为什么能得天下？"

群臣放下杯箸，纷纷道："陛下大仁大义！""陛下英明神武！""陛下仁厚爱人！"

一时间，各种赞美如黄河泛滥般一发而不可收，仿佛要掀起屋顶。

刘邦打了个酒嗝，摆手道："公知其一，未知其二。夫运筹策帷幄之中，决胜千里之外，吾不如子房。镇国家，抚百姓，给饷馈，不绝粮道，吾不如萧何。连百万之众，战必胜，攻必取，吾不如韩信。三者皆人杰，吾能用之，所以取天下也。"

所谓"运筹帷幄之中，决胜千里之外"，意思是，在军帐中出谋划策，便能决定千里之外战争的胜利。

萧何与刘邦相识几十年，为刘邦统筹后勤，坐镇后方十几年，被誉为"开国第一功臣"。韩信乃汉初战神，汉家江山，过半是他打下的。张良何德何能，能被刘邦排在第一位？

1

张良,字子房,韩国都城新郑(即今河南郑州)人。张良出身于韩国贵族,他的祖父、父亲,先后担任韩国相国,辅佐过五代韩王。战国实行的是世卿世禄制,就是说官位可以世代传承。如果没有意外,张良未来本也可能担任韩国相国。

秦王政十七年(前230年),张良约20岁,韩国被秦国灭掉。张良家族中多人战死,他侥幸逃亡。张良为报国仇家恨,立志反秦。

那时,大秦帝国势力正在巅峰,文臣如云,武将如雨,精兵百万,再加上秦始皇雄才伟略,若想反秦,谈何容易?

当时,张良的弟弟去世了,他却先不安葬,散尽家财,雇用刺客,终于请到一位叫仓海君的大力士。张良为他打造了一根重达120斤的大铁锤。

秦始皇三十二年(前215年),秦始皇东巡,途经韩国故地。张良精心分析秦始皇的巡查路线,决定在古博浪沙(今河南原阳县城东郊)这个必经之地刺杀秦始皇。

那一日,秦始皇大军浩浩荡荡,经过古博浪沙。趴在山顶的张良,仔细观察后,指挥仓海君甩飞铁锤,砸向车队中唯一一辆六驾马车,结果误中副车。

秦军哗然,疯狂四处搜索,当然没有找到张良,因为铁锥飞向天空的那一刹那,张良已经从小路逃之夭夭了。

张良：遇到一位好上司，就一心一意辅佐他

秦始皇勃然大怒，下令全国通缉刺客，却久无音信，不了了之。

张良能逃过一劫，外貌或许也是一个重要原因。司马迁曾经感叹："余以为其人计魁梧奇伟，至见其图，状貌如妇人好女。"意思是：我以为张良身材健壮高大，威武不凡。看了他的画像，才知道他的身材相貌像一个眉清目秀的美女。

同理，秦国官吏恐怕也想不到一位敢于刺杀秦始皇的猛人，长得会如此柔弱。

张良刺杀失败后，整日唉声叹气。有一天，他皱着眉头路过沂水圯桥，一位身穿粗麻布衣的老人站在桥上淡淡地瞧着他。老人脱掉一只鞋子，扔到桥下，道："小子，给老夫把鞋捡起来！"

张良吃了一惊，大怒，下意识握紧拳头，要揍这个老头。他看着对面须发洁白的老人，强忍一口气，下桥取鞋递给老人。老人却不接鞋子，淡淡道："给老夫穿上。"

张良再次强忍着揍老头的冲动。算了，好人做到底！张良单膝跪地，小心翼翼地为老人穿上鞋子。老人连一句谢谢也没说，哈哈大笑，扬长而去。

张良莫名其妙地看着老人远去。他心想：这老头可能有毛病吧！

老人走远了，又返回来，对张良道："孺子可教也。五天后凌晨，与老夫此处再会！"张良虽不知何意，仍恭敬道："好！"

五天后的黎明，张良赶到圯桥。老人已站在桥上了，他对张良怒道："与老人相约，反而迟到！为什么？五天后再来相会！"说罢，老人转头离去。张良站在桥上目瞪口呆。

又过了五天，张良听到公鸡打鸣后，便起床，简单梳洗后

走向圯桥。他惊奇地发现,老人又站在桥上了。老人对张良怒声道:"怎么又迟到了!五天后再会!"又转身离去。

张良在五日后,半夜时分,便抢先一步站在圯桥上。等到黎明,老人面带微笑,缓缓走来,他掏出一本书,道:"这就是做人的道理。熟读此书便可做帝王的老师。10年后,你会大展宏图。13年后,你到济北见我,谷城山下的黄石就是我。"

说罢,老人大步离去。张良冲着老人背影躬身行礼。

天明后,张良看到此书封面上写着"太公兵法"四个大字。张良觉得此书非同寻常,日夜研习诵读,见识和谋略进步飞快。

这个颇具奇幻色彩的典故称为"圯桥进履"。

经过老人的点化,张良从一个热血莽撞的青年,领悟了做人做事的道理,待人变得真诚谦和,人们愿意与他这样的人相处。忍一时风平浪静,退一步海阔天空,刺秦失败后,他渐渐地学会为人处世,为日后的帝师之路,打下坚实的基础。

2

10年内,秦始皇去世。陈胜、吴广在大泽乡斩木为兵,揭竿而起。各地起义军纷纷攻城略地,天下形势风起云涌。

张良的机会来了,他召集了一百多号人,打算去投奔自立为楚假王的农民起义军领袖景驹。途中,路过留县,他偶遇沛公刘邦率领几千人攻打下邳。刘邦、张良一见如故,顿生相见恨晚之意。张良经常用《太公兵法》的理论,为刘邦分析形势。刘邦虚心向张良学习。

张良：遇到一位好上司，就一心一意辅佐他

因为刘邦非常赏识他，张良决定不再投奔景驹。

楚将项梁、项羽叔侄，召集了七八万人马后，请各路义军首领聚会，商讨如何灭掉秦国。张良随刘邦见项梁后，意识到复国的机会来了。他对项梁道："韩国的公子韩成贤德仁善，您不如立他为韩王，增加咱们义军的力量。"

项梁同意了，封韩成为韩王，张良为韩国司徒，命他们带1000多人去夺取韩国故地。

可惜，张良与韩王在韩国旧地迟迟未能打开局面。直到楚怀王令刘邦率军攻打关中时，刘邦路过韩国故地，韩王与刘邦合兵一处，才一口气拿下几座城池。刘邦向韩王暂借张良一用，与自己共同攻打关中，请韩王留守城池。韩王同意。

刘邦得到张良辅佐后，如虎添翼，一路过关斩将，直至峣关。峣关地势险要，一夫当关，万夫莫开。它是大秦都城咸阳的最后一道屏障，有重兵把守。望着高大的峣关，刘军将士束手无策。

刘邦听说项羽已经取得了巨鹿之战的胜利，忧心忡忡，唯恐项羽赶来。他一咬牙，要亲率两万将士强攻。

张良笑眯眯地捋着胡子，对刘邦道："沛公，此关易守难攻，只能智取。"刘邦看着张良淡定的样子，没好气道："子房，这都火烧眉毛了。可有妙计助我？"张良道："我听说峣关守将是一个屠夫的儿子，应是市侩之人，用钱财便能打动他。第一，胁之以威。沛公多立旗帜，虚张声势。第二，诱之以利。派遣能言善辩的郦食其携带大量金银珍宝，去说服秦军守将。"

刘邦击掌道："子房妙计。"他立即安排下去。秦军果然开关

投降，他们甚至要求与刘邦一起攻打咸阳。毕竟，秦法严峻，犯叛国之罪，会被诛杀全族。

刘邦接受了他们的好意，张良却冷眼旁观，劝谏道："秦军主将愿意投降，他的士卒恐怕未必全部愿意。如士卒不从，后果不堪设想。不如趁秦军现在懈怠的时候，一举击破他们，再重新收编。"

刘邦也醒悟过来，遵从张良计策，偷袭秦军，大胜，然后用得胜之师，兵临咸阳。

秦王子婴元年（前206年），秦王子婴眼见大势已去，以绳系颈，捧着玉玺投降刘邦。雄霸天下的大秦帝国灭亡了。张良心潮澎湃，终于报了国仇家恨。

张良虽然足智多谋，但如果没有一位从谏如流、英明果决的明主，不可能发挥自己的作用。张良在众多义军将领中，选择辅佐刘邦，攻打秦国，可见他的识人之明。

人有七情六欲，明主也不例外。刘邦在乡村待了几十年，第一次见到美轮美奂的咸阳宫和数之不尽的古玩珍宝、明媚娇艳的美女。他忍不住放飞自我，一头钻进宫里，不出来了。部将樊哙骂他是个没出息的土财主。刘邦大骂："杀狗的！滚开。"

张良看不下去了，求见刘邦。刘邦听说张良来了，慌忙接见。张良向刘邦躬身行礼，道："夫秦为无道，故沛公得至此。夫为天下除残贼，宜缟素为资。今始入秦，即安其乐，此所谓'助桀为虐'。且'忠言逆耳利于行，毒药苦口利于病'，愿沛公听樊哙言。"

意思是：秦王无道，你才有机会入秦。这么快就原形毕露，

张良：遇到一位好上司，就一心一意辅佐他

让天下人怎么看你？别闹了，听樊哙的话，保持一副勤劳简朴的样子，给天下人看。

刘邦再次展现出自己从谏如流的优点，立即卷铺盖搬回军营。在张良、萧何等人的建议下，刘邦与关中父老约法三章，获得关中民心。

刘邦怕项羽与自己争夺关中，派重兵守函谷关。项羽大怒，派兵攻破函谷关，驻扎在一个叫鸿门的地方，磨刀霍霍，要与刘邦决一死战！项羽本人英勇善战，麾下有四十万大军，刘邦不过十万人。刘军局势危在旦夕。

项羽的叔叔项伯快马加鞭，夜奔刘邦大营，因为几年前张良曾救过他一命，大丈夫知恩图报，他要劝说张良与自己一起离开，免受池鱼之殃。

项伯向张良道明来意后，张良缓缓深吸一口气，稳定心情，对项伯道："我为韩王送沛公，局势危急而逃，不符合道义，请兄长稍等我片刻。"项伯点头答应。

张良面色沉重，将形势告知刘邦。刘邦大惊失色，忙问张良："这该怎么办？"张良捋着胡子，问道："沛公，你确定要与项羽决战吗？"刘邦道："有个小子教唆我，守住函谷关，阻止诸侯，便能在秦国故地称王。"张良又问道："沛公，你认为自己能否击退项羽？"刘邦面色阴晴不定，思虑良久，叹气道："不能。子房，现在应该怎么办？"

张良劝说刘邦一定要做好项伯的工作。刘邦与张良一起去见项伯，述说自己对项羽忠心耿耿，派人把守函谷关只是为了阻止别的诸侯入关，等待项羽来临。刘邦还与项伯结成儿女亲家。第

二日，刘邦带着张良等人到鸿门，向项羽致歉。双方终于和解。

没过多久，项羽自立为西楚霸王，分封十八路诸侯。刘邦被封在了世人眼中荒僻的巴蜀之地。项羽又封秦朝降将章邯等三人，分守关中。这样便将刘邦牢牢锁在了巴蜀之地。

张良选择离开刘邦，继续追随韩王，返回韩国故地。这可以理解，毕竟张良只是属于"借调"，他的正式身份是韩国的司徒。

刘邦依依不舍，赠送张良大量财物。张良将这些财宝全部送给项伯，请他在项羽面前美言几句，将汉中也加封给刘邦。分别之前，张良又为刘邦献了一计。那就是烧毁入蜀栈道，一可以防止有人追击，二可以麻痹项羽，示意自己并无争夺天下的雄心。刘邦欣然从命。

观张良用计，他善于利用人性的优缺点。例如，计破峣关，是利用秦军将领对财物的渴望及求生欲望；劝刘邦离开咸阳宫，话里话外，软中带硬，是要重新激发刘邦的雄心大志；劝说刘邦与项羽和解，主要利用了项伯的知恩图报；建议刘邦烧毁栈道麻痹项羽，是利用了项羽对稳定的追求。

3

刘邦带人到汉中后，以三郡之地，励精图治，仁厚待士，终于得到一代战神韩信的忠心辅佐。

韩信派人假装维修栈道，暗里却从陈仓小道进军，一举拿下关中大部分地盘，与守将章邯对峙。这便是"明修栈道，暗度陈仓"。

张良：遇到一位好上司，就一心一意辅佐他

此时，因为不满项羽分封，齐地田荣也打出旗号，反对项羽。项羽得知消息后，打算先征刘邦，再灭田荣。

如果项羽趁着刘邦在关中立足未稳，与章邯里应外合，则天下事未可知。

韩王此时还在项羽军中，张良自然也在。他忽悠项羽："楚怀王曾说，先入关者封关中王。刘邦只是为了夺回关中之地，并无胆量与霸王争天下。齐地的田荣已经与赵国勾结在一起，合兵一处攻打楚国。这才是心腹大患。"项羽竟然信了，领兵向北攻打齐地。

接下来，项羽突然杀了韩王。史书并未说是因为什么。

张良复国的梦想破灭了，一怒之下，逃亡到关中，投奔刘邦。

刘邦见到自己日夜思念的子房先生来了，大喜之下，封张良为成信侯。正式拜张良为军中谋主。刘邦春风得意，联络了5个诸侯，联军56万，攻破了项羽的都城彭城。

项羽不愧为一代战神，得知消息后，只率三万骑兵，星夜赶回。

中国历史上又一场以少胜多的经典战役——彭城之战爆发了。结果是五十六万联军伤亡过半，刘邦丢下父母妻儿，带着张良等几十人仓皇逃跑。诸侯们重新投入项羽的怀抱。

刘邦一行人终于逃到下邑城。刘邦长松一口气，下了战马，靠在马鞍上，道："函谷关以东的全部地盘，我都不要了，你们看谁能击败项羽，我把地盘分给他们。"刘邦虽然说的是"你们"，目光却看向张良。

张良缓缓眯着双眼，脑海中回想起天下大势，片刻后，他开口道："九江王英布是楚国的猛将，我们这次攻打彭城，他却并未救援，必然与项羽产生隔阂。彭越是世之虎将，项羽分封天下却遗漏了他；田荣起兵时，也曾联络他。这两个人都可以利用。汉王麾下众将，韩信最具将才。大王若能用好这三人，必能打败项羽！"

刘邦对张良的奇谋赞叹不已，他立即安排人联络英布、彭越，并派遣韩信攻打那些反复的诸侯。

这便是被后人称道不已的"下邑之谋"。张良的此番谋划，建立了一个强大的反楚同盟。从此之后，楚国便在战略上处于包围之中，处处被动。汉统一天下，指日可待。

刘邦为了给韩信、彭越等人提供削弱楚国的机会，毅然正面硬扛项羽。刘邦被项羽压制在荥阳，动弹不得。谋士郦食其向刘邦献策，道："刻些绶玺，分封六国王室的后人为王，六国遗民会对您感恩戴德。大王就可以称霸天下，哪怕是项羽也只能向您乖乖称臣。"

刘邦一听，刻点印绶，就可以称霸天下，大喜之下，立即催促郦食其赶快安排人办理并出使四方。

在刘邦吃饭的时候，外出办事的张良返回刘邦帅帐，正打算向刘邦汇报一下工作。刘邦放下筷子，道："子房，吃了吗？快过来，有人告诉我一个削弱楚国势力的计策。你来帮我分析一下。"

刘邦便将郦食其的计策告诉张良。

张良摇头，反问刘邦："是谁为大王出这主意？这样做，我

张良：遇到一位好上司，就一心一意辅佐他

们就完了！"刘邦嘴里塞着饭，含糊不清道："为什么？"

张良拿起一根筷子，侃侃而谈："天下游子背井离乡，告别妻儿老小，追随汉王，只是为了汉王得到天下后，能有一块小小的封地。您将土地全部分给六国王室之后，那么谁还愿意跟随您？六国复立，谋臣武将们各回家乡追随自己的君主，您还靠谁来打天下？现在楚强汉弱，如果他们依附项羽呢？"

听着张良鞭辟入里的分析，刘邦一口将饭喷出来，怒吼道："郦食其这老腐儒，差点儿坑死我！"他派人立刻销毁刻好的六国印玺。

张良的这次经典谋划，阻止了刘邦做出错误的决定，减少了不必要的损失。张良不仅明白天下大势，也洞察了天下人的心愿，他理解欺软怕硬是人性的一种，既有自知之明，也有知人之智。

汉高祖四年（前203年），刘邦与项羽连番大战，双方已经疲惫不堪，于是相约以鸿沟为界，平分天下。

楚军撤退后，张良与另一位谋士陈平，共同向刘邦进谏，道："我们现在已经拥有三分之二的天下了，项羽腹背受敌，久战兵疲，粮草不济，正是消灭他的最后时机。否则，项羽重整旗鼓，必为心腹大患，我们应立刻追击项羽。"

刘邦恍然大悟，下令韩信、彭越与自己共同进军，亲自率领大军追击项羽。楚军将士看到刘邦那么不讲信用，全军怒火冲天，反戈一击，将汉军击败。刘邦灰头土脸地逃回大帐，他郁闷道："韩信、彭越这两个家伙，为何没有来帮我！"

张良献计刘邦，道："韩信、彭越之所以没有来相助，是因

为他们虽然被封王了，但是疆界却没有确定啊。一定是这个原因！只要汉王您划分地盘给他们，这两个人一定会带兵过来。否则，局势就难以预料了。"

陈平也在旁边帮腔道："子房兄言之有理，请汉王采纳。"刘邦下令，立刻划分两块不小的地盘给韩信、彭越。这两个人接到刘邦通知后，果然兴冲冲地合围项羽。楚霸王项羽寡不敌众，被逼在乌江自刎。刘邦终于消灭了自己最强大的敌人。

世间没有永远的朋友，也没有永远的敌人。张良深通此理，所以再次谋划成功。

汉高祖五年（前202年），刘邦开国称帝，立国号为汉。他非常感激张良，对张良道："子房先生运筹帷幄之中，决胜千里之外，请随意选择原齐国的三万户为食邑。"

当时天下久经战乱，民生凋敝，三万户是巨大数目。因为一般侯爵只封千户。张良坚决不要，连忙推辞，道："三万户太多了！把留县万户封给我就行了。"

张良为何选择小小的留县呢？因为刘邦与张良便是在此处第一次相遇。他委婉地提醒刘邦：别忘记了我们之间的情谊啊。刘邦自然深受感动。

这便是高水平的选择，受封赏时也不忘记培养一下与皇帝的感情。

大汉建立后，刘邦多次发现功勋武将们三五成群，聚在一起窃窃私语。于是，他又按照习惯，有问题，找子房。

张良神神秘秘道："陛下，也不是什么大事。将军们打算造反呢。"刘邦当然不信了，知道张良在唬他，问道："天下初定，

张良：遇到一位好上司，就一心一意辅佐他

人心思安。他们吃饱了撑的，何苦造反？"

张良道："陛下啊，您打下天下便是靠这些功勋武将。现在您身为天子，封赏的是自己喜欢的将军，又杀了几个不喜欢的。现在朝廷正统计战功，天下土地有限，不可能全部封赏。他们害怕你不封地盘给他们，又怕你借过去的仇恨杀了他们，所以还不如造反划算。"

刘邦倒吸一口凉气，问道："子房，我该怎么办？"

张良笑了，仿佛也想起了当年金戈铁马的军旅生涯。张良问道："陛下，你最恨的将军是谁？"

刘邦道："众所周知，我最恨的便是雍齿这家伙。他多次背叛我！"

张良笑道："陛下，那就对了。今天就封雍齿为侯！"

刘邦一想也对：我封雍齿为侯，功勋武将们还担心什么？刘邦当天便大宴群臣，封雍齿为侯。群臣们议论纷纷：陛下连雍齿这家伙都封侯了，咱们还担心什么？

大汉开国第一次严重的政治危机，便被张良一条计策轻松化解。封一位仇人便可安抚众人，这一招，后世政治家经常效仿。

狡兔死，走狗烹；高鸟尽，良弓藏；敌国破，谋臣亡。张良深通此理。

张良跟随刘邦到长安后，立即请了病假。他今天说自己感冒发烧，明天说自己腰酸腿疼，后天又浑身无力。总之，什么军政职务，张良都无力担任了。有趣的是，张良在长安"重病"十几年才去世。

大汉初立，在刘邦剪灭韩信、彭越等异姓王的残酷斗争中，

张良以身患重病、头脑不清醒为由，拒绝参与。

直到汉高祖十一年（前196年），年过六旬的刘邦不顾年老体衰，亲征英布。垂垂老矣的张良真的在重病中了，他强行站起来，令家仆抬着自己，去送刘邦。

在风沙狂舞中，军旗猎猎下，张良为刘邦献了一生中最后一条计策，道："陛下，老臣抱病在身，不能再随陛下出征了。陛下啊，楚人剽悍，不要与他们争夺一时的胜负！"

刘邦凝视着满头花白头发、满脸皱纹的张良，长叹一声。

张良睁着昏花的老眼，盯着刘邦，哽咽道："请陛下令太子为将，带着关中诸将去平叛吧！"意思是，陛下您已经老了，别折腾了。

刘邦拍着张良干瘪枯瘦的肩膀，道："子房啊！你虽然有病在身，哪怕你躺在床上，也要替我看护太子啊。"意思是，我实在不放心自己的儿子啊。

半年后，汉高祖刘邦病故。高后二年（前186年），张良也走完了自己的一生。张良去世后，世人称他为大汉谋圣，一代帝师。

小贴士

良臣不遇明主，犹如千里马不见伯乐，是一种遗憾。青年才俊遇到了胸怀大志的上司，其实是一种缘分，要珍惜，更要全力以赴。须知成就上司的同时也能成就自己，张良的成功折射出的正是这样一种道理。

张良：遇到一位好上司，就一心一意辅佐他

　　张良从破家灭国的血海深仇中，以一介布衣，灭秦报仇，奇谋佐汉，身居万户侯。一生韬略功业，流芳百世。这一番丰功伟绩，若不是加入了刘邦的团队，如何实现呢？而刘邦的团队如果缺了张良，他又该历经多少挫败和曲折？他们是彼此成就的。

　　太史公司马迁对张良的成功有一番精辟的总结："运筹帷幄之中，制胜于无形，子房计谋其事，无知名，无勇功，图难于易，为大于细。"意思是，张良一生在军帐中谋划战略，总在无形之中打败强敌。他靠的不是名声与勇武，而是将艰难的事情从容易的方向切入，将大事从小事做起。

　　圯桥进履之后，那个国破家亡、热血莽撞的逃亡贵族消失了，变成了一位谦卑忍让、胸怀韬略的智者。他明白，做好小事、容易的事，便能办成艰难的大事。在辅佐刘邦期间，他化难为易，利用人性的特点，筹划一个又一个堂堂正正的阳谋，办成一件又一件决定天下命运的大事。

　　做小事，成大事，与团队和上司彼此成就，这样的人才，从古到今，都是稀缺而金贵的。

韩信：

打不败你的必将使你更强大

秦朝末年，一场寂寥的深秋如期降临到位于东南大地的淮阴县。城外草木枯黄，寒风阵阵，一条小河蜿蜒流淌。一位蓬头垢面、瘦骨嶙峋的青年蹲坐在岸边的大树下。他双手紧紧抱着肩膀，身体蜷缩成一团，瑟瑟发抖。他低头闭着眼睛，听着肚子的咕咕声，用干瘪发紫的嘴唇一张一合道："大娘，你再不来，我就要饿死了！我快饿死了……"

"娃子，吃点东西吧！"一位面目慈祥、衣裳打满补丁的老大娘，一只手揽着堆满衣服的木盆，另一只手递给他一碗热腾腾的糙米饭。

青年一跃而起，熟练接过碗后，伸出黝黑、粗糙、布满泥垢的右手一把抓紧糙米，塞进张开的大嘴里，含糊不清道："大娘，我将来一定会重重报答你！"

老大娘将木盆往地上一摔，喝道："大丈夫竟然不能养活自己！我可怜你，才给你饭吃，难道是希望你报答吗？"

青年满脸羞惭，放下饭碗，冲着老大娘深深鞠了一躬。

1

　　这位青年叫韩信，出生于泗水郡淮阴县一个贫困的家庭里。他幼年丧父，少年时母亲也去世了。韩信无钱办理丧事，却强忍悲痛，亲手将母亲埋在一座宽敞高大的土坡上。

　　有好事者问他为什么，韩信悲声道："母亲的坟墓周围要能安置一万户人！"潜台词是：将来我会封万户侯！好事者鄙夷地冲他一笑：你小子做梦娶媳妇，想得美！

　　韩信不经商，不务农，整天捧着一卷写着《孙子兵法》的竹简，读来读去。

　　那么他怎么解决吃饭问题呢？一是蹭饭，二是要饭。

　　淮阴有一位下乡南昌亭长，此人慧眼识珠，认为韩信这小子有志气，将来说不定能成大器，便邀请韩信到家里吃饭。他做梦也想不到，韩信白吃了一顿饭后，可能觉得味道好极了，每天早上都厚着脸皮来蹭饭吃。

　　白吃白喝了几个月，亭长老婆不乐意了。一天，她半夜做好饭，一家人吃完后，刷干净锅碗，静待韩信大驾光临。

　　韩信瞅着干净的锅碗，听着亭长一家人打的饱嗝，他生气了，拂袖而去，再也没有回来。正是："信亦知其意，怒，竟绝去。"

　　肚子咕咕叫，韩信决定换一条非常优雅的谋生之道——到城外的小河边钓鱼。一群靠在河边为人漂洗衣物为生的老大娘，每

韩信：打不败你的必将使你更强大

天看到韩信钓不到几条鱼，觉得忒可怜了！其中一位善良的老大娘，每天给韩信端来一碗糙米饭，韩信感激不尽。几十天过去了，发生了开头那一幕。

韩信也许被老大娘骂醒了。他提着一把铁剑，晃晃悠悠，走在淮阴街头，看看能不能找个工作，或者要点饭吃。人如果倒霉了，喝凉水都塞牙。

几个少年屠夫拦住了他，其中一位膀大腰圆的少年，唾液横飞道："小子，老子早就看你不爽了！你虽然看上去牛高马大，其实就是一个废物！"

韩信莫名其妙地盯着这位少年，心想：你有病吧！我招你惹你了！

少年向旁边跨了一步，叉开双腿，指着韩信的鼻子道："你小子如果有种，就一剑刺死老子！如果没种，就从老子裤裆里爬过去！"韩信懒得搭理他，向旁边闪去。另外几个屠夫吆喝着拦住韩信。此时，周围挤满了好事者，看热闹的不嫌事大，他们纷纷起哄。

韩信双目如欲喷火，涨红了脸，挺直腰杆，左手握紧铁剑，右手握紧了拳头，双手关节咔咔作响。一幕幕画面在他脑海飞速浮现：父母的病故、贫寒的生活、努力读书的日子、向往的未来……

秦法严苛，当街杀人，凶手必死无疑。韩信问自己：我的梦想还未实现，难道真的要与一个无赖同归于尽吗？韩信长叹一声，冷冷地盯着少年屠夫。屠夫鼻孔朝天，冷哼一声。

周围的人叫好道："爬啊！爬啊！爬过去就没事了！"

韩信面色凝重，扔掉铁剑，趴在地上，一步一步，缓缓爬过屠夫的胯下，周围的人鼓掌叫好，大声道："胆小鬼！""窝囊废！""孬种！"

爬过屠夫胯下之后，韩信面无表情地站了起来，反身捡起铁剑，在无数嘲笑声中大步离开。

直到走至一个没人的角落，韩信扔下剑，捂着脸，号啕大哭，泪流满面，口中讷讷道："父亲，母亲，孩儿想你们啊！孩儿怎么混到了这个地步啊！"

只有真正的勇者，面对突如其来的羞辱，才能坦然面对。一时热血上涌，拔剑而斗，只是匹夫之勇。韩信已经失去了父母，失去了生活保障，甚至连尊严也失去了。

他无权、无钱、无势、无家、无业、无亲、无友，所以他已经没有什么能失去了。他如果要活下去，唯一能依靠的便是一颗强大的心。只有内心的强大，才是真正的强大。韩信爬过屠夫胯下的那一刻，已经拥有了一颗强大的心。

2

时势造英雄，乱世出豪杰。大秦帝国缔造者、千古一帝秦始皇去世了。秦二世元年（前209年），戍卒陈胜在大泽乡怒吼一声："王侯将相，宁有种乎！"天下豪杰，纷纷起义，反抗大秦帝国。

天下大乱，韩信揣着《孙子兵法》，提着铁剑，决定告别令自己耻辱的家乡淮阴。夜幕下，他回头望了一眼家乡，缓缓道：

韩信：打不败你的必将使你更强大

"我会回来的！"然后，他大步离去，投奔当时势力最强大的项梁、项羽叔侄。

韩信从项梁麾下的大头兵做起，历经大小十余战。项梁战死后，韩信又跟随项羽，亲历了项羽以3万楚军破秦军20万的巨鹿之战。等项羽入函谷关时，3年过去了。

一位楚军将领看韩信这小子杀敌还算英勇，推荐他给项羽当执戟郎中，说白了就是古装历史剧里常见到的那种披甲持戈的"龙套"。

韩信当然不甘心当一个"龙套"，虽然是一个小小的执戟郎中，他还是多次主动向项羽献计。或许，他没少说攻打函谷关应该怎样怎样，进入关中后应该偷袭刘邦，千万不能定都彭城什么的。

项羽对韩信的献策不予理睬，在他看来，自己是英雄一世的霸王，对方一个小小的执戟郎中，哪里配给自己出谋划策。韩信生了一肚子闷气，终于有一天，他趁夜逃离楚营，奔向汉中，投靠汉王刘邦。就让汉中成为我梦想的舞台吧！韩信在心中呐喊。可惜，舞台暂时没有，先差点上了断头台。愿望是美好的，现实是残酷的。

无亲无朋、无钱无势的韩信到了汉中，没人举荐他，只能从管仓库的小官干起。辛辛苦苦奋斗三四年，又回到原点。

汉军实行的是连坐法，就是一人犯罪，小团队十几个人全部"咔嚓"！不幸的是，韩信的小团队犯事了，他们一小队14人全部按律处斩。

咔嚓！咔嚓！另外13个哥们儿鲜血喷出，人头纷纷滚落在地。要轮到韩信了！（其辈十三人皆已斩，次至信。）

在刽子手扬起大刀的一刹那，被捆绑在台上的韩信瞪着雪亮的刀光，心惊胆战，仰天大吼道："汉王难道不想要天下了吗？为什么要杀我这样的壮士！"（上不欲就天下乎？何为斩壮士！）

"刀下留人！"监斩官夏侯婴也大吼一声。韩信看到刽子手放下大刀，长呼一口气，瘫在地上。夏侯婴乃是跟随刘邦从沛县起兵的老将，军中资历甚高。他挥挥手，便有人将韩信扶起来，架到他面前。

夏侯婴看韩信果然身材雄壮，就宣布将韩信无罪释放。他还和韩信聊了几句，发现这小子挺会说话。（壮其貌，释而不斩。与语，大说之。）

夏侯婴便将韩信推荐给汉王刘邦。可惜，刘邦觉得韩信平平无奇，随便给他安排了一个管理粮草的小吏，便打发他们离开。（言于上，上拜以为治粟都尉，上未之奇也。）

这是一次失败的面试。但是潦倒多年的韩信总算开始转运了，有了夏侯婴这第一个伯乐。很快，第二个伯乐也来了。

分管后勤粮草工作的人是相国萧何。一日，萧何巡视各处粮仓，他惊奇地发现一处粮仓后墙又开了一个门。

萧何作为那个时代公认的最伟大的内政天才，他瞬间懂了。粮仓前后各有一门，便可轻松将陈米从后门运出，优先食用。萧何倒是不知道，此举后世演化成一条成语——"推陈出新。"

萧何欣喜之下，便将管理这个粮仓的小吏招来询问。这个小吏便是韩信。萧何与韩信交流后，惊奇地发现，此人见识非凡，又熟悉军务。

韩信：打不败你的必将使你更强大

从此之后，萧何礼贤下士，经常找韩信攀谈。随着深入接触，萧何愈发认识到韩信在军事领域具有杰出才能！

萧何多次卖力地在刘邦面前推荐韩信，刘邦爱理不理。又过了几个月，汉军将士因为大部分家乡不在汉中，所以大量逃亡。韩信觉得刘邦不会再重用自己了，又趁夜逃跑了。

萧何听到消息后，大惊失色，连派个人与刘邦打招呼的时间都不愿浪费，他快马加鞭连夜追赶韩信，终于将韩信拽回了汉营。这便是"萧何月下追韩信"。

刘邦听说萧何离开军营，以为连萧何也背叛了自己。他怒火冲天，乱砸东西，仿佛失去左右手一样痛苦。一日过去，萧何终于急匆匆地赶回来见刘邦了。

刘邦又见到萧何，喜怒交加，道："你怎么也逃跑了！"萧何慌忙解释道："我追韩信去了！"刘邦破口大骂道："将军跑了几十个，你不去追，为什么要追韩信？"

萧何大声道："那些将军不算什么！韩信这样的奇才，全国只有一个。大王如果只想当汉王，当然用不着韩信。大王如果还想争夺天下，能与您商议的只有一个韩信！大王如何选择？"（诸将易得耳。至如信者，国士无双。王必欲长王汉中，无所事信；必欲争天下，非信无所与计事者。顾王策安所决耳？）

刘邦摆手道："我看你的面子，封他一个将军算了。"（吾为公以为将。）

萧何道："必须封大将军！否则韩信也不会留下来。"刘邦思虑片刻后，选择相信萧何的眼光，咬牙道："好！你让他来，我封他为大将军。"

萧何击掌道:"太好了!但是大王您啊,平时傲慢无礼,封将军就像哄小孩子玩一样。大王如果诚心封韩信为大将军,就挑一个黄道吉日,您要沐浴斋戒,然后盖一座拜将坛,严格按照礼仪拜将。只有这样才行!"

刘邦不愧是一代布衣雄主,一旦做了决断,立刻安排下去。

那日登台拜将,樊哙、周勃、曹参等大将喜滋滋的,均认为自己要当大将军了!他们很快吃惊地发现,被刘邦封为大将军的,竟然是一名叫韩信的无名小卒。

一个人无论有多大的能力,都需要贵人相助。纵然是韩信这样的"千里马",也需要萧何、刘邦这样的"伯乐",才能驰骋万里。韩信懂得展露自己的抱负与才能,让别人知道他的价值,因此才会得夏侯婴搭救、萧何赏识,有幸遇到刘邦这样有大魄力的雄主,自此一飞冲天!

3

拜将后,刘邦当着将领的面,对韩信道:"萧相国多次力荐你,你告诉我如何安邦定国?"

对这个问题,韩信思考很久了。他清清嗓子,发表了一篇史称《汉中对》的演讲:

"我为项羽干过几年的执戟郎中,深知他的为人。他一声怒吼,千人畏服,但却不知任用像我这样的贤将,所以他只是匹夫之勇!项羽待人温和,人有疾病,同情落泪,但是部下立下战功,又不舍得赏赐官爵,所以他只是妇人之仁!他不留在关中,

韩信：打不败你的必将使你更强大

却在老家彭城这样易攻难守的地方建立都城。他封自己喜欢的人为王，很多大将心中不满。他的军队经过之处便蹂躏百姓，早就失去了民心。大王您只要反其道而行之，重用武勇之人，何愁敌人不被消灭！将土地封给功臣，何愁他们不效劳！率领想打回老家的将士，何愁敌人不破！项羽坑杀了秦军降兵二十万，关中父老无不与他有深仇大恨。大王起兵向东，关中之地如探囊取物！"

刘邦及其麾下文武听得热血沸腾，刘邦激动道："我真后悔没有早日重用将军。"

韩信这番话从战略高度，指明了刘邦集团东征及夺取天下的总方针。

汉高祖元年（前206年），项羽准备发兵攻打齐国的时候，刘邦将全军指挥权交给韩信，命他率军东进，攻打关中。韩信慨然领命。

刘邦入汉中时，曾烧毁了入关栈道。韩信派遣周勃、樊哙率领一万多人敲锣打鼓，大张声势地维修栈道。关中守将章邯等人并未放在心上，因为修好栈道至少也要一两年。谁料，韩信亲率汉军主力翻越了秦岭古道，袭取了陈仓险隘。这便是"明修栈道，暗度陈仓"。

章邯恍然大悟，果断集结大军救援陈仓，一头扎进韩信的埋伏圈里。章邯军团溃败，他逃回废丘城。韩信指挥汉军兵分数路，没多久，便夺取了关中全境。汉军又水淹废丘城，章邯兵败自刎。

汉军在韩信的正确指挥下，初步取得了对楚战争的胜利。

刘邦再入关中后，令萧何统筹粮草后勤，韩信留在关中训练新兵，肃清残敌。这期间，韩国司徒张良、常山王张耳、河南王申阳、楚国智谋之士陈平等纷纷来投。

张良、陈平为刘邦合纵连横，又联络了魏王魏豹、河南王申阳、韩王郑昌、殷王司马印等人，组成56万联军，一举攻克了项羽的都城彭城。

项羽得知消息后，亲率3万铁骑将联军杀得大败。

刘邦带着几十名心腹逃到荥阳，在张良劝谏下招韩信等人助战。韩信聚拢溃兵，狙击追击而来的楚军，取得大胜。因为刘邦在彭城大败，魏王魏豹、代王陈馀、赵王赵歇、齐王田荣等人看到项羽的凶猛，全部又与项羽联合了。

刘邦留在荥阳，吸引项羽。他给了韩信几万人马去攻打魏国。

汉高祖二年（前205年），魏豹主力守在蒲坂，打算在韩信领军渡河时，半渡而击之。韩信命令部将广立旌旗。他亲率精兵，夜奔百里，用木桶、木筏渡河。然后，他挥师直取魏国都城安邑。魏豹大惊，率主力回救都城。汉军两路夹击，魏军大败，生擒魏豹。魏国一战而灭，改为河东郡。

之后，刘邦再命韩信攻打代国、赵国。韩信一战灭代后，带着几万人马继续攻打赵国。赵王赵歇和主帅陈馀亲率20多万大军，驻守在太行山井陉口，严阵以待。

韩信指挥大军快速逼近赵军30里处，安营扎寨。夜里，他安排两千轻骑扛着两千多面汉军大旗，躲在山林中，嘱咐他们道："明日赵军主力一定会追击我。你们快速冲入赵军营寨，拔掉他们的旗子，换成我们汉军的军旗！"

韩信：打不败你的必将使你更强大

次日凌晨，韩信宣布："全军上下，打败赵军后再吃饭。"全军哗然：大将军让俺们饿着肚子打仗？韩信对手下分析道："赵军占据了有利地形，不见到我们的大将军旗，不会轻易出击的。可以利用他们这一心理。"

韩信先安排1万大军背靠大河结成军阵。赵军将领哈哈大笑，因为看到汉军背靠兵家绝地，他们认为主将韩信不懂兵法。

韩信亲率两万大军，军旗招展，战鼓齐鸣，邀赵军出关一战。二十几万赵军一拥而上，汉军在韩信高超的临阵指挥下，且战且退！突然，韩信一声令下，汉军抛下所有军旗、战鼓。趁着赵军乱哄哄地抢夺时，韩信率领人马撤到了背靠大河的军阵中。

二十几万赵军冲锋而来，汉军没有退路，将士无不拼死作战，以一当十。一直激战到中午，赵军始终无法将汉军打败。赵军主将打算先回军营吃饭，下令鸣金收兵。韩信指挥军队若即若离地跟着赵军。

赵军撤退到井陉口时，惊奇地发现自家营寨迎风飞舞着无数汉军军旗。原来汉军的两千轻骑趁赵军与韩信大战时，飞速杀入赵军大营，拔掉赵军旗，换成汉军旗。

赵国军队不知有多少汉军，全军大乱，四散奔逃。韩信趁机挥军猛攻，一战灭掉赵军主力，杀死主帅陈馀，生擒赵王赵歇。韩信又一次完成了中国历史上以少胜多的著名战役。

战后，部将不解地问道："将军背水为战，还说打败敌军再吃饭，我们不知这是哪本兵书写的？"

韩信掏出那卷珍藏了十余年的《孙子兵法》，指着《九地》

篇道:"兵书上记载,'陷之死地而后生,置之亡地而后存'。很多士兵我还没来得及训练,不将他们放在绝境,战局艰难时,他们就跑了。我们拿什么来取胜?"

众将拜服道:"将军真乃神人也!"这便是成语"背水一战"的由来。

韩信在赵国休整,他张榜安民,厚待将士,安抚战死遗孤,在燕国边境摆出了一副随时将要进攻的样子。然后,他又派遣使者游说燕王投降。燕国君臣被韩信战无不胜、攻无不克的威名吓住了,举国投降。韩信实力大增。

此时,刘邦在荥阳又被项羽打败。他带着夏侯婴单车入汉营,趁着韩信还没起床的时候,直入帅帐,拿走虎符,调走了韩信数万大军。不过,刘邦还是给韩信留了几千人,令他继续招募新兵,并且加封韩信为赵国国相。

韩信苦笑一声,在赵国招募新兵,简单训练后,挥军攻打齐国。当他到达齐国边境时,听说汉王已派遣郦食其说服了齐国归降汉王。韩信帐下谋士蒯通给韩信提建议,道:"汉王并未下令让您停止进攻。再说了,将军带着几万人马才拿下赵国五十多座城池。郦食其一介儒生,用三寸不烂之舌说服了齐国七十多座城池投降。天下英雄岂不认为您还不如一个老书生!"

韩信心想也有道理,军人以服从命令为天职,既然并未接到汉王令自己停止进攻齐国的命令,就得继续进攻。

韩信何等杀伐决断,他趁着齐国现在对自己疏于防备,分兵破城,连齐国都城临淄都攻下来。

齐国田广向项羽求救,项羽立即派遣大将龙且带领二十万楚军救援齐国。龙且在楚国是仅次于项羽的猛将，二十万楚军多是饱经征战的沙场老兵。

有人向龙且提建议，不如对汉军坚守不出，消磨他们的锐气，令齐王向那些已经失陷的城池的官民宣诏，各城官民知道他们的齐王还在，楚军又来援救，一定会反叛汉军。汉军得不到粮食，就可以迫使韩信不战而降！

龙且不屑道："区区韩信，不就是项王帐下一个小小的执戟郎中吗，也配让本将军坚守不出？再说了，汉军如果不战而降，本将军战功何在！"

楚汉两军隔着潍水对峙，韩信下战书于龙且——"若有胆量，明日让我大军渡河，两军决一死战！"

龙且看到战书冷笑一声，回复："明日一战。"龙且对部将说："本将军可不是赵王那种废物，与本将军背水一战，老子送他到河里喂王八！"

夜色降临后，韩信派遣一万多人准备了一万多个装满沙土的布袋，堵塞了潍水上游。

次日，汉军在韩信的指挥下，渡河与龙且军团大战。两军厮杀几个回合，韩信率领全军撤退，龙且大喜道："本将军早就知道韩信是一个没用的胆小鬼！全军追击，生擒韩信！"

楚兵冲过潍水，追杀韩信大军。当韩信看到龙且军团将近一半人渡过河时，他派快马通知上游将士挖开堵塞潍水的沙袋。

大水汹涌而来，龙且军团被拦腰斩断，楚军大乱。

韩信大军反戈一击，斩杀龙且，大败楚军。尚未渡过河的楚军大部分做了俘虏。就这样，齐国也平定了。

韩信带着数万人马，两年之内，破代国，除魏国，败赵国，降燕国，收齐国，败楚军主力。可以说，他统一了半个中国。不可否认，韩信是一个古今罕见的军事天才，用兵灵活，不拘一格。他总是坚持具体问题具体分析，针对不同的敌人，因地制宜，制定不同的战术。在与敌军的交手中，他擅长引诱对方露出破绽，出其不意，攻其不备，一招克敌。

4

强悍如项羽，面对韩信的锋芒，也低下了高傲的头颅，他急忙派遣使者武涉游说韩信自立。

武涉为韩信分析道："刘邦这个无信无义的小人，想吞并天下之心已经昭然若揭。现在的形势，您跟汉王则汉王胜，您随项王则项王胜。您若自立，则天下三分。如果项王不在了，刘邦留您何用！您就危险了。"

韩信道："我跟随项王之时，不过当一个小小的执戟郎中，我的计策他从来不屑一顾。所以，我才投靠汉王。汉王拜我大将军，给我数万大军，对我解衣推食，言听计从，我才有今天。请阁下替我多谢项王的好意！"武涉摇头叹息而去。

谋士蒯通着急了，他对韩信道："您已经到了功劳太大，无法赏赐的地步了！您的军事才能又是天下第一。飞鸟尽，良弓藏；狡兔死，走狗烹。您现在只有争夺天下，才是唯一的活路啊！"

韩信正色道："天下战乱多年，多少儿郎战死沙场，无数黎

韩信：打不败你的必将使你更强大

民百姓惨死战乱。先生，您可知道若是三方争霸，纷争不休，这天下还要死多少人吗？韩信宁愿将来死于非命，也不忍以一人之野心祸乱天下！"

蒯通仿佛失去了浑身力气，冲着韩信躬身一拜，黯然离去。

韩信派使者请求刘邦封自己为齐王。刘邦勉强同意后，招韩信大军前来助战。

汉高祖五年（前202年），韩信和项羽，秦末最伟大的两位军事家，平生第一次也是最后一次正面较量。韩信指挥40万汉军与项羽的10万楚军进行生死大战。

项羽一声怒吼，率领10万百战老卒，冲向韩信的军阵。

韩信望着冲锋在最前方的项羽，轻声道："项王，不知你是否后悔当初不重用韩信！今日，就让我这个执戟郎中，终结你不败的神话。"

40万汉军在韩信的指挥下，以一路抵挡项羽的锋芒，左右两路分别攻打项羽的中军与后军。汉军将士难敌项羽勇武，不断被打散。溃败汉兵在韩信的指挥下，渐渐汇合到汉军的左军与右军。

当项羽即将击败韩信的前军时，他发现自己的中军与后军快被全部围歼了！无奈之下，项羽下令撤回大营。当天晚上，项羽率军突围。最终他身死乌江。

战后，刘邦改封韩信为楚王。

韩信回到故乡淮阴后，拜访当年赠饭给自己的老大娘，奉上黄金千两，供养老大娘全家。韩信似乎颇有点恶趣味，也喊来那位亭长，只给他一百钱，调侃道："你以后再做好事，要有始有终啊!"亭长满脸尴尬,谢恩而去。

至于当年那位令韩信受胯下之辱的屠夫,被士兵押来,跪在地上,叩头如捣蒜,大呼大王饶命。韩信扶起他,笑道:"好了好了,过去就过去了。"

韩信不仅没有杀这位屠夫,还封他为中尉。韩信对手下解释道:"他是一位壮士啊!当年他辱我时,难道我不想杀了他吗?杀了他也不会增加我的名声。所以,我忍了下来,才有今天的成就啊!"(此壮士也。方辱我时,我宁不能杀之邪?杀之无名,故忍而就于此。)

刘邦建汉称帝后,他对大臣说:"连百万之军,战必胜,攻必取,吾不如韩信。"他一直担忧韩信起兵造反。陈平献计,假装巡游楚国边境,当韩信觐见时,一举将韩信拿下。刘邦立即采纳。

当韩信拜见刘邦时,他被两位武士按倒在地,他抬头看着刘邦,道:"果然是飞鸟尽,良弓藏啊!天下已定,我固当烹。"天下既然平定了,我应该被烹杀!

刘邦面色一变,似乎想起与韩信携手纵横天下的往事。刘邦挥手,让武士放开韩信,他扶起韩信,道:"有人状告你谋反!你不能留在楚国了,随我回长安城当淮阴侯吧!"韩信长叹一声,道:"谢陛下不杀之恩。"

韩信到长安后,深知刘邦忌惮自己的才干,托病不朝,整日宅在淮阴侯府。又过了一年半载。一日,大汉相国萧何来访,他对韩信道:"陛下在外平定了叛乱,长乐宫正在庆祝。你虽然生病了,最好还是去一下!"

韩信：打不败你的必将使你更强大

韩信面无表情地看着萧何，淡淡道："若没有萧相国，不可能有韩信的今天。我心甘情愿为相国赴汤蹈火。"

韩信朝萧何躬身一拜，孤身一人，广袖飘飘，走出淮阴侯府。萧何双目湿润，冲着韩信渐渐远去的背影拱手一拜。

汉高祖十一年（前196年），吕后联合萧何，杀韩信于长乐宫钟室。这便是成语"成也萧何，败也萧何"的由来。

韩信死后，后人尊称他为大汉战神，一代兵仙。

小贴士

"王侯将相，宁有种乎？"韩信从一个受胯下之辱的小人物，将"王侯将相"，全部做了一遍——齐王、楚王、淮阴侯、大汉大将军、赵国国相。

韩信没有加入起义军之前，穷困潦倒，受尽屈辱，但是他一边顽强面对生存的压力，一边苦读兵书，等待时机。艰苦的生活，赋予了他坚韧不拔的性格。韩信加入楚军的三年，从最基层的普通士卒干起，东征西讨，南征北战，虽然只混到一个执戟郎，但是他的军事理论与残酷的战争相结合后，谋略见识一日千里。

后来，他投靠汉军，凭着自己的志向、才能和积极的工作态度，得到夏侯婴、萧何、刘邦这三位贵人的欣赏，一飞冲天，担任三军统帅。楚汉战争期间，韩信从"明修栈道，暗度陈仓"开始，先后攻灭了魏、代、赵、燕、齐、楚六国，不可一世的西楚霸王项羽都是他的手下败将。他的军事成就，来源于他实事求是、坚持具体问题具体分析、灵活用兵的军事方略。

　　他被封齐王之后，为了报答刘邦的知遇之恩，也为了天下百姓早日安居乐业，毅然放弃了争夺天下的机会。他功成名就之后，对昔日照顾自己的人给予厚报，对侮辱自己的人给予宽容，向世人展现了博大的胸襟。

　　虽然他最终不幸死于非命，却丝毫无损世人对他的评价——"功高无二，略不世出，国士无双者，淮阴侯韩信"。

陈平：
洞察人性的弱点

汉高祖二年（前205年），阳春四月，春光明媚，惠风和畅。一望无际的滚滚黄河上，有一艘普普通通的小客船，正缓缓行驶。

两个满脸横肉的船夫，一边划着桨，一边窃窃私语："哥，这家伙高大白嫩，还佩着一把铁剑。八成又是逃跑的将军。咱们又要发财了！""嗯，他身上一定有金银财宝，咱们宰了这头肥羊！"

船舱内坐着一位面如冠玉、身材魁梧、双目精光四射的青年。他皱着眉头，将钱袋悄悄扔到河里，握着铁剑，缓缓走到船头。

两个船夫对视一眼，看到彼此眼中的杀气，他们握紧了船桨，又紧盯着青年的一举一动。很快他们吃惊地发现，青年竟然麻溜地脱光了衣服。衣服撂在船上，并无声响。一位船夫慌忙道："客官，请你自重！我们不是随便的人！"

青年一脸懵懂地问道："大哥何出此言？小弟脱衣服，是为了帮两位大哥划船。"说罢，将铁剑放到右手边，抄起一根船桨卖力地划起船来。

两个船夫小声商议道："衣服落地无声，这家伙也没金银，而且还有铁剑防身。事情麻烦，送他上岸吧！"

1

这位青年叫陈平，出生于战国末年，是阳武县户牖乡（今河南兰考）人。少年时，他父母便去世了，他与种田务农的哥哥陈伯相依为命，史称"少时家贫，好读书"。家里虽穷，陈平却非常喜欢读书。

哥哥陈伯疼爱弟弟，下地干活的事，从不让陈平去碰，而是让他专心读书游学。陈平在哥哥的羽翼下渐渐长大。小伙子又高又壮，皮肤白嫩，帅气逼人。

有一日，好事的邻居调侃陈平："你家里那么穷，你吃什么了？又白又胖！"陈平的嫂子抢先回答："不过吃些糟糠而已！"嫂子又不屑道："有这样好吃懒做的小叔子，我们家倒了八辈子霉啊！"少年陈平满脸羞惭，陈伯得知后勃然大怒，立刻写休书，休掉老婆。陈平苦劝无用。

所谓知耻而后勇，邻居的嘲讽，嫂子的歧视，再加上哥哥的爱，令陈平更加发奋读书，广交朋友，不放过生活中一点一滴的学习机会。

陈平到该娶媳妇的年龄了，有钱人家女儿看不上他，贫穷人家的闺女，他又不乐意。高不成，低不就。正是："及平长，可娶妻，富人莫肯与者，贫者平亦耻之。"

户牖乡财主张负的孙女嫁了五次，每一次丈夫都病死了，谁也不敢娶她了。史称："平欲得之。"陈平看上了这个姑娘。

陈平：洞察人性的弱点

陈平读过书，又自学了很多律法、礼仪的学问，经常为乡亲们主持丧礼，挣点钱，补贴家用。有一次，陈平主持丧礼，发现张负在台下笑眯眯地看着他。他也很有礼貌地微笑点头。等陈平忙完回家后，他却不知道张负已经在后面悄悄地跟踪他呢。

县城外一条偏僻的小巷子里，张负瞅了瞅陈平家用来当门帘的破烂草鞋，又低头观察门口多道马车碾过的车痕，若有所思。能有马车的，多数是县里的贵人，那么多贵人来找一个穷人办事，这个小伙子了不得啊！

张负回家后，立即安排把孙女嫁给陈平。张负儿子非常不满老爹的决定，道："陈平这家伙不仅穷，还不务正业，乡亲们谁不笑话他！怎么能把闺女嫁给他呢？"

张负怒道："你小子懂什么？你见过像陈平这么英俊潇洒的人会永远穷下去吗？"张负又把孙女喊来训话道："不要因为陈平家里穷就看不起他，要好好侍奉他。伺候陈平的哥哥要像伺候你父亲一样。"

张负出钱给陈平做聘礼，又包了置办酒席的钱。

陈平娶了张家女后，有了钱，交了更多的朋友，社会地位在家乡越来越高。

举办祭神活动时，乡里请陈平为大家分肉。因为祭拜神，要献些牛羊肉什么的，然后大家再把肉分了。陈平熟悉每一个乡亲，按照年龄、地位的不同，将肉分配合理。现场的男女老少，高兴道："陈平这小子，分肉很公平啊！"

陈平负手而立，长叹道："嗟乎，使平得宰天下，亦如是肉矣！"意思是：哎，让我陈平治理天下，也会像这次分肉那样让众人满意。

所谓众口难调，陈平分肉能让现场所有人都满意，说明他心细如发，洞察人心，情商一定非常高。陈平不愿意娶穷人家闺女，因为他明白实现阶层上升，一个重要的方法便是娶有钱人的女儿。张家有钱有势，陈平有志有才，双方合作，走向共赢。

2

秦二世元年（前209年），统一天下十几年的大秦帝国江河日下，陈胜在大泽乡起义后，任命手下魏咎为魏王，攻打秦军。

各地义军纷纷揭竿而起。不甘寂寞的陈平拜别家人，毅然带着一些家乡子弟投奔魏咎。

陈平与第一任上司的合作不愉快。史称："说魏王不听，人或谗之，陈平亡去。"陈平为魏王出谋划策，魏王不搭理他，又有人向魏王进谗言污蔑他，陈平只好逃跑了。

树挪死，人挪活，陈平选择了投奔已经如日中天的项羽。随着项羽入关的战役中，陈平渐渐升级为中级军官。

颇为有趣的是鸿门宴上，刘邦假装上厕所，项羽安排去催刘邦早点回来的人便是陈平。后来项羽派陈平率领人马收服了殷王司马卬。项羽一高兴，赏赐陈平大量黄金，又加官晋爵。

可是，随着刘邦出关，司马卬又投降了刘邦。项羽大怒之下，竟然杀了一些曾经接受殷王投降的官吏。陈平大惊：项羽怎么这么不靠谱？殷王降而复叛，怎么能杀自己属下撒气？说不定哪天把我陈平也杀了！

陈平：洞察人性的弱点

陈平由此确定项羽是一个难成大事的莽夫，他决定再换一个主公。鸿门宴上大气隐忍的汉王刘邦正合适。

不过，陈平也够意思，他将自己的官印和项羽赏赐给的黄金全部留在营帐，趁夜抄小路逃跑。他孤身一人渡河，船夫意图谋财害命，陈平洞察危险，机智化解，于是发生了开头的事。

观陈平两次"跳槽"，可见他的人生观便是：君主若能信任我，我便真心为你出谋划策，给你把事办好；君主若不信任我，我便与你一拍两散，各走各路。

汉王刘邦为了招贤纳士，成立了一个部门，用来鉴定、推荐投奔他的人才。陈平通过招贤部门负责人魏无知，将自己引荐给刘邦，获得一次"面试"机会。

不过这次"面试"，是七个人一起。

刘邦请他们吃完饭后，淡淡道："罢，就舍矣。"你们吃好了，就先回去休息吧。潜台词是：我很忙，没空搭理你们，你们早点回去洗洗睡吧。

众人面面相觑：传说中豁达大度、求贤若渴的汉王，这样对我们？陈平不肯放过这次机会，他决定忽悠刘邦。也许他一生忽悠过很多人，这却是改变他命运的一次忽悠，甚至间接改变了中国历史。

陈平站起来，对刘邦道："汉王，我有事要告诉您，而且必须今天就告诉您！"（臣为事来，所言不可以过今日。）

刘邦一听，认真打量陈平。咦！这小子在鸿门宴上见过！不仅长得帅，胆子还挺肥嘛。他留下陈平单独聊，聊了一会儿才发现，根本就没有什么今天就必须说的事，陈平只是介绍了一下自己,又分析了天下形势。

刘邦听他说话逻辑清晰,观点精辟,心中有了主意,问道:"你在楚营中是什么职位?"陈平坦然道:"为都尉。"都尉相当于中级武官。

刘邦不仅封陈平为都尉,还加封了参乘、护军。前者为刘邦管理车辆,后者的职位是监督诸将。陈平从背主降将,一步登天。

将军们不服,纷纷对刘邦道:"陈平只是一个叛逃而来的小兵,还不知道能力如何,怎么可以这么快就与他同乘一辆车,还监管我们这些老将?"

刘邦乐了,心想:你们这些粗人懂什么?我就是让天下人看看,有才能的人,只要愿意离开项羽为我效劳,我就愿意重用他!刘邦不听流言蜚语,继续赏识陈平。

陈平知恩图报,将各种军务办得井井有条。

刘邦这种处理方式,让众将更加不满、嫉妒,他们调查陈平的"黑历史"。从沛县起兵时便随刘邦南征北战,浴血沙场的军中"巨头"周勃、灌婴等人,查得更是积极。

他们七嘴八舌,向刘邦进言:"陈平虽然长得帅,却像帽子上的美玉一般,中看不中用。"(平虽美丈夫,如冠玉耳,其中未必有也。)

"我们听说陈平在老家时和嫂子有一腿。魏国嫌他埋汰,不用他。他就逃到楚国,楚国也不用他,他又投靠我们!结果大王您现在竟然封他为护军!"(臣闻平居家时,盗其嫂;事魏不容,亡归楚;归楚不中,又亡归汉。今日大王尊官之,令护军。)

陈平：洞察人性的弱点

"我们听说陈平贪污受贿、敲诈勒索将军们，送礼多的能得到好处，送礼少的就会被处罚。陈平就是反复无常的奸诈小人。请大王明察。"（臣闻平受诸将金，金多者得善处，金少者得恶处。平，反覆乱臣也，愿王察之。）

这些话，将陈平从才能到人品说得一文不值。刘邦何许人也？以布衣称帝的一代雄主。他没有听这些将军的一面之词，但也要尊重将军们的意见。他将陈平的引荐人魏无知喊来询问：陈平的人品到底怎么样？

魏无知这位仁兄虽然在史书中只留下只言片语，却是一个妙人。关于陈平的流言蜚语魏无知早已听腻了，他对刘邦侃侃而谈："大王问的是陈平的人品，臣在乎的是陈平的能力。大王有闲工夫任用道德君子吗？臣推荐谋略高超的人才，只考虑他的才能是否有利于国家。至于与嫂子有什么瓜葛，多大点事啊！"

一番话说到刘邦心坎里了，他哈哈大笑，摆手让魏无知回去。刘邦心道，陈平虽然有才能，吃相太难看，还是要敲打的。

刘邦把陈平喊来，板着脸，训斥道："你先侍奉魏王，又投奔楚国，现在又背弃楚国来追随我。难道一个诚实守信的人，会这样三心二意吗？"

换成一般人早就汗流浃背，跪地请罪了。

陈平却挺直了腰杆，目光炯炯，朗声道："我跟随魏王，他却不肯采纳我的建议，所以我跟随项羽。项羽也不信任我，他只信任宗族子弟与老婆娘家人。虽然有很多人才，他却不愿意重用，所以我也离开了他。（臣事魏王，魏王不能用臣说，故去事项王。项王不能信人，其所任爱，非诸项即妻之昆弟，虽有奇士不能用,平乃去楚。)听说汉王您善用人,所以我追随您!我身无分文而来,不收一点钱,我吃什么?喝什么?(闻汉王之能用人,故归大王。臣裸身来,不受金无以为资。)如果我的计策对大王有用,请您采纳!若是对大王无用,金银财宝都在,请让我封好交给有关部门,顺便让我辞职走人!(诚臣计画有可采者,愿大王用之;使无可用者,金具在,请封输官,得请骸骨。)"

陈平一番话,掷地有声,尽显他的辩才和机敏。

刘邦倒吸一口凉气,在心中呐喊:人才啊!这倒真是个人才。他活了几十年,第一次见到有人能将"背信弃义""收受贿赂"说得如此清新脱俗、大义凛然。这颠倒黑白的本事,倒真是谋士的做派。

刘邦立刻整理衣冠,向陈平躬身一拜,道:"先生,我误听小人谗言,多有得罪。"陈平被感动了,忙回拜道:"汉王真是我的明主!臣为汉王死而无憾!"

刘邦赏赐了陈平大量财物,加封陈平为护军中尉。这个职位权力极大,对内负责监督全军将士,对外负责刺探敌情。全军将士看到陈平如此受刘邦信任,再也不敢造谣了。

陈平从此以后,彻底放开了手脚,尽情施展自己天马行空的奇谋妙计,为汉朝屡建奇勋。

平台比努力更重要。古往今来,不知有多少人,怀才不遇,郁郁而终,只因为没有一个好的平台让自己展示才华。陈平能遇到刘邦,抓住机会展示自己的才干,是他的幸运,也是整个刘邦集团的幸运。当然,陈平前两次失败的职业生涯,也增长了他的才干,磨砺了他的心性,这才终于将"最好的自己",留给了真命天子。

3

楚汉相争进入最激烈的阶段,刘邦被项羽困在荥阳城长达一年之久,甚至连粮道也被截断了。刘邦的日子一天比一天难过。他派人向项羽求和,项羽也不答应。

刘邦忧心忡忡,望向自己的谋主张良。张良摇摇头,没有办法。刘邦长叹道:"天下大乱,何时才能结束啊?"

被困许久,陈平已经想到脱困的办法了,他站出来,对刘邦道:"项羽这个人少智多疑。手下忠直的臣子也不过范增、钟离昧、龙且等寥寥数人,大王您给臣几万斤黄金,让臣离间他们君臣。必然可以使楚国君臣互相猜疑。我们便胜算大增啊!"

闻听此言,刘邦立刻批给陈平四万斤黄金,令他任意支出。刘邦从不过问这些钱的使用情况。

陈平使用黄金在楚国收买了大量细作,令他们散布谣言,说钟离昧等将军劳苦功高,因为未被项王封王,心怀怨恨,早就与刘邦合作了,要瓜分楚国。

楚军大营各种谣言满天飞,终于传到项羽耳朵里了。他果然开始怀疑钟离昧等人了,还派遣使者以商议和谈为名,到荥阳城打听情况。

项羽此举,正中陈平下怀。陈平亲自接待使者,安排了许多菜肴一一端上来。使者面色激动,汉营这么客气啊!

陈平笑眯眯地走向使者,拱手道:"范增将军派您来,有什么指教啊？"使者慌忙拱手道："在下奉项王之命前来拜访。"陈平装成一副惊讶的样子，道："我以为您是范增将军派来的，原来是项王的使者啊！"陈平下令，将美食全部撤下去，换了几道普通的菜，招待使者。

使者大怒，回楚营后，将这件事向项羽添油加醋地汇报。

项羽从此更加疑心范增通敌。碰巧，范增前来献策，建议项羽抓紧时间进攻荥阳城。项羽磨磨叽叽，应付过去。过了几日，范增也听到了军中谣言。这位七十多岁的老人一气之下，向项羽辞职。项羽竟然也没有挽留。范增气死在回家途中。

陈平利用项羽的猜疑心，用反间计除掉了对项羽忠心耿耿、足智多谋的军师范增，使项羽如同断了一臂。

荥阳城坚持不了多久，要突围了。陈平再次施展奇谋，他找到一个外貌像刘邦的人，穿着刘邦的铠甲衣服，又从城里找了两千多个女人，大部分是美女。他让假刘邦带着两千士兵、两千美女，出东门向项羽投降。

楚国兵将听说刘邦出东门投降，还带着两千美女，西门、南门、北门的楚军，也争先恐后，挤到东门，杀汉军，抢美女，抓刘邦。

真正的刘邦趁机带着张良、陈平等几十个心腹快马加鞭从西门逃之夭夭。刘邦一行人跑回关中，重整旗鼓，再次东征项羽。

第二年，刘邦在广武城与楚军对峙，两军日夜大战，均疲惫不堪。大将韩信已经攻下了齐国，他派使者请求刘邦封自己为假齐王（代理齐王）。

刘邦当着使者的面，破口大骂韩信："老子我被困在这里，

陈平：洞察人性的弱点

日夜盼望他来相助。他不仅不来帮我，还要自立为王！老子我……"

陈平突然踩了踩他脚趾，刘邦往左右看去，张良与陈平都在给自己使眼色。电光火石之间，刘邦猛然醒悟，韩信用兵如神，兵多将广，远在齐地，自己根本无力阻止他称王。无论是他自立为王或者依附项羽，都是天大的麻烦！

刘邦立即改口："老子我就看不起韩信的小家子气。男子汉大丈夫当就当真齐王，当什么假王。"刘邦下令厚赏使者，安排张良与使者同行，招韩信大军前来助阵。

楚国在战略上被夹击，无法招架，与汉军议和，约定以鸿沟为界，平分天下。楚军撤退后，张良、陈平联袂向刘邦分析天下形势，建议刘邦斩草除根，彻底消灭项羽，否则后患无穷。

刘邦深以为然，毅然召集各路大军，不灭项羽，誓不罢休！项羽穷途末路，终于被逼到乌江自刎。

长达四年的楚汉战争终于结束。刘邦为了感谢陈平屡次出奇谋助自己脱离危难、成就大业，便将陈平老家户牖乡封给陈平。

汉高祖五年（前202年），刘邦称帝。谋主张良渐渐隐退，一直兼任中护军的陈平，取代了张良的位置。几个月后，有人密告被改封楚王的韩信将要谋反。刘邦召集诸将商议对策，将军们纷纷叫喊着："发兵活埋了韩信这小子！"

刘邦看着这群粗人，很无语。他问陈平的意见。陈平推辞一番后，才问刘邦："诸位将军什么意见？"刘邦将众位将军的观点告诉陈平。陈平沉吟片刻，又问刘邦："这事，韩信知道吗？"刘邦答："不知道。"陈平又紧接着问道："陛下您的军队与韩信的谁强？您的将军与韩信比谁厉害？"

刘邦叹道："还用问吗？韩信兵马精锐，用兵当世第一。"陈平道："韩信那么厉害，发兵攻打他，是逼他造反啊！"刘邦烦躁地摆摆手，道："别废话了，赶紧给我拿个主意。"

陈平见刘邦不耐烦了，忙打开一份地图，缓缓道："陛下可以假装到云梦泽巡游，在陈县召集诸侯聚会。陈县在西楚边界，韩信身为楚王一定会来。到那时，一位武士就可以拿下他！"

刘邦大喜，依计行事。韩信果然中计，身陷囹圄。

陈平一计，免去一场胜负难料的战争。刘邦再次加封陈平为曲逆侯。

汉高祖七年（前200年），刘邦带着陈平率领30万大军攻打反叛的韩王信，却被匈奴40万大军偷袭，汉军被困在白登山上。刘邦站在山顶，看到各个要道均驻扎着匈奴人马，援兵与粮道都被匈奴掐断。

整整七天，汉军拼死血战不能突围。站在山顶的陈平经过多次观察，发现匈奴单于常带着阏氏（单于的王后），在军中晃来晃去。陈平心生一计，他派遣一位能言善辩的使者携带珍宝与一幅画，偷偷地见阏氏。使者对阏氏说：汉皇欲向大单于求和，珍宝送与阏氏，画像上的美女送与单于。

阏氏看到画像上那位千娇百媚的女人，担忧不已，生怕单于得到这个女人后，不宠爱自己。她就对单于说："汉、匈两主不应逼迫太甚，汉皇被困在山上，汉人一定会拼命相救。就算你杀了汉皇，我们也不能适应中原水土，还要担心汉人报复，我们就不能再享受安乐了。"

陈平：洞察人性的弱点

匈奴单于被说动了，下令撤开一面兵马。刘邦这才逃脱。

如果不是陈平妙计，刘邦也许会成为中国历史上第一个被匈奴俘虏或者杀害的开国之君了。如果刘邦与麾下大将们全死在匈奴人手里，也许整个中国将重新陷入无尽的战乱中。

观陈平的六次经典计谋，便可发现陈平善出奇谋，善于利用人性的弱点：用反间计离间项羽与范增，利用了项羽的多疑和范增的倔强；荥阳声东击西，利用假刘邦、两千美女脱困，利用了楚军将士对财、色的追求；提醒刘邦，封韩信为齐王利用了韩信追求权势的性格；劝说刘邦追击项羽，利用楚军上下已经厌战的心理；假游云梦泽擒拿韩信，利用了韩信安于现状、心怀侥幸的心理；白登脱困，则利用了阏氏的贪婪、嫉妒，以及单于的耳根子软。

4

汉高祖十二年（前195年），刘邦到了弥留之际，听信谣言，认为大将樊哙要造反。他大怒，令陈平带着周勃到军营直接砍了樊哙的头，让周勃接管大军。

此时樊哙还在北方边境平叛，陈平与周勃商议道："樊哙跟着陛下出生入死几十年了，又是皇后妹妹的丈夫。杀了他，以后陛下后悔了怎么办？还是把他绑起来，交给陛下处置吧。"

周勃深以为然。到军中后，陈平亮出圣旨拿下樊哙装在囚车里，由周勃坐镇军营继续平叛。

陈平带着樊哙回长安复命，途中听说刘邦病故。陈平大惊，奔赴刘邦灵堂号啕大哭,哽咽道:"陛下啊!您让我杀樊哙。我不敢随便杀国家重臣。现在我把他押回来了。"

这话当然是说给刘邦的老婆吕后听的。吕后听说樊哙没死,放松了下来,她看陈平老泪纵横的样子,劝他回家休息。在这样的敏感时期,陈平生怕他回家后有人进谗言,坚持要留下守灵。

吕后明白陈平的心意,对他道:"以后,好生辅佐太子。"陈平松了一口气,命总算保住了。吕后杀起功臣来可是轻车熟路,彭越、韩信等人都是惨死在她手中。

刘邦去世后,汉惠帝登基。他任命陈平为左丞相。在吕后专权那些年,陈平韬光养晦,每日饮酒作乐。直到吕后去世,陈平联系周勃等功勋老将,扫除吕家势力,迎立刘恒为帝,也就是后来的汉文帝。

陈平主动对汉文帝说:"高祖在世时,周勃的功劳不如我。荡平吕氏之乱,我的功劳不如周勃,右丞相的位置应该让给他。"于是汉文帝任命周勃为右丞相,陈平为左丞相。

一日上朝,汉武帝问周勃:"周老丞相,咱大汉今年有多少案子啊?"周勃尴尬道:"不知道。"汉文帝不乐意了,又问道:"今年,咱们大汉收了多少粮食?"

周勃汗流浃背,支支吾吾,答不上来。汉文帝拿这些问题问左丞相陈平。陈平呵呵笑道:"问案件多少,要找主管刑事的人。问粮食多少,要找主管粮食的人。"

汉文帝问道:"那一国宰相是干什么的?"陈平捋着花白的胡子,朗声答道:"宰相啊,要对上辅佐天子,调和阴阳;对下养育万物;对外镇抚四夷和诸侯;对内爱护团结百姓,使公卿大夫

陈平：洞察人性的弱点

各尽所能，各守其责。"

汉文帝听完陈平的话，赞不绝口。周勃知道自己才能不足与陈平相提并论，托病辞官。

从此陈平一人担任丞相。陈平在人生的最后一年，选贤举能，无为而治，终成大汉历史上的一代贤相。

汉文帝二年（前178年），陈平临死前，想起了青年时的豪言壮语，用尽最后的力气，笑道："使平得宰天下，亦如是肉矣！"

小贴士

陈平传奇的一生，可以分为四个阶段。

第一阶段，天下大乱前，他勤于读书交友，娶了富家女，青年时就拥有了一定的才学、情商、见识、财势。他已经超过很多同辈人了。

第二阶段，仕魏与仕楚时期，正是因为不得志，所以他才动心忍性，磨砺了心性，增长了见闻。

第三阶段，跟随刘邦时期，他能六出奇计，除了因为刘邦疑人不用，用人不疑，还由于他对人性弱点洞若观火。无论是项羽、范增、韩信、匈奴单于，还是普通的军士、想杀人的船夫，上至枭雄人杰、王侯将相，下至平凡的小人物，只要是人，必然有弱点。只要有弱点，陈平便能利用。

第四阶段，吕后与汉文帝时期，陈平面对心狠手辣的吕后，选择蛰伏，韬光养晦。面对年轻的汉文帝，他选择放下权力给属下。所以，韩信、彭越等开国功臣的悲剧，永远降临不到陈平的头上。

  陈平真不愧名字里带一个"平"字，世上似乎没有他摆不平的人，所以他能从一个受人歧视的贫寒少年，出将入相，成为名留青史的英杰。

刘秀：

读过书、种过地、经过商的人，能成大事

地皇四年（23年）5月，新朝王莽的四十多万大军兵临昆阳城下。精兵悍将摩拳擦掌，刀枪剑戟遮天蔽日，辎重粮草千里不绝。城内军民人心惶惶。会议厅内，义军诸将急如热锅上的蚂蚁。他们焦躁不安，议论纷纷：

"敌众我寡，抓紧时间各跑各的！"

"咱们才八九千人，兵力悬殊！"

"我们分散突围，能跑一个是一个！"

"我要去保护自己的老婆孩子！"

一位高大矫健、眉清目秀的青年将军按剑跳出来，高喊道："我们的兵马远不如敌军。如果分散，一日之内，大家就会全部完蛋！只有团结起来，才有希望！你们不同心协力，还想保住老婆孩子与财物？你们在搞笑吗！"

诸将恼羞成怒："刘将军说的是什么话！"

这位刘将军名叫刘秀。

1

刘秀出生于建平二年（前5年）。这一年，王莽立年仅两岁的刘婴为帝，志得意满，做好了篡位的准备。这一年，陈留郡济阳县（今河南开封一带）喜迎庄稼大丰收，尤其是有一株禾稻长了九个穗子。碰巧，刘县令的老婆生了一个大胖小子。刘县令大喜之下，将儿子起名为"秀"，即庄稼抽穗开花。

刘秀是汉景帝之子长沙定王之后。由于汉朝推恩令，祖辈渐渐失去权势，家境还算殷实。

小刘秀渐渐长大了，文静秀气，性格温和，最大的爱好就是扛着锄头，到地里摆弄庄稼。大哥刘縯自比汉高祖，好侠养士，经常嘲笑弟弟像刘邦的哥哥一样，只能在地里刨食。

刘秀面对哥哥善意的嘲讽，腼腆一笑。

少年时在地里俯下身子，勤劳种地，让刘秀体会了大汉农人的艰辛，看到了农村的真实环境，不仅学会了一技之长，更为日后的帝王事业奠定基础。

刘秀19岁时，称帝多年的王莽，在全国范围内变法改制。为了拉拢天下读书人，他让全国最高学府太学大规模扩招。天凤年间刘秀做出了人生第一个重要的决定——到京城太学求学。

刻苦钻研、勤奋学习的刘秀，很快完成了由乡巴佬到知识青年的转变。史书上说他"受《尚书》，略通大义"，意思是学习了《尚书》，明白了一些道理。

刘秀：读过书、种过地、经过商的人，能成大事

刘秀的父亲此时已去世多年，家里没钱供他读书。刘秀只有勤工俭学，自己赚钱养活自己。

喜欢种地读书的刘秀，竟然具有商业头脑。他与几个同学合资，租用了几头毛驴，给人驮货，搞起来一个小"物流公司"，还兼职贩卖药材。从此，他的小日子过得美滋滋的。

一日，他看到王莽带着文武百官出巡，走在前面的执金吾威武潇洒。刘秀没有像他老祖宗刘邦那样，羡慕皇帝，感叹"大丈夫当如此"。相比较而言，刘秀只有一个小目标，他情难自禁道："仕宦当作执金吾，娶妻当得阴丽华。"执金吾，职责主要是保卫皇宫，官不大，比较威武气派。阴丽华，是一位芳名远播的美人，也算刘秀的远房亲戚。

太学只负责教育学生，不包分配。世族豪强子弟毕业后可以为官，刘秀这样的普通百姓，毕业也就失业了。

王莽的新朝连年发生蝗灾、水灾，再加上激进的变法，搞得天下大乱。各路起义势力层出不穷，不断冲击着王莽政权。

当时，民不聊生，百姓易子而食。刘秀回到老家后，毅然决定扛起锄头，勤劳种地；赶着牛车，贩卖粮食。他力所能及地救济一些穷苦百姓，名声渐渐远播。可是他的命运被他亲大哥改变了。他哥哥刘縯的一个朋友被官府通缉，这事也牵扯到了刘秀。

刘秀逃到了住在新野的姐夫邓晨家里。虽然只是避难，刘秀也不愿闲着，找土豪，拉"赞助"，贩粮食，救一些苦难百姓。他还获得了接触他的"女神"阴丽华的机会，他的幸福生活即将开启。

命运总是无常。史书并未说明是何种原因，导致刘秀被新野

校尉关押了起来。刘秀当时在大牢里，差点饿死过去。有一个牢头动了恻隐之心，给了刘秀一小筐饼。值得一提的是，后来刘秀当皇帝了，给了这个牢头一个官做，而且笑着问他：一小筐饼换了一个官，够本了吧？

邓晨花了一大笔钱，用了很长时间，才将刘秀捞出来。这时，刘縯摩拳擦掌，做好了起义的准备。起义，又名造反，至少要诛三族。刘秀觉得与其将来被大哥连累，还不如拼一把呢！

刘秀返回老家，投靠大哥。那些家乡子弟，本来不愿意加入刘縯义军，但是他们惊奇地发现，一向低调文静的刘秀竟然也穿着盔甲，操着家伙，整天在大街上晃悠。

家乡人议论纷纷：连刘秀这样安静的老实人都起义了，我们也加入吧！

刘秀是一个善良的普通青年。天下太平时，他种田、上学、经商、追逐爱情。被逼到起义的地步，只能说是时势造英雄。

刘縯和刘秀在南阳舂陵起事后，号称"柱天都部"。创业初期，条件简陋点，刘秀骑着一头牛带着兄弟们抢地盘。杀了新野县尉后，才得到一匹战马。很快发生了一件事。因为分配财物不均，手下的兄弟们很生气，不想跟刘縯家干了。刘秀将所有财物统一分配，保障公平、公正、公开，连自己的那一份都奉献出来，兄弟们才开心起来。

刘秀对亲近的手下感叹道："人之大患，不在寡而在不均！古人诚不欺我。"

没多久，在一个叫小长安的地方，义军大败一场。刘秀骑马逃命，刚巧遇到妹妹，刘秀抱起妹妹一起逃跑。他又遇到姐姐，刘秀叫姐姐快速上马。姐姐挥着手，说了一句很悲伤的话："行矣，不能相救，无为两没也。"好了，不要救我了！不要都搭进去！

官兵杀到了。刘秀强忍夺眶而出的泪水，用力抽打马鞭逃命。姐姐与她的3个女儿全部被王莽军砍死。

越来越多的老百姓活不下去了，纷纷加入义军。全国各地乱成一锅粥。刘秀兄弟选择加入当时实力最强大的起义军——绿林军，并成为其中的重要力量之一。

豪杰云集，地盘越打越大。义军还立了一个比刘秀兄弟血统更纯正的宗亲刘玄为帝，史称更始帝。更始帝任命刘縯为大司徒，刘秀为偏将军。王莽听说汉室宗亲称帝了，下定决心，竭尽全力剿灭绿林军。

种田经商小能手刘秀，梦想原本只是迎娶心上人，担任执金吾。命运、环境、亲人将刘秀逼到了起义的地步，残酷的战场将一个文静内向的青年变成智勇双全的将军。刘秀学到了勇敢、坚强和管理智慧。

2

地皇四年（23年），王莽特任命大司空王邑和司徒王寻为统帅，征调控制区内精通兵法的人才，充当参谋，集中精兵42万，号称百万大军，直逼刘秀所在的昆阳。

于是，发生了开头一幕。刘秀与守军将领制定了战术。他亲率12人，趁夜突围，寻找援兵。刘秀差一点儿就被逮住了，好在侥幸冲出。

刘秀从周围几个县城里召集了1万多名援军,退回昆阳。当时许多将领贪惜财物,不愿去昆阳。看到援军将士面有难色,刘秀就开始做他们的思想工作:"如果我们赢了,可以获得万倍财物;输了,命都没了,要钱干什么?"援军将士被说服了。

王邑下令攻破昆阳,鸡犬不留。城内军民眼见投降也是死,人人拼命抵抗。

古代战争史上不可思议的气象奇迹发生了:王莽军营上空竟然出现了巨大的蘑菇云,还下了一阵陨石雨!王莽军将士们吓得趴在地上瑟瑟发抖。

此时,刘秀率领援军杀到。一支万人的军队主动冲击数十万大军的营盘,居然连战连胜,杀死上千人。刘秀亲自杀了数十人后,又一鼓作气,带领三千敢死队,涉水向敌营中军发起突击。

苍天似乎也给刘秀助攻,电闪雷鸣,狂风暴雨,房屋的瓦片纷纷被刮飞,在天空飞舞!义军奋勇斩杀敌军副主将王寻。王莽大军溃散逃命,跳河淹死的就有上万人。

战后,缴获的辎重,几个月运不完。年仅29岁的刘秀一战成名,名扬天下。昆阳之战后过了4个月左右,新朝覆灭,王莽死于乱军之中。

昆阳之战,刘秀显示了自己杰出的军事天赋,临危不乱,英勇奋战,善于鼓舞人心,善于利用天时地利。他的抱负、经历、人品全部在昆阳之战中展现出来。所以,他取得了军事史上一个奇迹般的胜利。这一战,仿佛老天爷都在帮他,许多人因此开玩笑说刘秀是"天选之子"。

刘秀：读过书、种过地、经过商的人，能成大事

祸兮，福之所倚；福兮，祸之所伏。很快，发生了一件令刘秀悲痛欲绝的事。刘秀相依为命的哥哥刘縯被更始帝杀害了。刘秀强忍哀伤，思虑良久，做了一个谁都想不到的决定。他只带着数骑亲自去绿林军的老巢见更始帝。

刘秀见到更始帝后，丝毫不提自己在昆阳之战中的功劳，主动交出兵权，为哥哥请罪。更始帝也许为了用他稳固派系之间的平衡，也许因为愧疚，没有斩尽杀绝，封刘秀为武信侯。

刘秀为了麻痹更始帝，选择了韬光养晦，整日饮酒作乐，谈笑如故。没过多久，刘秀迎娶了自己的"女神"阴丽华，结束了光棍生涯。

选择忍耐蛰伏，比拼死一战需要更大的勇气，因为后者就算失败也只是短暂的痛苦，而前者需要长期忍耐痛苦。

天下依旧乱哄哄。大大小小的割据诸侯，不买更始帝的账。尤其是河北之地，更是烽烟四起，军阀混战。刘秀贿赂更始帝身边的大臣，得到一个河北宣抚使的官衔。更始帝给了他一根棒子。这玩意儿，在古代叫节杖，象征着更始帝的皇帝权威。

刘秀龙归大海虎入深山的机会来了。刘秀将新婚妻子送回娘家，带着三五随从，义无反顾地进入河北，先有邓禹、岑彭等故旧亲朋纷纷来投，后有河北豪强耿纯烧掉自己的宅子，带着一家老小，追随刘秀。真定王刘杨，还将漂亮外甥女郭圣通嫁给刘秀。

为什么刘秀具有那么高的人气呢？

这里有个小故事。刘秀打败了另一个军阀王朗后，为了让降兵放心，不披铠甲，不带武器，孤身一人骑着战马到降兵营寨晃

悠，无丝毫戒备之意。降兵三三两两地在一起低语："刘将军推己之心，置他人腹中，我们还担心什么？跟着他混，咱们放心。"这便是成语"推心置腹"的由来，意指真心待人。

刘秀为什么在河北能如鱼得水呢？大致有四个原因。第一，他是汉室宗亲。王莽乱政，天下人心思汉。第二，昆阳之战里刘秀创造的奇迹，也令他在民间成了天命化身。第三，哥哥刘縯被冤杀，刘秀获得了大量义军的同情。第四，刘秀本人仁厚慈爱、智勇双全，有强大的人格魅力。

不足两年，刘秀已是"跨州据土，带甲百万"的天下第一诸侯。更始帝三年（25年），31岁的刘秀称帝。为表示重兴汉室之意，刘秀建国仍然使用"汉"的国号，建元建武。

这一年，离刘秀骑牛上阵，仅仅过去了3年的时间。建武元年（25年）十月，刘秀定都洛阳。不久，更始帝为赤眉军缢杀。刘秀放下了杀兄之仇，厚待刘玄后人。

刘秀称帝后，越来越多的谋臣猛将汇聚起来，这些人后世称为"云台二十八将"。

接下来，对刘秀来说就是国内统一战争了。那些地方军阀，基本上不是刘秀手下这些大将的对手。刘秀坐镇中央，根据形势，制定了由近及远、各个击破的战略方针。

学问很高的刘秀还贡献了3个成语。

第一个成语是有志者事竟成。建武五年（29年），刘秀派大将耿弇去攻打地方豪强张步，战斗非常激烈，连耿弇的大腿都被一支暗箭射中，血流如注。耿弇抽出佩剑把箭砍断，继续战斗，终于打败敌人。刘秀在庆功会上表扬耿弇："将军以前提出要平定山东一带,当初我还觉得计划太大,担心难以实现。现在我才知道,有志向的人,做事一定会成功。"

第二个成语是披荆斩棘,比喻扫清前进道路上的困难、障碍。建武六年(30年),刘秀指着平定关中赤眉军起义的大将冯异对满朝大臣说:"是我起兵时主簿也,为吾披荆棘,定关中。"

第三个成语,得陇望蜀。刘秀基本统一了中国的东部后,还有陇地与蜀地未平。建武八年(32年),光武帝刘秀与大将岑彭率军攻破天水,岑彭又与偏将吴汉把隗嚣包围在西城。刘秀给岑彭去信说:"两城若下,便可将兵南击蜀虏。人若不知足,即平陇,复望蜀。"意思是:平定陇地后我不满足,因为蜀地还在前面。后来"既平陇,复望蜀"就演变为成语"得陇望蜀",意思也渐渐演变成得寸进尺。

建武十二年(36年),刘秀用了将近12年的时间,终于结束了自王莽乱政以来天下四分五裂、战乱不休的局面,为天下百姓打造了安宁之世。

刘秀能够统一天下,离不开他的雄才大略、善于用人,更因为他有一定要结束战乱的决心,将士、百姓愿意选择刘秀这样仁厚又颇有雄才的君主。

3

天下纷争20多年,大量百姓战死、饿死、病死。史书上说,天下百姓"十有二存"。这个数字很残忍,意思是大汉百姓减少了五分之四。

刘秀真的是厌恶了战争。大将马武等人建议趁着匈奴分裂的时机，派兵北伐，彻底解决匈奴问题。刘秀下了封诏书，节选如下："今国无善政，灾变不息，百姓惊惶，人不自保，而复欲远事边外乎？……且北狄尚强，而屯田警备传闻之事恒多失实。……苟非其时，不如息人。"意思是：我们国家对百姓没做过什么善政，到处是天灾，百姓惊慌，连自保都做不到，怎么能发动远征。而且匈奴还强，消息多失实，现在不是时候，不如让百姓休养生息。

从此以后，大汉朝廷不主动发动战争。终刘秀一朝，对周边民族采取的是友善互助的政策。他缓和了民族矛盾，避免了大规模的战争。

刘秀说自己"国无善政"，真是很谦虚。他在位期间，与民休养生息，多次下诏废除奴隶制度，并规定凡虐待杀伤奴婢者皆处罪。同时，他在省减刑罚的诏令中，还多次宣布释放刑徒。刘秀坚持实行与民休养生息的政策。第一是轻徭薄赋，他下诏恢复西汉前期三十税一的赋制。第二是精简机构，整顿吏治，他合并了大量郡县。

因为种过地，当过太学生，还做过生意，所以刘秀经常发救济粮，又兴修水利，注重发展农业生产与商业贸易。他非常重视文教，兴办儒学。史书上有"内外匪懈，百姓宽息"之誉。

为了加强皇权，刘秀没有像祖宗刘邦那样大杀功臣，而是赐以爵位田宅，高官厚禄，同时去除功臣的军政大权。国外贡献来的珍宝，他必先遍赐众多功臣。他采取的总方针是多多给功臣们封地与钱财，而不让他们掌握军政大权。

刘秀：读过书、种过地、经过商的人，能成大事

有一位文官站出来反对："古帝王封诸侯不过百里。……强干弱枝，所以为治也。今封诸侯四县，不合法制。"意思是：陛下您给功臣的封地太多了！

刘秀怼他："古之亡国，皆以无道，未尝闻功臣地多而灭亡者也。"意思是：只有君王无道才会亡国，封赏功臣没什么大不了！

刘秀鼓励手下那些文臣武将们"在上不骄，高而不危；制节谨度，满而不溢。敬之戒之。传尔子孙，长为汉藩"。意思是：兄弟们，一定要遵纪守法啊，努力加油干，以后子子孙孙共富贵。

逢年过节时，刘秀喜欢与老兄弟们一起喝点小酒，讲讲段子。一次，刘秀抛出一个话题：如果大家没有遇到我，人生将会怎么样？

一群须发洁白的开国元勋开始侃大山。大臣邓禹比较低调，道："我比较喜欢看书，能当个研究学问的博士！"刘秀笑道："你太谦虚了，你至少能混个刺史别驾。"武将马武大大咧咧道："我武功高超，当一个抓捕盗贼的捕头，不在话下！"刘秀撇撇嘴道："你自己不去当土匪，不被亭长捉去就不错了！"

老兄弟们哈哈大笑，开怀畅饮。

刘秀堪称中国最勤勉的皇帝之一。他勤于治理朝政，经常与大臣谈论治国方略，每天均是深夜才睡觉。（每旦视朝，日仄乃罢。数引公卿、郎将讲论经理，夜分乃寐。）

五十多岁的人了，日日夜夜"加班"工作，只道是寻常。太子刘庄很心疼自己的皇帝老爹，劝谏道："陛下有禹汤之明，而

失黄老养性之福，愿颐爱精神，优游自宁。"意思是：老爹，你虽然像夏禹、商汤那样英明慈爱，但是却不爱惜自己的身体，要吃好玩好，保重身体。

刘秀微笑道："我自乐此，不为疲也。"这便是成语乐此不疲的由来。

作为君主，刘秀奠基了皇皇治世，造就了光武中兴。作为丈夫，刘秀也算是优秀的。

多年以后，刘秀已经病故。新皇刘庄去原陵祭奠自己老爹时，梦见父母生前恩爱的样子，泣不成声，从梦中哭醒。

刘秀晚年，封阴丽华为皇后。他超额完成了少年时的豪言壮语"仕宦当作执金吾，娶妻当得阴丽华"。刘秀对儿孙的教育同样非常成功，儿子汉明帝与孙子汉章帝在位期间，人民富足安康，史称"明章之治"。

建武中元二年（57年），刘秀躺在龙榻上，身边围绕着自己的女人、孩子、兄弟，他下了一生最后一道有趣的诏书："我无益于百姓。给我按照汉文帝那样的标准进行薄葬。一定要省点财物，不能劳民伤财。刺史、二千石长吏都不要离开自己所在的城邑，不要派官员或通过驿传邮寄唁函吊唁。"

统一全国后的刘秀能够打造治世，是因为他爱民、爱属下、爱家人、爱工作。他用一颗爱心做人做事，自然能收获别人对他的爱。

刘秀：读过书、种过地、经过商的人，能成大事

小贴士

回首刘秀一生，他从小就喜欢种地、读书、经商。如果不是遇到天下大乱，如果不是有一个有豪侠志向的哥哥，那么他可能会成为一个种地经商的普通人。

历史没有如果，浩浩荡荡的时代潮流将刘秀推到了风口浪尖。他骑牛起兵后，以非凡的勇气、杰出的军事才华、无与伦比的人格魅力，3年称帝，十余年扫平天下，结束纷争的乱世。

他一手造就了光武中兴。跟随他的人得到了善终，他的家庭没有发生夺嫡惨剧；他的百姓生活安康。

刘秀能够成功，首先是乱世给了他机会；其次是因为他英明睿智，宽厚爱人，幽默风趣。极高的为人处世涵养、高超的政治军事才华，令他如鱼得水，谋臣武将誓死追随，天下百姓视他如乱世救星。最重要的是仁者爱人。他爱民，所以百姓支持他。他爱属下，所以将士们愿意跟随他。他爱家人，所以他家庭和睦。

曹操：
乱世之中善于抓住机会的人

建安五年（200年），曹操终于打赢官渡之战，击败袁绍。

曹操的一名心腹谋士，清点战利品时，发现一大箱子文臣武将勾结袁绍的书信。谋士将书信交予曹操。曹操拆开看了两封，沉吟片刻，缓缓道："烧掉吧！"谋士不解，曹操说："袁绍势力太强大了，连我都想投降，何况别人？大家不过是为了混口饭吃，可以理解。"

曹操当众烧掉这些书信后，那些私通袁绍的部将惭愧不已，愈加感激曹操。全军士气更为振奋。曹操趁势北上，连克数城，为统一北方奠定基础。

1

曹操，表字孟德，出生于沛国谯郡，即今安徽亳州。

人们常说调皮捣蛋的孩子长大了有出息，曹操算是个例子。曹操从小就是一个精力旺盛、到处闯祸的熊孩子。他的叔叔经常提醒曹操的老爸曹嵩管教这小子。

那年，曹操不过十几岁，便想出办法对付爱管闲事的叔叔。一天，他看到叔叔走来，装成嘴歪眼斜的样子。叔叔问他咋了，他回答："突然中风。"

叔叔立即报告曹嵩。曹嵩把曹操喊来一看，儿子活蹦乱跳，什么事也没有。曹操乘机说："叔叔不喜欢我，所以喜欢诽谤诅咒我。"以后叔叔再说曹操坏话，曹嵩也不相信了。

曹操就这样继续"浪"了多年，直到有一天，他听说南阳人许劭善于点评人物。曹操求见许劭，请他分析自己。许劭仔细端详他片刻，说道："子治世之能臣，乱世之奸雄。"

曹操听了哈哈大笑，觉得很好玩。从那以后，曹嵩惊奇地发现儿子不再成天吃喝玩乐，而是每天埋头读书，还用笔记下学习心得。

熹平三年（174年），年仅20岁的曹操被任命为洛阳北部尉。此处有必要简单介绍一下曹操的家族。曹操的老爸曹嵩出身于夏侯氏，是汉高祖麾下猛将夏侯婴的后裔，过继给大太监曹腾当养子。

曹操：乱世之中善于抓住机会的人

曹操的养祖父伺候过4代帝王，权势倾国。曹嵩在汉灵帝卖官时期，花巨款购买了一个太尉职位过了把瘾。所以说，曹操从一开始就是官宦世家出身。

在京城洛阳大街上随便扔一块砖头，说不定就可以砸到一位权贵。这些权贵大多无视王法，横行霸道。年轻气盛的曹操，踌躇满志，刚进入衙门，就下令在衙门口摆了十几根大棒子，起笔修改并公示了治理治安的法条。其中有一条是禁止任何人夜间在城区瞎溜达。

大太监蹇硕的叔叔秉烛夜游，曹操觉得被无视了，竟用大棒子将此人活活打死。皇帝和上层人物惊呆了，觉得曹操工作是有干劲的，但是作风粗暴了些，不适合做司法工作，还是干民政吧，于是将他撵到小县城做了一个县令。

曹操认真做了4年县令，因为被亲戚牵连，又被赶回家闲居两年。后来，他被朝廷召为议郎。此时的曹操忧国忧民，经常给朝廷上书进谏，请求改革吏治、注重民生、打击豪强、任命忠良等。

曹操曾是一个风一样的少年，一个热血的爱国青年。他从小就机智过人，成年后不畏权贵，执法如山，心忧国事。如果他生在太平盛世，也许真的会成为史书上的一位"治世之能臣"。但是世间事常难遂人心。

2

中平元年（184年），黄巾起义爆发。精力旺盛的曹操主动投身军旅，追随皇甫嵩等名将镇压黄巾起义，积累了军事经验。又折腾了几年，他与小伙伴袁绍一起出任禁军将领。

一场加速汉朝灭亡，改变他命运的政治风暴降临了。东汉末年，皇权旁落，宦官、外戚、士大夫斗争日趋白热化。大将军何进决定召集董卓西凉边军入京，杀宦官。

不料，宦官们先下手为强，干掉了何进。以袁绍为代表的世族子弟率领禁军杀入皇宫，诛杀太监。太监又挟持着小皇帝兄弟两个"跑路"。董卓入京，二话不说，废掉了看上去有点儿呆的小皇帝刘辩，立机灵点儿的皇弟刘协为帝，然后就淫乱宫廷，屠杀大臣。

真是乱成一锅粥。

曹操不含糊，找个机会逃到陈留，散尽家财，招兵买马。他给各路诸侯写信，号召大家一起铲除董卓，拯救国家。关东诸侯云集响应，议定四世三公的袁绍为盟主。董卓与联军干了几架后，一把火烧了京城洛阳，胁迫皇帝与百官迁都长安。他甚至把历代汉朝皇帝的墓挖了，补充军需。

曹操心急火燎，义愤填膺。他对诸侯们说："举义兵以诛暴乱，大众已合，诸君何疑？向使董卓闻山东兵起，倚王室之重，据二周之险，东向以临天下；虽以无道行之，犹足为患。今焚烧宫室，劫迁天子，海内震动，不知所归，此天亡之时也。一战而天下定矣，不可失也！"意思是说，董卓如果坚守不出，咱们没办法，他现在烧皇宫，劫走天子，天下震惊，老天都会让他灭亡。只要消灭了他，天下就太平了。咱们必须珍惜机会！

可惜诸侯联军被西凉边军的凶悍吓住了，不愿意损耗实力，

曹操：乱世之中善于抓住机会的人

追击董卓，只是潦潦草草地应付曹操。

曹操大怒，孤军追击董卓。他势单力薄，中了埋伏，迎来了人生中第一次大败，几乎全军覆没。他身中数箭，战马也被射死，族弟曹洪将战马让与曹操，对他说："天下可无洪，不可无君。"曹操忍着痛，流着泪逃跑了。

等他逃回联军大营，惊奇地看到诸侯们正在饮酒作乐，玩得正开心。曹操的怒火再也压抑不住了，破口大骂："今兵以义动，持疑而不进，失天下之望，窃为诸君耻之！"他想：真替你们这群混蛋丢人！

曹操忍着身心的双重伤痛，步履蹒跚，披头散发，缓缓吟道："铠甲生虮虱，万姓以死亡。白骨露于野，千里无鸡鸣。生民百遗一，念之断人肠。"

意思是：战争连续不断，士兵长期不洗战甲，铠甲上生满了虮虱，百姓因战乱大批死亡。尸骨暴露于野地，千里都看不到人烟，听不到鸡鸣。一百个老百姓当中只剩下一个还活着，想到这里真令人哀伤。

更令曹操哀伤的是诸侯们竟然互相火并起来，他看透了诸侯们心怀鬼胎、争权夺利的本质。他愤然离开。

生活在这么一个乱世，曹操是不幸的，因为他的治世能臣之路无法展开；他又是幸运的，因为乱世枭雄之路将要开启。

曹操回到陈留后，厉兵秣马，等待机会。初平二年（191年），黄巾余党围攻东郡甚急，曹操率兵扫灭了他们。袁绍表奏曹操为东郡太守。曹操终于有了一块自己的地盘。

这段时间，曹操生命中的两位贵人先后离开袁绍，来投奔他。一个是荀彧，世人称之有王佐之才，他是曹操未来的五大谋士之首。一个是郭嘉，人们称赞他奇谋迭出。曹操分别与他们彻夜长谈后，高兴极了。

荀彧又推荐了侄子荀攸、名士程昱等人。曹操自此拥有了最豪华的谋士集团。谋士们制订计划，积极扫灭黄巾军，抢夺地盘，曹操手下渐渐锻炼出百战精锐。曹操坚持镇压黄巾军，实力如同滚雪球一样，越来越大。

38岁那年，曹操出任兖州牧，终于成为一方诸侯。黄巾余党趁着军阀割据，死灰复燃，山贼草寇都能裹挟十几万百姓，曹操很快干了一件大事，打服了三十多万黄巾军，选择精壮者，编成一军。他制定措施，支持流民，开垦土地。

平定黄巾起义，曹操厥功至伟。到了第二年萧瑟的秋天，噩耗传来：父亲和弟弟全家被徐州牧陶谦的部将杀光了。曹操怒火攻心，化身"大魔王"，亲率主力攻打徐州。面对抵抗的城池，曹操下令屠城。这是曹操一生洗不掉的污点，史书上形容曹军"所过皆屠戮"！

此时，曹操的一生宿敌刘备来救徐州，曹操摩拳擦掌，准备将陶谦与刘备一块儿收拾掉。不料又传来噩耗，属下陈宫反了，迎接吕布做兖州牧。若非荀彧、程昱等人死守最后3个小县城，曹操连立锥之地都没了。老巢的局势已经危急万分。

濮阳大战爆发，吕布的骑兵冲散曹操大军，喊杀声冲天，曹操本人左手被火烧伤，落下战马。幸好部下扶着他上马，才跑回营寨，重整旗鼓。两军相持了3个多月，难分胜负。

军粮用尽，曹操只有退到仍在自己手中的3个小县城里舔舐

曹操：乱世之中善于抓住机会的人

伤口。

看到曹操那么艰难，邺城的袁绍写了一封信给曹操，大意是建议曹操别折腾了，将一家人送到邺城当人质，直接投降自己算了。曹操当时心灰意冷，真的想投降袁绍。谋士程昱等人鼓励曹操重新燃起斗志。

人之光荣不在百战百胜，而在屡仆屡起，曹操就是这样的人。

曹操集众谋士之策，与吕布连番大战，终于赶跑了吕布。这一年，长安发生了政变，皇帝刘协下令诸侯勤王。曹操与麾下谋士经过充分讨论，得出结论——大汉王朝虽然名存实亡，但是依然象征正统。拥有皇帝在手，就会拥有号令天下人的政治优势与外交优势。

曹操决定奉天子以令不臣。建安元年（196年），曹操迎皇帝百官迁于许都。皇帝刘协感动得眼泪汪汪的，赐曹操假节钺，封曹操为大将军。所谓假节钺，就是可以代替君主出征，并拥有斩杀将兵的权力。

曹操还是比较冷静克制的，没有那么大的脑袋就不戴太大的帽子。他将大将军的职位拱手赠予袁绍，自己很低调地当了司空，行车骑将军事，实际上还是军政大权一把抓。

曹操做人低调，做事情却非常高调。天子在手，大义我有。从此以后，曹操出师有名，代表皇帝行使权力；招贤便利，人才们认为自己投靠的是皇帝；颁诏有理，这是天子的命令。

此后，马腾、韩遂、刘璋等诸侯送子为质，钟繇、王朗、司马防等无数世家豪族支持曹操。

有了这难得的喘息机会，曹操又开启了能臣模式，采取兴办屯田、招怀流民、劝课农桑、兴修水利等方式恢复农业生产，偶尔还打击一下那些兼并农民土地的豪强。一时间，曹操成了中兴汉室的大英雄。

建安二年（197年），曹操亲征盘踞在南阳的张绣。张绣眼见曹操实力强大，选择投降。这真是惊喜，可更惊喜的还在后面。

曹操虽然身材矮小，但是一生有二十多个子女，可见他精力还是比较旺盛的。他听说张绣的婶婶比较漂亮，遂有好逑之心，把她抢了过来。

奇耻大辱！西凉儿郎义愤填膺。张绣的谋士贾诩献计，让张绣趁夜引军围攻没有戒备的曹操。

这是曹操败得最惨烈的一次，侍卫长典韦力杀数百人后战死；曹操又中了几箭，战马被射伤；曹操长子曹昂将坐骑送给曹操骑，自己被砍死在乱军之中；亲侄子曹安民战死。

若不是部将于禁领兵及时救援，拼死挡住张绣，曹操也许跑不掉了。曹操引败军撤退回许都的路上，还忍着心痛，安慰下属："张绣投降后，我没有收他人质，才会这么惨。你们看吧，我再也不会犯这样的错误了。"下属们有没有撇嘴就不知道了。

毒士贾诩的当头一棒，令曹操膨胀的心收敛了。以后，遇到重要事项，他总是笑眯眯地听取众谋士及手下大将的意见，再做决定。曹操就像"开了挂"一样，一年之内，东除吕布，南灭袁术，西斩李傕，北收河内。

失败是成功之母。曹操用他真实的经历，告诉我们这句话是真理。他在讨伐董卓、攻打徐州、进攻吕布与张绣时，都曾失败过，而且是一次比一次惨。幸运的是，曹操并未放弃希望，反而选择在失败中不断学习、反思总结，不断提高自己的综合素质，所以他愈发强大。

3

当时，北方的袁绍已经统一了冀、并、幽、青四州之地，有军队数十万人，后方稳固，兵精粮足。

决定统领北方的霸主为谁的官渡之战即将展开。黑云压城城欲摧。谋士郭嘉、荀彧，分别提出十战十胜论与四战四胜论。

曹操表示："吾知绍之为人，志大而智小，色厉而胆薄，忌克而少威，兵多而分画不明，将骄而政令不一，土地虽广，粮食虽丰，适足以为吾奉也。"结论是，袁绍是一个废物，只配给我送物资。

官渡之战实质上是袁、曹的全面战争，因为主战场在官渡，才得名官渡之战。官渡之战前，袁绍先后联络了南阳张绣、荆州刘表、刘备、江东孙策，打算南北夹击。可惜，张绣在贾诩的鼓动下，又投降了曹操，曹操大喜，不顾杀子之仇，重用两人。刘表放了袁绍鸽子，孙策被刺杀了。刘备虽有雄心，却无兵马，徒呼奈何！

假如张绣没有投降曹操，刘表有刘备的雄心，孙策没有被刺杀，刘备受到了刘表重用，官渡之战也许是另一种结局。可惜，历史没有假如。成大事者，果然是越努力越幸运。

建安五年（200年），袁绍大将颜良等人围攻白马城，曹操采取荀攸之计,进行战术欺骗,绕了一个大圈子,佯攻延津,吸引袁绍主力跟随。曹操趁机杀回白马,关羽刺杀颜良于万军之中,初战告捷。袁绍立即令大将文丑领兵追击,曹操制定了一个大胆的战术,抛下粮草辎重财物,撤退。文丑大军美滋滋地抢夺战利品时,曹操又杀了一个回马枪,阵斩文丑。

这时,关羽在报答曹操之后,千里走单骑寻找刘备,曹操以博大的胸怀纵虎归山,对手下说:"这是各为其主,让他去吧。"

曹操虽然在官渡扼守,但是兵力不足。按《三国志》的说法,曹操在官渡只有1万多人,袁绍有超过10万。曹营粮草亦不足,咬牙坚守两个月已经撑不住了。

曹操咨询坐镇后方的谋主荀彧,能否撤回许都。荀彧回复:"坚持才能胜利,忍耐就有希望,请主公等待机会。"

曹营的很多士卒坚持不下去了,焦躁不安。曹操对他们说:"请各位相信我的人品,15天之内,必有转机。"

苦心人天不负。袁绍的谋士许攸的家属因为贪污受贿,被关押了。许攸一怒之下,夜投曹操。曹操听说许攸来了,赤脚相迎,先给他一个热烈拥抱。

许攸献策,火烧袁绍的屯粮之地乌巢。曹操当机立断,亲率五千精兵,偷袭乌巢。乌巢守军一边拼命抵抗,一边派人向袁绍求援。袁绍下令一支军队攻打官渡,一支军队救援乌巢。

局势危急的时候,属下对亲自冲锋的曹操说:"敌军已经来了,请分兵抵挡!"曹操说:"继续进攻,敌人到了我们背后再说!"

终于,曹操一把火烧了乌巢。人是铁,饭是钢,一顿不吃饿得慌，袁军失去粮草后，很快崩溃了。曹操趁机进攻，袁军大败。

战后，袁绍的文官陈琳被抓住了。曹操对他说："你给袁绍写的那篇檄文，骂我就算了。为何把我祖宗十八代也骂了！"陈琳说："哎，我也是为了混口饭吃，身不由己啊！"曹操"嘿嘿"一笑，收陈琳当了笔杆子。

在扫平袁绍州郡的时候，拉来做徭役的人大部分跑了。有几个老弱妇孺跪在曹操面前，哭哭啼啼。曹操摆摆手："不杀你们军法难容，杀了你们，我心不忍。你们多带点粮食，卷着铺盖跑到深山老林里躲起来，让我的士兵抓不到你们。谁也不为难谁了！"

曹操用官渡之战告诉我们一个道理，决定一件事情成败的并非只是人力、物力等因素，更重要的是智慧、勇气、坚持、信心、胸怀。

曹操一路向北苦战。天下虽未定，他也要将盘踞在北方的乌桓这一隐患扫除干净。大部分谋士武将坚决反对曹操征讨乌桓。在军需没有到齐的情况下，曹操沿着崎岖艰险的小路，犁庭扫穴，斩杀乌桓首领。

这一战苦寒艰险——"杀马数千匹以为粮，凿地入三十余丈乃得水"。战后，曹操厚赏那些反对自己进军的人，说道："前行，乘危以侥幸，虽得之，天所佐也，故不可以为常。诸君之谏，万安之计，是以相赏，后勿难言之。"意思是说，此事在危险的情况下侥幸成功。虽然做成了，但不能每次都这样做。你们说的才是万全之策，以后继续保持这种工作态度。

在胜利回师途中，53岁的曹操虽然不再是那个热血青年，依旧壮志凌云，他以诗歌抒发不甘衰老、不信天命的英雄豪情，写作了《步出夏门行》四首，其中《观沧海》与《龟虽寿》最为著名，"日月之行，若出其中。星汉灿烂，若出其里""老骥伏枥，志在千里。烈士暮年，壮心不已"为后世赞扬。

这便是曹操，一位胸襟似海的枭雄。如果人生中不乏浑浊水沟，那么我们必须学习曹操，做一条长河，才能容纳它们。

4

建安十三年（208年），曹操返回邺城后，立刻安排训练水军事宜，大军休养生息。外交上，他令西凉军阀马腾及其家属迁至邺城，做人质，以减轻西北方向的军事威胁。

同年，他晋位丞相，提高自己政治上的统治力。仅仅一个月后，曹丞相亲自率领主力大军南下，迫不及待地扫平刘表、刘备、孙权等南方诸侯，一统天下。

之后又传来一个好消息。刘表病死了，他儿子投降了。曹操尽收荆州水军，志得意满，他给孙权写了一封信，语气还挺幽默："最近，我奉天子之命，讨伐叛逆，军旗向南，刘琮降服。我统领水陆军八十万人，想与将军在吴地一道打猎。"

江东人心惶惶。贾诩却劝曹操："今收汉南，威名远著，军势既大；若乘旧楚之饶，以飨吏士，抚安百姓，使安土乐业，则可不劳众而江东稽服矣。"意思是：咱们等几年，用政治、经济手段，可以轻松取胜。

曹操：乱世之中善于抓住机会的人

曹操不听，贾诩沉默了。

孙刘联军与曹操相持于赤壁。如果曹操能打赢赤壁之战，天下诸侯就只剩下西凉马超、韩遂，汉中张鲁，益州刘璋，历史证明了这些人远远不是曹操的对手。那么，曹操就可能在有生之年统一中国，提前结束三国乱世。以他的文治武功，雄才伟略，国家必将强盛。

可惜，历史没有如果。谋士如林，武将如雨，拥有绝对优势兵力、物力的曹操大意了。

自古骄兵必败，曹操也不例外。他在一场宴会上高唱："青青子衿，悠悠我心。但为君故，沉吟至今。……山不厌高，海不厌深。周公吐哺，天下归心。"

想做周公，我们成全你。孙权、刘备、周瑜、鲁肃、诸葛亮等人如是说。赤壁竟然刮了一场罕见的东南大风。天才军事家周瑜的一把大火，让曹操丢盔弃甲，仓皇南逃。从此，三足鼎立之势不可避免。

幸运的是在襄阳，主要武将、谋臣好不容易回来了。人越老，越好面子。手下们给曹操敬酒压惊的时候，曹操突然捶胸顿足，号啕大哭起来。众人不解。曹操流泪道："呜呜，我哭郭奉孝。郭奉孝在，不会使孤至此。哀哉奉孝！痛哉奉孝！惜哉奉孝！"潜台词是，都怪你们无能，如果郭嘉还活着，我就不会失败！

众谋士们当时心理阴影面积不知有多大。

士人们背地里对曹操冷嘲热讽。曹操听说后硬怼道："假如天下没有我，不知几人称帝，几人称王？"

老骥伏枥，志在千里。烈士暮年，壮心不已。曹操生命的最后几年，确实践行了自己的人生理念。

曹操回到许昌后，立刻向全天下颁布求贤令，言辞恳切："今天下尚未定，此特求贤之急时也。唯才是举，吾得而用之。"曹操是中国历史上第一个提出"唯才是举"的政治家。他巡视州郡，大力推广屯田，恢复经济、人口。他还偶尔抽出时间，揍孙权几次。

建安十六年（211年），马超不顾父母兄弟的死活，悍然起兵攻打潼关。曹操亲自征伐。西凉各路军马越聚越多。手下们颇为担心，曹操哈哈大笑道："人越多，越不能齐心合力。我如今只要战胜他们，便可得到关中。"

两军对垒，曹操看到西凉将士们好奇地盯着自己，他对敌军说："你们看我曹操，也是一个鼻子，两个眼睛，没什么奇怪的。"贾诩献离间计，曹操采纳，大破马超。

西边平定了，曹操领军跑到南线，诈称四十万大军，对阵孙权。他看到孙权英伟不凡，感叹道："生子当如孙仲谋！袁绍、刘表的儿子都是废物啊！"他明白了，这辈子是拿不下江东了。

曹操又从南线赶到西线，亲征盘踞在汉中三十多年的张鲁。这位仁兄的汉中兵，不敌曹操的百战精锐，很快就投降了。张鲁还说了一句名言："宁为曹公做奴，不为刘备上客。"曹操心花怒放，深加赞许，还和他结成儿女亲家。

刚得益州的刘备，正亲率大军与孙权争夺荆州，深恐曹操进攻，急忙与孙权割地求和，返回益州，准备与曹操决一死战！

很快他欣喜地发现，曹操只是留下大将夏侯渊等守卫汉中，

曹操：乱世之中善于抓住机会的人

自己撤军回中原了。司马懿、刘晔等谋士曾劝谏曹操趁刘备民心未附，拿下益州。曹操长叹道："人苦无足，既得陇，复望蜀耶？"

也许曹操老了，也许他想回家巩固政权，这应是曹操最后一次统一天下的机会，却被他错过了。

建安二十一年（216年），62岁的曹操晋位魏王。代汉的呼声高涨起来，大臣陈群带头劝进："大汉早已名存实亡，取而代之有何不可？"曹操考虑徐久，答复说："其实我的梦想只是想做征西将军。若天命在我家，我就做周文王。"

这是很明显的暗示了。

没多久，刘备以倾国之兵攻打汉中，夏侯渊战死。他是曹操的堂弟，也是跟随曹操30多年出生入死的老兄弟。曹操亲征刘备，奈何已经失了先机，无力挽回局面，只能黯然撤军。

紧接着，刘备进位汉中王，关羽北伐，水淹七军，威震华夏。曹操做了一生中最后一道英明的军事部署——联孙抗刘，亲征关羽。

当孙权将盛放着关羽首级的盒子送给曹操时，曹操凝视着关羽瞪圆的双眼，下令厚葬关羽。也许，他也埋葬了自己做征西将军的梦想。

建安二十五年（220年），汉末第一大枭雄曹操，将走到人生的尽头。他在临死前，留下两道遗言，无关豪言壮语，只是情情爱爱。

第一句是："到了九泉之下，子修问我妈妈在哪里，我怎么回答？"

子修，是曹操长子曹昂的表字。曹昂死后，曹操的原配丁夫人每次见到曹操都指着鼻子骂："老不死的！你玩女人，害死了我儿子。你还我儿子！"

闹了几次，曹操心里也烦，道："你给我滚回娘家去！"过了一段时间，曹操后悔了，想请老婆回家，丁夫人还是不理他。曹操只得离开："我对不起你，我不来了。你改嫁吧。"

第二句是留给铜雀台养的美女们："我死后，这些香料布匹留给你们。你们学习织布做衣服，曹家要是衰败了，你们也能养得起自己啊。"

曹操为了满足风流快活的欲望，建立了一座收藏美女的铜雀台。没有想到，曹操临死前，没说几句自己的丰功伟绩，想的是小妾们要经济独立。

唯大丈夫能本色，是真英雄自风流。曹操不仅是雄才伟略的枭雄，更是一个可爱的人。正是这种可爱的气质，令无数文臣武将愿意追随他。

小贴士

曹操是中国历史上了不起的政治家、军事家、文学家。凭着杰出的政治与军事才华，他平定黄巾军、二袁、吕布、李傕、刘琮、马超、张鲁等大大小小的军阀割据势力，对外远征乌桓、分裂匈奴等。

他统一了大半个中国。他唯才是举，重视文化与法律建设，发展经济，鼓励民众生育。这些皆是曹操为历史所做的

曹操：乱世之中善于抓住机会的人

贡献。

曹操能取得如此巨大成就的原因，一是他勤于学习。《魏书》上说，"（太祖）御军三十余年，手不舍书。昼则讲武策，夜则思经传。登高必赋，及造新诗，被之管弦，皆成乐章"。

二是他智谋过人，极善用兵，一生百战，虽然胜败皆有，但是最终得利者往往是曹操。他将天下诸侯玩弄于股掌之间。

三是他求贤若渴，善于用人。曹操一生3次颁布求贤令。荀彧、郭嘉、贾诩、张辽、徐晃、张郃等文臣武将均是从别的诸侯那里"跳槽"而来。荀彧有子房之才，便坐镇后方；典韦、许褚勇猛，便充作亲卫；张辽、曹仁有大将之才，便令他们独当一面。

四是胸襟似海，忧国忧民。曹操的一生，有一种大海一样的气魄，像一团熊熊火焰。他燃烧了自己，照亮世间。

陈寿评价曹操："抑可谓非常之人，超世之杰矣。"意思是，曹操不是一般人，是一个时代杰出的人才。

刘备：

情商高的人，气场都很强大

约在汉灵帝中平年间，冀州安喜县，一位长臂大耳的青年，一脚踹开房屋大门，带着两个威猛的小弟大步闯进来。屋里，一位白白胖胖的中年男人，正要开口询问。青年双目如欲喷火，左手揪住他的衣襟，扭腰屈膝，右手一搂，大喝一声便将白胖子扛了起来，不顾胖子大叫挣扎，将他掷到门口的大树下。

青年喝令小弟们将胖子绑在树上。他手执一根马鞭，奋力往胖子身上抽打！伴随着胖子的惨叫、求饶声，青年气冲斗牛，唾沫横飞：

"我于民秋毫无犯，哪有钱给你行贿！"

"我血战沙场，换来芝麻小官，你还给我撤掉！"

"让你看不起我！"

"抽死你这贪官！"

"大汉江山，毁在你们这些混蛋手里！"

周围熙熙攘攘的吃瓜群众，卖力鼓掌，纷纷叫好："刘县尉敞亮！""刘使君够爷们！"

左边一位丹凤眼，卧蚕眉，脸蛋红扑扑的青年，拽住了刘县尉胳膊，低声道："大哥，督邮快被抽死了！收手吧。"右边一位少年，挡在督邮面前，拱手劝道："大哥，抽死这家伙事情就大了。"

刘县尉冷哼一声，将鞭子投在地上，道："云长、益德言之有理。饶这鼠辈一条狗命！"他从怀里掏出县尉官印，系在督邮的脖子上。

刘县尉双手抱拳对着周围百姓，朗声道："我一时义愤，鞭打督邮，现在只好跑了。乡亲们，保重。"

百姓们纷纷抱拳："刘使君保重！""刘使君是个好官！""刘使君，我们等你回来！"

可惜，刘使君离开安喜后，再没有机会回来。

刘备：情商高的人，气场都很强大

1

刘备，表字玄德，延熹四年（161年）出生于幽州涿郡涿县。幼年丧父后，刘备与母亲相依为命，以编织、贩卖草鞋凉席为生。刘备小时候，曾指着门口那棵枝繁叶茂、形如车盖的大桑树，大声喊："吾必当乘此羽葆盖车。"羽葆盖车是皇帝专车。小刘备的潜台词就是说：我是要当大汉皇帝的男人！

一位路过的本家叔叔听到了，骂道，"熊孩子，从小就吹牛，想让咱家灭门吗？"

刘备这句话真不是吹牛，只不过提前说了五十多年。另一位叔叔很欣赏刘备，等到刘备15岁时，叔叔资助他向涿郡出身的大儒卢植求学，刘备却不怎么爱读书，喜欢骑马遛狗、广交朋友。两年后，卢植便打发刘备回了老家。

中平元年（184年），黄巾起义席卷全国。大汉朝廷无力平叛，命令各地政府自行招募兵勇——谁家门口的雪谁来扫。

刘备已经是24岁的小伙子了，身高七尺有余。至于相貌，从现代生物学的角度看，应该是出现了返祖特征，两手下垂到膝盖，双目能自视其大耳朵。

天下兴亡，匹夫有责。面对肆虐的黄巾起义，刘备选择帮助朝廷军队。他的这个决定改变了自身命运，也改变了历史走向。他从两位商人手中拉来一笔不菲的"赞助费"，带着好兄弟关羽、张飞，招募五百涿郡子弟，毅然加入地方政府军队，投入剿灭黄巾起义的大潮中。

刘备在正史中的形象，不像在《三国演义》中那样，在战场全靠一对兄弟刷存在感。恰恰相反，他是三兄弟里面最能打的一个。在某次大战中刘备冲杀太猛，深陷敌后，己方军队又打了败仗，撤退了。他抖了个机灵，脸上抹把血，躺在地上装尸体。幸亏黄巾军不是职业军人，打扫战场时，没给他来一刀。

黄巾起义高峰仅历时9个月，即被镇压。但是军阀割据、汉朝名存实亡的局面已不可挽回。这是时代的不幸，却是刘备这些乱世枭雄的大幸。

刘备因为战功，被朝廷封为安喜校尉。没过多久，大汉朝廷不知怎么想的，发了一份通报：因军功而成为官吏的人，要全部接受考核，通不过就革职。此时，刘备任职的安喜县所属郡的督邮来到安喜县，想要把刘备革职。刘备求见督邮，督邮却不见。

九死一生换来的芝麻小官，这样就要没了？彼时刘备年方二十几岁，血气方刚，于是发生了鞭打督邮事件。

罗贯中觉得这段史实不符合《三国演义》中塑造的刘备形象，于是决定把暴打上司这种事交给猛张飞。

刘备兄弟弃官跑路后，不知有没有找老朋友求情，反正汉朝没有下海捕文书全国通缉刘备。

从中平二年（185年）到初平三年（192年），没有三英战吕布，也没有温酒斩华雄。刘备只是给几位小军阀打点零工，混口饭吃，最大的官职不过县令，可怜县城还被黄巾军余党攻破了。

三十出头的刘备只好逃到北方投靠十几年前的老同学公孙瓒。这位老同学已自封刺史，坐拥河北和山东的大部分土地，并

刘备：情商高的人，气场都很强大

表奏刘备为平原县令。终于有了一块自己的小地盘，刘备很珍惜这次机会。

为了维护本地治安，刘备积极打击侵犯的贼寇，对内则乐善好施。面对普通老百姓，刘备不摆架子，愿意与他们席地而坐，同桌而食。县里有一位土豪，看刘备不爽，聘请刺客来杀他。

刘备以为是上访的普通百姓，像往常一样，热情接待，嘘寒问暖。没多久，他惊奇地发现，这位"访民"竟然热泪盈眶，大喊道："刘使君，您是一个好官，我不忍心刺杀您。您要小心某某！"

遍翻青史，少见仅凭人格魅力便能感动刺客放弃刺杀的。这便是仁义的力量，虽然看不见摸不着，却实实在在地存在于人的心里。

刘备兢兢业业干了几年，仁义名声渐显。刘备的机会来了。

在一个春暖花开的日子，黄巾军余党管亥兵围北海，北海相孔融着急了。孔融是孔子的20世孙，4岁就会让梨，幼年时即名满天下。只可惜，孔融不想继续发挥谦让美德，将北海让给黄巾军。

孔融派遣民间义士太史慈突围出城，向素有仁义之名的刘备求援。太史慈杀出重围，到平原拜见刘备，他说："北海被围，孤穷无援，危在旦夕。以君有仁义之名，能救人之急，故北海区区，延颈恃仰……从万死之中自托于君。"

此时的刘备面容非常严肃，用很惊奇的语气说道："孔北海也知世间有刘备吗！"

真正的强者，不推诿，不临阵脱逃。遇事不怕事，遇事敢承担，这样的人，会有自己的一片天。

34岁的刘备做了一个令他名扬天下的决定，他果断将全县三千兵马全部召集起来，誓师北上——拯救让梨的孔融。

刘备打黄巾军有经验，轻松解决了北海之围。

兴平元年（194年），曹操的老爹在徐州境内被害了。曹操怒发冲冠，亲自率领10万大军，在徐州屠城，天下震惊。

实力强大的诸侯如袁绍、袁术、刘表等人不愿意得罪杀红眼的曹操，选择观望。徐州刺史陶谦无力抵挡，遣徐州别驾（刺史的佐官）糜竺求援于名声不错的孔融等地方领袖。

刘备在北海救孔融之后，在圈子里"红"了。糜竺顺便也向刘备求救了一把。刘县令明白这又是自己的机会，他向老同学公孙瓒借了一千兵马与猛将赵云，收编了一些饥民，差不多几千人，奔向徐州，拯救陶谦。

这是以卵击石的壮举，这是仁义无双的精神，这是勇者无敌的气势和气场！

作壁上观的天下诸侯都惊呆了，陶谦等徐州土著感动得眼泪汪汪。刘备不仅勇敢，还很有礼貌。他先礼后兵，给曹操写了一封信，大意是：你老爹被害是一个误会，你不能因为私怨屠戮无辜百姓。

曹操看到书信，破口大骂：杀的不是你老子，站着说话不腰疼。谋士郭嘉劝曹操，暂时许诺与刘备和谈，然后趁其不备，要他小命。可惜这一阴谋还未落实，后院起火，吕布偷袭曹操老巢。曹操只有捏着鼻子认了，索性送刘备一个顺水人情，直接退兵，回家揍吕布。

刘备：情商高的人，气场都很强大

陶谦热情邀请刘备屯兵小沛城（抗曹前线），表刘备为豫州刺史。虽然地盘仍然是一县之地，刘备却第一次得到了一飞冲天的机会。

刘备一救北海，二救徐州，仁义之名，渐渐遍传天下。仁义，是刘备一生最厉害的武器。

2

不足一年，陶谦快不行了，躺在病床上，对糜竺等人说："非刘备不能安此州也。"糜竺等遵从陶谦的遗言，到小沛请刘备入主徐州。

刘备表示，自己只想维护正义与和平，不是为了得到徐州。下邳相陈登出场了，此公曾对别人说过："英雄杰出，有王霸之略者，我最敬重刘玄德。"

陈登对刘备侃侃而谈："今汉室陵迟，海内倾覆，立功立事，在于今日。彼州殷富，户口百万，欲屈使君抚临州事。"天上掉了馅饼，大哥你快张嘴！

多年的摸爬滚打后，刘备已经渐渐成熟稳重，面对天上掉下的馅饼，他非常冷静克制。他淡淡道："袁公路近在寿春，此君四世五公，海内所归，君可以州与之。"袁术家世好，名气大，要不您把徐州给他？

陈登一摆手，豪气干云："公路骄豪，非治乱之主。今欲为使君合步骑十万，上可以匡主济民，成五霸之业，下可以割地守境，书功于竹帛。若使君不见听许，登亦未敢听使君也。"袁术这家伙不是能干事情的人，我们徐州为你集合步骑十万，谁来就揍谁，你不答应也不行。"

陈登为了让刘备上位真是不遗余力。他给曾经的讨董联盟统帅袁绍写了一封信，请袁绍表态。袁绍乐得做顺水人情，立刻回信："刘玄德弘雅有信义，今徐州乐戴之，诚副所望也。"

得到袁绍的支持后，刘备领徐州牧，成为天下一方诸侯。麋竺将貌美如花的妹妹嫁给刘备。

快乐的时光永远是短暂的，吕布来了。吕布是著名的"反骨仔"，已经杀了两任上司。刘备可能感念吕布偷袭曹操之恩，也可能是希望吕布替自己阻挡曹操，愉快地收留了吕布。

曹操不乐意了，以天子的名义加封刘备宜城亭侯，命他去攻打实力强大的袁术。曹操挟天子以令诸侯，自诩汉氏宗亲的刘备不能违背天子诏令，硬着头皮去攻打袁术，留下张飞看家。

吕布果然没有令天下人失望，毫不犹豫偷袭了徐州，俘虏了刘备的老婆孩子。刘备因为后院起火，军队溃散，被袁术打惨了。

史书说此时的刘备"困顿至极"，要不是小迷弟兼大舅子麋竺带着几十车财物来救急，也许中国历史就没有三国了。

刘备选择隐忍，派人与吕布讲和。吕布这哥们儿的心胸比大海还要"宽广"，夺了刘备地盘，杀了刘备手下，打了刘备兄弟，抢了刘备老婆，竟然还请刘备喝了几杯，称兄道弟。最后，他热情邀请刘备屯兵小沛，为自己阻挡曹操。

是个男人都受不了这种侮辱，何况未来的大汉昭烈帝？刘备招募1万来人，想夺回徐州，但是被吕布打败，只好跑到许昌，

刘备：情商高的人，气场都很强大

投靠曹操。曹操以大汉官方的名义，封刘备豫州牧。

刘备带着曹操给的钱粮，回到小沛，招兵买马，和吕布又干了一架，这一次输得更惨，几乎全军覆没，兄弟冲散，老婆又做了吕布的俘虏。刘备杀出重围，孤身一人投奔前来接应的曹操大军。

吕布面对未来的魏武帝与汉昭烈帝的双重打击，很快被活捉。吕布竟然请刘备向曹操求情，似乎还想在曹操身上故技重施。

刘备冲着吕布面无表情地点头后，问了曹操一个问题："明公，吕布是如何侍奉丁建阳和董太师的？"这家伙杀了两个干爹一样的上司，你还敢收留他？

吕布死前破口大骂刘备："大耳儿最叵信。"大耳朵刘备真不是个东西。

刘备与曹操回到许都，献帝加封刘备为左将军（高级将官的名誉职称）。

3

此时，曹操与谋士们讨论刘备的事，谋士郭嘉劝曹操道："刘备天下枭雄，日后定为心腹大患。不如早除之。"

曹操沉吟片刻，道："不能因为杀一人，而令天下人失望。"杀了刘备易如反掌，但以后天下英杰谁还敢跟我混？

建安四年（199年），在曹操眼皮底下，39岁的刘备谨小慎微。堂堂大汉豫州牧、左将军、宜城亭侯、每天在家里韬光养晦，似乎提前开始退休养老。

某天，曹操派人请刘备到府一叙。刘备心惊胆战，害怕曹操杀了自己。等他到了曹家后院，看到一桌热气腾腾的酒菜，才稍微放松下来。曹丞相身材矮小，腰板挺得笔直，狭长的双目精光四射，笑眯眯地邀请刘备一起喝酒吹牛。这场小酒宴在《三国演义》里，被称为"煮酒论英雄"。

刘备一点儿也不觉得轻松，他小心翼翼地跟曹操虚与委蛇。曹操眯着狭长的双目，先指刘备，后自指胸口，淡淡道："天下英雄唯使君与操耳！"

天边闷雷炸响，刘备心底升起一股寒气，吓得筷子掉在地上。刘备顾不得抹去脸上的冷汗，道："一个雷竟把我吓成这样！"曹操呵呵一笑，没有说什么。

忍一时，风平浪静；退一步，海阔天空。刘备在曹操眼皮底下装成胸无大志的人，可见他的情商之高、演技之精、城府之深。

没过几天，刘备请求曹操让自己去讨伐袁术，曹操莫名其妙地同意了。从外地刚回来的郭嘉急忙求见曹操，道："放备，变作矣！"意思是：放了刘备，他一定会生变。

曹操醒悟，派人去追，刘备早就跑回徐州了。他杀掉曹操任命的刺史，重新掌握大权，北联袁绍，公开反对曹操。

曹操亲率主力追杀刘备。刘备这一战又败得很惨，地盘全被抢了，部下兵马全散了，兄弟关羽被擒投降。刘备仅带着张飞，杀出重围，北上邺城，投奔袁绍。

袁绍亲自出邺城二百里，以最高接待规格迎接败军之将刘

刘备：情商高的人，气场都很强大

备。当时刘备四十了，再次变成穷光蛋，在邺城寄人篱下。令他感到安慰的是，多年前的好朋友常山赵子龙单枪匹马，千里来投。

刘备再次蛰伏，静待机会。也许，他会拿童年时的美梦来激励自己：我是要当大汉皇帝的男人。

一山不容二虎，建安四年（199年），北方霸主袁绍与中原奸雄曹孟德都很有上进心，相互瞧对方不顺眼。名垂千古的官渡之战爆发了。

官渡之战中，关羽为曹操斩杀颜良，报了曹操的厚待之情，随即投奔刘备。

秋风未动蝉先觉。沙场喋血十几年的刘备发觉袁绍快要完了，准备带兄弟们脱身，另谋出路。成大事者往往有能力为自己的目的把别人忽悠住。刘备忽悠袁绍：我有一个妙计。汝南一带黄巾余党甚多，我去招兵买马，让曹操腹背受敌。荆州牧刘表是我大哥，我劝说他从背后给曹操来一下。岂不美哉？

袁绍大喜，大手一挥，同意了。刘备喜滋滋地南下汝南。从此以后，袁绍与刘备再没有见过。

刘备凭借仁义满天下的威名、弘毅宽厚的为人和一大堆眼花缭乱的官职，收服了刘辟等黄巾余党，号召他们一起兴复汉室。不久后，糜竺等人也纷纷寻来。这一年的冬天，刘备的兄弟、部下、老婆都回来了，"生意"重开张，红红火火。

建安五年（200年），官渡之战结束，曹操对众谋士说："夫刘备，人杰也，今不击，必为后患。"追杀袁绍之前，他决定先亲自领兵干掉刘备。

刘备毫无悬念地再次大败一场，刘辟等黄巾头子战死。他只好跑路到荆州，投靠宗亲老大哥刘表。荆州，这是改变刘备命运的地方。

4

刘表对刘备的态度，史书上用了三个字"阴御之"，即暗中防备他。刘表请刘备屯兵新野（抗曹前线）。

刘备明白，与其抱怨，不如改变。他默默埋头苦学，操练兵马，仁爱待人，在荆州积累人脉。

时光缓缓逝去，从东跑到西，从北逃到南的刘备，已经47岁了。这一年，刘备老来得子，起名刘禅，小名阿斗，便是后来的蜀汉后主。儿子的降生，给刘备带来了好运。

部将徐庶向刘备推荐诸葛亮，刘备不怎么放在心上，说：你请他来吧。徐庶非常严肃地告诉刘备：这个人有经天纬地之才，必须您亲自去请。

刘备从谏如流，也许是求贤若渴到了极致，也许是他渴望有一位贵人能改变自己的命运，他做了人生最重要的一个决定，不避风雪，不怕尴尬，去了3次南阳隆中卧龙岗，求见年仅27岁、在家务农的诸葛亮。这便是后世津津乐道的三顾茅庐。

两鬓斑白的刘备冲着对面的年轻人深深鞠了一躬，哽咽着说了很心酸的三句话："汉室倾颓，奸臣窃命，主上蒙尘。孤不度德量力，欲信大义于天下，而智术浅短，遂用猖獗，至于今日。然志犹未已，君谓计将安出？"

刘备：情商高的人，气场都很强大

好一个志犹未已！刘备虽然困局新野，但他是仁义之名冠天下二十余年的皇室后裔，是朝廷正式册封的宜城亭侯、豫州牧、左将军，是叱咤风云的世之枭雄。他竟然对一位年轻人，诚恳如斯，卑微如斯！

诸葛亮被感动了，他指点江山，挥斥方遒，一口气策划了刘备集团未来十几年的发展蓝图，分析了曹操不可取，孙权可作援的形势，又详述了荆、益二州的州牧懦弱，有机可乘之事，以及拥有此二州后，如何争天下，未来天下三分后，攻打中原的战略如何等。

这便是流芳百世的《隆中对》。刘备听后大赞，力邀诸葛亮出山入幕。刘备常常和诸葛亮讨论天下大势，食则同器，寝则同床。他常常对身边人说："我有了孔明，就像鱼得到水。"成语如鱼得水，便是这样来的。

建安十三年（208年），虎视眈眈的曹操终于按捺不住，大军气势如虹，南下荆州。屋漏偏逢连夜雨，荆州牧刘表病逝，他的次子刘琮派遣使者投降曹操。正在前线准备与曹操决一死战的刘备，听到这个消息，险些气晕了。

诸葛亮向刘备建议，索性直接攻下襄阳。刘备摇摇头，说："我不忍啊！"是啊，毕竟刘表尸骨未寒，欺负孤儿寡母，不地道。

刘备在荆州布了7年仁德，士子百姓，扶老携幼，不避艰难，随他南逃。到长坂坡时已经有十几万人了。日行只有十余里。手下劝说他，抛下百姓，赶紧逃命吧。刘备摇头道："夫济大事必以人为本，今人归吾，吾何忍弃去！"

这便是历代文人称赞不已的携民渡江。

又一场灾难降临了。老对手曹操没有放弃这次机会，派遣中军最精锐的虎豹骑追杀到长坂坡。又一场大败后，鲜血染红了大地。十几万百姓死伤惨重，连刘备的两个女儿都做了俘虏。刘备、诸葛亮仅带着几十人浴血突围。

刘备妻离子散，全军覆没也不知多少回了，也不差这一次。从头再来，不放弃，不认输，才是刘备本色。

这一次，他不是一个人在战斗，而是有了一个非常靠谱的队友。东吴孙权派鲁肃渡江，联络刘备，商讨是否抵抗曹操。诸葛亮对刘备说：这是最艰难的时刻，却是距离胜利最近之时，请让我去说服孙权。

刘备紧握着诸葛亮的手：靠你了！

受任于败军之际，奉命于危难之间的诸葛亮渡江见孙权，陈说抗曹之利。

"天下英雄谁敌手？曹刘，生子当如孙仲谋。"未来的东吴大帝孙权也不含糊，坚决与曹操死磕。

建安十三年（208年），写入历史教科书的赤壁之战爆发，周瑜火烧曹营水军，刘备击破曹操陆军。曹操黯然败退。赤壁之战，奠定鼎足三分之势。

这是刘备一生最重要的转折点。他趁机夺得了荆州四郡，招贤纳士，招兵买马，实力暴增。

刘备拥有基业后，一位碌碌之辈找上门来。此公乃益州牧刘璋，被汉中张鲁欺负惨了，邀请刘备这位能打的同宗大哥助拳。

开创事业者，好名声很重要，刘备青年时救孔融于绝境，助

刘备：情商高的人，气场都很强大

陶谦于艰险，为刘表守大门 7 年，信誉有保障。

刘璋信任他的刘大哥。可惜，刘璋没有听过《隆中对》，诸葛亮在 4 年前就说过："刘璋暗弱，张鲁在北，民殷国富而不知存恤，智能之士思得明君。"益州大臣法正等"智能之士"，日夜盼望刘备这样的雄主带他们干一番大事业，刘备集团早就对益州垂涎三尺了！

建安十六年（211 年），刘备以庞统为军师，亲率 3 万大军入川助拳。蜜月期过后，刘备撕毁盟约，向成都方向进军，经历 3 年的艰苦奋战，连军师庞统都陨落了，刘备终于夺得益州。

刘备得到益州后，确定方针，召集名士，制定《蜀科》；善待百姓，鼓励生育，兴修水利，屯粮练兵。休养三年，刘备亲自领大军进攻汉中。因为汉中是益州的门户，没有汉中，益州难保。

战事艰难的时候，59 岁的刘备拼了老命。攻城不利，本应撤退，而刘备却大怒不肯撤军，站在城下，仗剑督军。当时箭如雨下，谋主法正见状，护在刘备身前。刘备赶紧抱住自己军师，大声道："孝直避箭啊。"法正回道："连主公也冒着箭雨，何况是我？"刘备一向厚爱属下，道："孝直，吾与汝俱去！"

几番苦战，刘备终于夺得半个汉中，曹操亲率大军来了。天下最厉害的两位老枭雄，生平最后一次正面对决。刘备自信满满，对左右说："曹公虽来，无能为也，我必有汉川矣！"

汉中大战，持续近两年之久。刘备已经到了举国男子当战、女子当运的地步，依然咬牙坚持。曹操终于支撑不住而撤退。刘备占领汉中全境，人生第一次，也是最后一次，亲自打败曹操。

刘备占两州、汉中、上庸等地，以法正为谋主，诸葛亮为肱骨，关张赵马黄为战将，势力达到鼎盛，进位汉中王。镇守荆襄的大将关羽北伐中原，水淹七军，威震天下。一时间，天下人几乎看到汉室将要复兴的苗头。

古人云：月满则亏，胜极而衰。很快，60岁的刘备经历了两次几乎难以承受的重击。第一，孙权背盟，偷袭荆州，关羽陨落。三十多年肝胆相照的兄弟身首异处，他也丢了战略要地荆州。第二，老对手曹操去世，曹丕继位后，威逼汉帝退位，立国大魏。四百多年的汉室江山宣告易主。刘备真是痛心疾首，他为之奋斗终身的大汉帝国亡了！

糜竺跪在刘备面前负荆请罪，因为他的弟弟糜芳竟然投降东吴了。刘备扶起了他。弟弟的事情，不能牵连哥哥。他厚待糜家如初。

章武元年（221年），61岁高龄的刘备在群臣的劝谏下，建国称帝，国号为汉。也许，他会想起五十年前，那棵大桑树下自己的豪言壮语：我是要当大汉皇帝的男人。

刘备称帝没多久，又传来一个令他悲痛欲绝的消息。老兄弟张飞被部将刺杀，割掉首级，送到江东去了。满头华发的刘备心如刀割，不顾年老体衰，不顾曹魏虎视眈眈，不顾文武百官的激烈反对，誓要为关张报仇，讨伐江东。

刘备因为性格刚烈，重情重义，所以成就大业。也正因为这样的性格，他做出了人生最错误的一个决定。

登基两个月后，他亲率倾国之兵，东征孙权，决一死战。孙权大胆起用了陆逊为前线总指挥。这位陆逊是不亚于周瑜的军事天才,猇亭一把大火,让暮年刘备最后一次品尝惨败。

侥幸突围的刘备,攒的兵马、钱粮、威望全输没了,自觉无颜回成都,退守白帝城。

这一次,屡败屡战的刘备不能再次雄起,创造奇迹了,因为他敌不过岁月。刘备一生没有真正败给任何人,只是败给了流年。

章武四年(223年),刘备的生命即将走到尽头。他气息奄奄地躺在床上,流着泪,紧握着诸葛亮的手说:"君才十倍曹丕,必能安国,终定大事。若嗣子可辅,辅之;如其不才,君可自取。"

诸葛亮泪流满面,跪在地上,道:"主公啊!我一定会兴复大汉,为了大汉竭智尽忠,至死方休!"刘备诏敕刘禅曰:"汝与丞相从事,事之如父。"他教育刘禅,"勿以恶小而为之,勿以善小而不为","惟贤惟德,能服于人"。

刘备崩于白帝城永安宫,谥曰"昭烈皇帝"。圣闻周达曰昭,德明有功曰昭,有功安民曰烈,秉德遵业曰烈。

小贴士

正史中的刘备是一个真正的有血有肉的刚烈男人,并不是《三国演义》中哭哭啼啼的刘皇叔。刘备从一个织席贩履之徒,24岁时招募五百子弟起兵,从一个奇迹走向另一个奇迹,纵横天下30多年,终成一方霸主,可见刘备综合能力之强。

　　刘备大半辈子颠沛流离，寄人篱下，多少次全军覆没，命悬一线，却能屡败屡战，可见他坚韧不拔。他性格刚烈又善于韬光养晦，胸怀大志，知人善任，宽厚待人，善于拉拢人心，即使在最落魄的时候，关羽、张飞、诸葛亮等人杰也誓死追随，终于以61岁的高龄，登基称帝。

　　对刘备的评价，最具有说服力的莫过于《三国志》作者陈寿说的"先主之弘毅宽厚，知人待士，盖有高祖之风，英雄之器焉"。意思是，刘备性格弘毅，宽厚待人，善于识人，有高祖刘邦的风采，是一个真正的英雄。

司马懿：
人生是场戏，成功要演技

建安十三年（208年）的一天，大汉丞相府里一场普通的例会结束。众文武散会回家吃饭。不知谁喊了一声："仲达！"一位身材消瘦、目光锐利的青年，双肩不动，缓缓扭动脖子，做了接近180度的转弯。

坐在主位上喝茶的大汉丞相曹操倒吸一口凉气，目光闪过一缕杀气。曹操不是嫉妒青年长得帅，而是因为青年的这个动作，在相学上叫鹰视狼顾。传说只有狼子野心的人，才能做出这种高难度动作。

曹操告诫儿子曹丕："司马懿非人臣也，必预汝家事。"潜台词就是这家伙有野心，要小心。

曹丕可能不喜欢封建迷信，又因为与司马懿关系亲密，为司马懿说了一大堆好话。曹家人才济济，曹操也不怕一个有野心的人能翻起什么浪花。但几十年后，他们泉下有知，一定会后悔自己的大意。

1

司马懿，表字仲达，是河内郡温县（今河南焦作温县）人。河内司马氏是当地最大的世家，司马懿的祖宗司马卬曾被项羽封为殷王。他的父亲司马防青年时就担任过汉朝都城长官，还是曹操的老上司。司马懿兄弟八人，因为表字中各有一个达字，人称"司马八达"。

司马懿二十出头时，像普通世家子弟那样，踏入仕途。他先举孝廉，后担任了上计掾，即古代佐理州郡上计事务的官吏。他据说干得还不错，声名远播。这一年，曹操迎汉帝于许都，担任大司空，又在官渡大战中打败了袁绍，可谓春风得意。

听说老上司司马防的儿子们很有才，曹操就把司马懿及他的哥哥司马朗一块儿招用了。按照《晋书》的说法，司马懿嫌弃曹操家世与名声不好，不愿出仕。从当时的情况来看，曹操虽然打败了袁绍，可是老袁家实力尚存。鹿死谁手，未可知也。世家从不把鸡蛋放一个篮子里，比如诸葛家，诸葛诞、诸葛亮、诸葛瑾分别在魏蜀吴做高官。

司马懿决定托疾不出，换个词叫装病。他装作得了痛风病。这病有意思，患病时间可长可短，程度可轻可重，非常具有灵活性。这是东汉名士常用的手段，代表了一种委婉的拒绝。

曹操作为一代奸雄，眼里不揉沙子，不信世上有那么巧的事。装病？这是曹操少年时就玩剩下的。他派遣一位身手高超的

司马懿：人生是场戏，成功要演技

侍卫，去探察一下。司马懿明白做戏就得做全套，每天躺在床上像尸体一样一动不动。侍卫观察了几天，发现司马懿每天躺在床上哼哼唧唧。便回去禀报曹操。曹操工作繁忙，这样的小事，也没空放在心上。

司马懿这一装，便是整整7年。

一位二十来岁的青年，躺在床上装了整整7年病人，让人"细思极恐"。也许，司马懿也后悔，要是低调一些，或者咬牙答应曹操，就不用受这份罪了。换言之，以后做事，要么不做，要么做绝！

直至建安十三年（208年），曹操已经成功统一北方，收河北、征乌桓，官拜大汉丞相，声望之隆，天下无匹。司马懿也已经快装不下去了，因为长子司马师已在他老婆肚子里了。一个重病患者，怎么还能生小孩？

司马懿的哥哥司马朗已任曹操的秘书。与司马家几代世交的荀彧向曹操推荐了司马懿。荀彧是曹操的谋主，又是汝颍世家的领袖，他的面子，曹操必须给。曹操也懒得陪司马懿这个小年轻玩什么花样，直接对属下说："这小子如果还不来，直接绑了。"（若复盘桓，便收之。）

司马懿似乎一夜间病就好了，红光满面，精神抖擞。曹操安排他陪长子曹丕读书。司马懿很珍惜这次工作机会，认真踏实，废寝忘食。

很快，发生了开头的事。司马懿听完曹丕转述曹操对他的评价后，非常惊恐。他想到一个办法。每天拼命工作，连养牛喂马这种事都亲自干。（勤于吏职，夜以忘寝，至于刍牧之间，悉皆临履。)

此时司马懿没做出什么突出成绩。明明是一个才能突出的人，却努力装成比庸人略强一点，足可见司马懿城府之深。

司马懿与荀彧、郭嘉、贾诩、荀攸等前辈相比，表现堪称平庸，只是慢慢升职加薪，历任黄门侍郎、议郎、丞相东曹属、丞相主簿等职。值得庆幸的是，他和曹丕的关系越来越亲厚，曹操也越来越老了。

在司马懿入职第五年，发生了一件震撼人心的大事，荀彧因为反对曹操晋封魏王，加封九锡，服毒自杀。荀彧死后很多年，司马懿一直深深怀念他："不管书里还是现实生活中，一百多年来，我从没有听过、见过任何人，能比得上荀彧贤明。"（"书传远事，吾自耳目所从闻见，逮百数十年间，贤才未有及荀令君者也。"）

惋惜之余，司马懿更加谦虚、低调、内敛，埋头工作，兢兢业业。

在曹操麾下经历了漫长的12年，司马懿由青年渐渐变成中年，也没什么突出的成绩。

建安二十年（215年），曹操征伐汉中割据势力张鲁，37岁的司马懿第一次随军出征。曹操拿下汉中后，谋士刘晔慷慨陈词，劝说曹操趁机攻下益州。司马懿觉得自己身为谋士应该说点什么，否则就太"打酱油"了，于是他第一次向曹操献策："刘备用诡计俘虏刘璋，蜀中之人还未曾归附就兴兵争夺江陵，这正是破刘的大好时机。今若进兵威逼，蜀兵势必瓦解。趁这个机会，一定能大功告成。"说白了，趁刘备立足未稳，灭了他。一番话，没有超出刘晔的叙述范畴。

曹操有自己的考虑，暂时无意攻打蜀地，没有听他们的。

在司马懿39岁那年，发生了一件大喜事，曹丕被曹操确认为继承人。司马懿只需要等曹操的时代结束，就有从龙之功。曹丕视他如兄、如师、如友。司马懿"每与大谋，辄有奇策"，是"太子四友"之一。

建安二十四年（219年），关羽挥师北伐，水淹七军，威震华夏，剑锋直指许都。曹操欲迁都黄河以北，以避其锋芒。司马懿与蒋济共同给曹操上了一份关于联络孙权消灭关羽军团的方案，大致内容是：第一，曹魏军队覆没，是因为天灾，并不是战斗力不行。第二，迁都是在向敌人示弱。第三，孙刘外亲内疏，孙权必不喜关羽得志，可联络他偷袭关羽。

曹操批准了。关羽的脑袋很快被孙权送来。这是司马懿第一次在史书上展现一流谋士的水平。

足可见司马懿的高明之处。若是完全装成庸人，曹操看不到自己的价值，不会重用自己。若是锋芒毕露，会引起曹操的忌惮，招来杀身之祸。最好的办法，便是表现得比一般人强那么一点。

2

一年后，曹操去世。颇具讽刺意味的是，治丧的负责人竟然是司马懿。曹丕即位魏王后，没几个月就篡位登基，定国号为魏，改国号黄初。

曹丕论功行赏，司马懿升官速度如同坐火箭一样。仅仅两年，司马懿先后担任尚书、御史中丞，任侍中、尚书右仆射等职位。堪称军政两栖明星。不过曹魏三大军团的统帅，分别由宗室二代精英曹真、曹休、夏侯尚担任。曹真负责对蜀作战，曹休、夏侯尚负责对吴。这三个人算是曹魏军界三巨头。

黄初五年（224年），曹丕再次加封司马懿为抚军大将军、录尚书事，前者名义上有权力调动十万大军，后者曹丕出征时可以替他处理政务。这次官升得实在太大了，司马懿自己觉得不好意思，连连推辞。曹丕很够意思，对司马懿说："朕夜以继日处理国家大事，没有须臾片刻的休息时间。授予你这个官职，不是给你恩惠，而是让你替朕分忧。"

那么，魏主曹丕在忙什么呢？打东吴。曹丕执政7年，5次对吴作战。黄初六年（225年），曹丕再次踏上南征之路，百忙之中，还下诏给司马懿："仲达啊，我把后方交给你了。当初汉朝开国，曹参战功不小，丞相位置为何给了萧何呢？因为保障后方最重要。你让我南征没有后顾之忧，就是大功一件哦！"司马懿感动得一塌糊涂，继续埋头苦干，处理各种政务。

等南征不顺利的曹丕返回时，他又对司马懿说："仲达啊，以后，我向东吴用兵，你替我管理京都洛阳的事情；我在洛阳，你替我准备东征孙权的战事。"司马懿感恩戴德，尽心尽力。

黄初七年（226年），曹丕病重。临终时，他令司马懿与中军大将军曹真、镇军大将军陈群、征东大将军曹休为辅政大臣。陈群在曹操时代就名扬天下，曹真、曹休是宗室二代中优秀的军事人才。司马懿与他们站在了同样的位置。

司马懿：人生是场戏，成功要演技

因为曹休在前线坐镇，陈群、曹真、司马懿入宫接受曹丕托孤。曹丕对儿子曹叡说："今后这三位重臣，一定要信任他们，切记啊。"曹丕第二天就与世长辞，享年40岁。

曹叡幼年的时候，深得祖父曹操的喜爱。曹操摸着孙子的脑袋说过："有了你，我们曹家至少有三代基业。"曹操真是料事如神！

23岁的曹叡登基后，邀请老谋士刘晔讨论国家大事。事后，刘晔一脸兴奋，对身边的人说："陛下雄才，相比秦皇汉武，顶多略逊一筹。"

孙权为了"庆祝"曹丕去世，派军伐魏。上一年，夏侯尚病故了，他腾下来的位置，论资历、能力、地位，非司马懿莫属。

曹叡下令抚军大将军司马懿去迎战。不得不说司马懿运气真好，生平第一次领军作战，就遇到了不善军事的诸葛瑾，斩首级一千多颗。虽然只是小胜一场，对司马懿来说已是意义非凡。

战胜回朝，司马懿被加封骠骑将军，成为曹魏军中的三号人物。曹叡允许司马懿开府治事。大臣吴质称赞司马懿"忠智至公，社稷之臣"。他在洛阳声望日隆。

太和元年（227年），司马懿屯兵宛城，管理荆豫地区。司马懿应该感到庆幸，如果那位"入为腹心，出当爪牙"的夏侯尚没有死，无论如何，也轮不到司马懿坐这个位置。

这时，蜀汉叛将、新城太守孟达，觉得自己不受曹叡信任，给诸葛亮写信，请求回到蜀汉的怀抱。诸葛亮觉得这小子靠不住，便故意放出消息，打算借刀杀人，顺便吸引一下曹魏的兵力，为自己北伐减少压力。很快，消息被司马懿得知。

司马懿决定先稳住孟达，还给他写了一封信，大致是蜀汉人都是没出息的，你那么聪明的人怎么会投降蜀汉，这么大的事儿如果是真的，消息怎么可能走漏？这一定是诸葛亮的奸计，我是不会上当的。

信刚寄出，司马懿立刻亲自率领大军突袭孟达。

诸葛亮担心孟达不够坚挺，写信让他提防司马懿。孟达信心满满地给诸葛亮写信，大意是："你放心。宛城离我1200里，距离洛阳800里。他上表给天子，来回路程，至少需一个月，那时我的城池已修固，军队做好了准备。我这儿地形险要，司马懿一定不会亲自来，其他部将来，则不足为患。"

孟达万万没想到司马懿竟然先斩后奏，八日内急行军1200里，兵临城下。孟达急忙给诸葛亮写信说："司马懿八日就到了，何其神速也！"很快，孟达的脑袋就搬家了。

太和四年（230年），司马懿有三件喜事，一是他五十大寿，二是被曹操誉为"吾家千里驹"的曹休病故了。三是司马懿任大将军，加大都督，假黄钺，与大司马曹真兵分两路伐蜀。

他们约定会师于汉中南郑城下。司马懿那一路还好，曹真兵进子午谷，被蜀军小揍一场后，秋雨绵绵，山势险要，前进不得。最后，这次伐蜀无疾而终。

司马懿又听到一个非常好的消息，曹魏军方一号人物大司马曹真灰溜溜地回到洛阳后，病故了。战功赫赫的曹魏宗室军队三巨头全部英年早逝，这是曹操家的不幸，却是司马懿的大幸。曹魏最精锐的雍凉边军统帅一职很快落在司马懿手中。

司马懿：人生是场戏，成功要演技

3

太和五年（231年）的春天，蜀汉丞相诸葛亮第四次兴兵北伐。曹叡下诏，命司马懿统率雍凉大军，对抗诸葛亮。曹叡拉着司马懿的手，对他说："西方有事，非君莫可付者。"诸葛亮又搞事情了，除了你，没人能摆平。

司马懿带着曹叡的信任，兴致勃勃地赶到前线，与诸葛亮过招。

诸葛亮第一招，声东击西，到上邽城抢割了麦子。司马懿用了一招隔岸观火，也就是保持距离，坚守不出，不与交战。

曹魏五子良将硕果仅存的老将张郃首先跳出来，对司马懿说："不宜进前而不敢逼，坐失民望也。"魏将纷纷对司马懿非常不满，"吐槽"他畏敌如虎，被天下人笑掉大牙。（"公畏蜀如虎，奈天下笑何！"）

魏军人多，蜀军人少，魏军多骑兵，蜀军多步兵。无论兵力还是兵种都占据优势。司马懿用了第二招，先打一架试试吧。关于这一战的结果，《晋书》中说司马懿大胜，俘斩万计。《三国志》叙述比较简略："亮复出祁山，以木牛运；粮尽退军，与魏将张郃交战，射杀郃。"相对公正的《汉晋春秋》说："亮使魏延、高翔、吴班赴拒，大破之。获甲首三千级，玄铠五千领，角弩三千一百张，宣王还保营。"

会战的胜负史书上是有争议的，但是关于会战结果的记载是统一的：司马懿以优势兵力坚守不出，与诸葛亮干耗着。诸葛亮粮尽撤退，司马懿强行命令张郃追击。开国老将张郃战死在木门谷。

战后的军事会议上，司马懿做出总结，简直是神预言："诸葛亮常因粮草不足而退兵。这次回去必然广积粮草。没有3年的积蓄，诸葛亮不会再来的。"

这3年，司马懿奏请曹叡做了3件提高曹魏综合实力的事。第一，为解决粮食问题，他请朝廷从冀州调集大量农民，在陇西地区屯田。第二，为保证粮食产量，曹魏在关中地区修建水利工程，挖沟渠，建水库，灌溉良田数千顷。第三，曹魏大量建立官办兵工厂，保质保量生产铠甲兵器。

青龙二年（234年），诸葛亮准备了足够的粮草，亲率10万大军，第五次北伐。10万大军对魏国来说，还不到一个战区的兵力，对蜀国来说，已经是倾国之兵了。这一次，诸葛亮联系了东吴孙权，合力北伐。曹叡亲到东线，盯着江东，诏令司马懿准备作战。

司马懿紧紧地盯着地图，下令全军屯兵渭南，此乃蜀汉进攻关中的咽喉之地。这是司马懿与诸葛亮第二次交手，也是最后一次交手。司马懿的办法很简单，深挖沟，高筑寨，不出战。诸葛亮全军向西，在五丈原，与司马懿对峙。

第一回合：诸葛亮声东击西，司马懿坚守不出。

第二回合：诸葛亮派蜀兵日夜骂阵，司马懿坚守不出。

第三回合：诸葛亮下令蜀军在渭水种地。魏军急了：蜀军打算不走了，这要耗到什么时候？司马懿站在瞭望塔上仔细观察

司马懿：人生是场戏，成功要演技

后，对属下说：第一，谁会在前线屯田？第二，这点土地长出的庄稼，对十万蜀军来说杯水车薪。第三，诸葛亮准备了3年，不缺粮草。他得出结论，诸葛亮又是故意诱敌而已。

第四回合：诸葛亮哀叹，司马懿真是够能忍的。他送司马懿一套正宗的纯手工蜀锦女装。那个年代男尊女卑，送一个男人女装，是极大的侮辱。司马懿却冷笑一声收下了。

魏国的将士愤怒了：是可忍孰不可忍，我们的国力至少是蜀国的十几倍，却像乌龟一样缩着头。这叫什么事？他们纷纷向司马懿请战。眼看将士们群情激愤，司马懿也压不住了。他说："出兵之前，陛下令我坚守不出，但是诸葛亮欺人太甚，我忍无可忍！我现在就请陛下同意我出兵。"他当着将士们的面写了一封慷慨激昂的请战书，八百里加急，送往洛阳。

曹叡一看请战书乐了。凭借高超的政治智慧，他判断出司马懿的目的。他下令继续坚守，并且派大臣辛毗带着天子使节，禁止出动一兵一卒。违令者斩！

听说此事后，诸葛亮感叹道："将在外君命有所不受，司马懿如果真的想出战，哪里会千里请战？"

魏国的朝野议论纷纷：我们占尽优势啊，被蜀汉欺负到家门口了，怎么可以这么怂？有好事者嘲笑司马懿不敢与诸葛亮过招，只敢与诸葛亮比寿命。没错，56岁的司马懿身体倍儿棒，腰不酸，腿不疼。他确实在考虑能不能把比自己小两岁的诸葛亮活活耗死！

第五回合：东线，孙权退兵了。诸葛亮身体一天不如一天。寂寥的秋天降临到五丈原，诸葛武侯陨落军中，用生命践行了对刘备的诺言。蜀军遵照诸葛亮遗嘱，秘不发丧，缓缓退军。司马懿听闻诸葛亮死后，大喜之下，下令全军追击。一声炮响，他突然看到蜀汉军旗飘扬，似乎准备回击。司马懿赶紧策马收兵，仓皇撤离。过了几天，听说诸葛亮真的死了，他再次追击，蜀汉军已经全军撤回汉中。

当地魏国百姓觉得丢人，讥笑司马懿"死诸葛吓走活仲达"。司马懿听说后，自嘲一笑："我能搞定活的诸葛亮，却预测不了死了的诸葛亮。"

面对天下奇才诸葛亮，司马懿虽然占据兵力、物力、地形的优势，却不愿意与诸葛亮放手一战。他采用了谁也想不到的战术——与对方主将比耐力、比寿命。司马懿终究是战胜了，靠忍耐耗死了那个时代最著名的智者诸葛亮。

4

朝廷论功行赏，司马懿官拜太尉。青龙三年（235年），关东地区发生大饥荒，司马懿在雍凉一带曾大力发展农业，提高粮食产量，他很轻松地拿出关中贮存的500万斛粮食救济灾民，功德无量。

没过几年，辽东太守公孙渊反叛魏国，宣布独立。曹叡找司马懿商量："我本来不想麻烦你，但只有你去我心里才踏实。你剿灭公孙渊需要多久？"

司马懿自信满满："去百日，回百日，攻战百日，用六十天休息，有一年时间足够了。"

司马懿：人生是场戏，成功要演技

61岁的司马懿率军自京城出发，路过家乡温县，在虢公台上宴请父老乡亲。酒酣耳热后，他赋诗一首："天地开辟，日月重光。遭遇际会，毕力遐方。将扫群秽，还过故乡。肃清万里，总齐八荒。告成归老，待罪舞阳。"

司马懿率四万中央军，远征1500多公里，进攻辽东。司马懿老而弥坚，施展教科书式的经典战术，轻松灭掉公孙渊。辽东战役的胜利是司马懿为国家统一做出的贡献。

景初三年（239年），曹叡病重，三日内五道圣旨召司马懿还京师。司马懿一夜疾行四百里。曹叡令他与曹真之子曹爽共为托孤大臣，共同辅佐即将继位的8岁皇子曹芳。曹爽表奏司马懿为太傅，地位虽然增高了，司马懿的权力却下降了。

司马懿出任太傅之后，做了很多利国利民的好事。他推荐具有极高军事才华的老朋友蒋济接替他的太尉职位。司马懿大力发展魏国的军事、经济、农业、水利、文化等，尤其是修广漕渠，疏通东南各个大湖，于淮北大规模屯田，改善广大魏国百姓的民生。

正始八年（247年），眼见曹爽渐渐专权，司马懿果断装病，退居二线，佯装病势垂危，奄奄一息，似乎随时都有可能病故。司马懿装病有经验，一装就是3年。曹爽越发猖狂，任用亲信，占据重要位置，竟然还强行将曹叡的老婆迁居。这一行为，已经与谋反同罪。

正始十年（249年），大将军曹爽三兄弟陪同魏帝曹芳去高平陵祭拜魏明帝。四朝元老、两朝托孤大臣司马懿联合太尉蒋济等人果断发动兵变，史称高平陵之变。

政变开始后,谋士桓范建议曹爽挟持皇帝,征召兵马与司马懿大战一场。司马懿让太尉蒋济去对曹爽说:"太傅指着洛水发誓,只要兵权,不会害你的。"

曹爽这种膏粱子弟没有与司马懿血战一场的勇气。蒋济是四朝名臣,当朝太尉,他的担保,曹爽还是信任的。

曹爽说:"司马公正当欲夺吾权耳。吾得以侯还第,不失为富家翁。"

桓范瘫痪在地上,大哭道:"你父亲曹真是一个大英雄,怎么会生下你们这群蠢猪般的儿子,害得我被你们连累灭族啊!"

事后,司马懿违背诺言,诛杀曹爽及其党羽三族。没几个月,蒋济羞愤而死。在司马懿生命中最后的3年里,他安排了大量的族人、亲信占据重要岗位。

嘉平三年(251年),司马懿病故。15年后,他的孙子司马炎受魏帝禅让,立朝为晋。有意思的是,又过了几十年,晋明帝问王导自己家如何得天下,王导侃侃而谈后,晋明帝羞愧地把脸埋在床上,说道:"若如公言,晋祚复安得长远?"

无论如何,东汉末年分三国,英雄豪杰争斗不休,最后赢家是司马懿。

小贴士

按照《晋书》的说法,司马懿少有奇节,聪明多大略,博学洽闻,伏膺儒教,汉末大乱,常慨然有忧天下心。可以看出,司马懿未出仕之前,就聪明、有远见、博学、志向

司马懿：人生是场戏，成功要演技

远大。

　　从司马懿出仕后的表现来看，司马懿坚持做好自己的工作，将之当成安身立命的根本。低调做人的处世风格，使他迈开脚步。面对奸雄曹操、智圣诸葛亮、得志时的曹爽，司马懿选择了一个"忍"字。"忍"字，是心字头上插一把刀，那该是怎样的痛苦？能忍，就要对自己够狠。

　　司马懿以装病作为仕途的开始，又以装病窃取了曹魏最高权力。司马懿的成功也得感谢他健康的身体，他熬死了曹操、曹丕、曹叡三代英主。他熬死了夏侯尚、曹休、曹真3位宗室大将。他熬死了智慧的象征诸葛孔明。他熬死了曹魏的功勋老臣们。剩下一群土鸡瓦狗，如何是老谋深算的司马懿的对手？

魏徵：

给领导提意见是一门艺术

贞观五年（631年），一个普普通通的日子。大唐皇帝李世民双目通红，额头青筋暴跳，气冲冲地走入后宫，一屁股坐在椅子上，呼哧呼哧大口喘气。皇后长孙氏端了一杯酒放到李世民面前的桌子上，躬身问道："陛下，怎么了？"

李世民一拳砸在桌上，杯盏摔落，酒水溅了一地。他气鼓鼓道："魏徵这个该死的乡巴佬，又顶撞我！我早晚要杀了他！"

长孙氏闻言缓缓退下。片刻后，李世民惊奇地发现长孙氏穿上了一套大礼服，冲着自己跪行大礼。

长孙皇后道："臣妾听闻君明臣直，今魏徵直，可见陛下之明。有魏徵这种敢于说真话的人，是社稷之福，臣妾恭喜陛下。"

闻听此言，李世民怒气渐消，感叹道："人言魏徵举动疏慢，我但见妩媚耳。"意思是说，人们都说魏徵不尊敬人，我看他倒挺可爱。

1

北周大象二年（580年），退仕名吏魏长贤六十余岁高龄得子，起名为徵。一年后，隋朝建立。又十余年，魏长贤去世，魏徵成了孤儿。

《新唐书》称魏徵"少孤，落魄"。父亲并未能将魏徵抚养长大，却为他留下了大量藏书。家里虽穷，魏徵却废寝忘食，日夜读书。有一次，邻居们发现魏徵十几天没有出门了，担心他是不是饿死在屋子里了。热心的邻居们推开魏家大门，发现小魏徵正在屋里轻声诵书。

等魏徵成年后，不知是因为穷得娶不起媳妇，还是因为性格超凡脱俗，他竟然出家当了道士。那年头，道士可以云游天下，顺便做点法事，也能混口饭吃。

魏徵在青年时，就行万里路，踏遍三山五岳，见识各地风土人情。史书称魏徵痴迷于纵横术。所谓纵横术是说话的艺术，洞察人性幽微之处，凭三寸不烂之舌，搅动天下风云。苏秦、张仪以布衣之身封侯拜相，正是凭此学问。

后世以耿直刚烈闻名青史的魏徵，青年时竟然喜欢这种学问，也是很有趣了。

贫寒的家境赋予了魏徵刚强的性格，埋头苦读增长了他的才干，做云游道士又令他阅历大增。这些均为他日后的成功打下基础。

2

大业十三年（617年）的深秋，隋帝杨广三征高句丽、营造东都洛阳、开凿大运河等滥用民力的国政，已经使得天下民怨沸腾，起义迭起。

武阳郡（治所在今河北大名东北）丞元宝藏起兵反隋，38岁的魏徵决定入世。他脱下道袍，换了发型，投靠元宝藏。元宝藏颇为欣赏魏徵的文笔，任命他掌管书檄。

魏徵终于踏入仕途，首次有机会积累政治经验，平台上了不止一个层次。他兢兢业业，文笔愈发老练，将本职工作干得非常出色。隋末乱世，大鱼吃小鱼，元宝藏很快混不下去了，投降瓦岗寨首领李密。投降书的拟稿人便是魏徵。

李密看到这份逻辑严密、情真意切的投降书，赞不绝口。能将一份投降书写得如此清新脱俗，真是一个才子！他决定面试魏徵。魏徵心潮澎湃，摩拳擦掌，熬了一个通宵，为李密献上了壮大瓦岗寨的十大建议。

李密翻阅之后，呵呵一笑，鼓励魏徵继续保持工作激情，任命魏徵当文学参军。可惜，魏徵的建议他并未采纳一条。

一年后，李密也混不下去了，投靠占据关中的李唐政权。此时，李密部将徐世勣等依然占据着山东很多地盘。魏徵向"新领导"李渊请缨，请求出使山东，劝降徐世勣。古之山东，即今崤山以东，包括如今的河南、河北、山东等广大地区。

历史的帘子 2

李渊喜滋滋地点头批准,劝降如能成功,白得一大片地盘,何乐而不为?

魏徵手持节杖,踌躇满志出潼关,胸臆中充满豪情壮志,忍不住抒发文人之风骚,赋诗一首以明心志,名曰《述怀》:"中原初逐鹿,投笔事戎轩。纵横计不就,慷慨志犹存。杖策谒天子,驱马出关门。请缨系南越,凭轼下东藩。郁纡陟高岫,出没望平原。古木吟寒雁,空山啼夜猿。既伤千里目,还惊九死魂。岂不惮艰险,深怀国士恩。季布无二诺,侯嬴重一言。人生感意气,功名谁复论。"

这首诗,基本上是魏徵一生的写照。魏徵以一封信成功劝降徐世勣归降大唐,此举进一步加快了天下统一。但是天有不测风云,河北军阀窦建德打来了,魏徵与徐世勣一起做了俘虏。窦建德也很欣赏魏徵的文笔,任命他为起居舍人,类似于机要秘书。

魏徵很快端正态度,调整心态——不管"领导"是谁,端谁的饭碗,就为谁好好工作。

又是两年过去了。武德四年(621年),李世民打败窦建德,于是魏徵再次投奔李唐,太子李建成久闻魏徵大名,亲自聘请他为太子洗马,史称"礼遇甚厚"。

魏徵身逢明主,热泪盈眶,竭力为李建成出谋划策。他发现秦王李世民英明神武又军功卓著,必与李建成争夺帝位。

魏徵多次提醒李建成要高度重视李世民的威胁,先下手为强。李建成心慈手软,犹豫不决。5年后,发生了玄武门之变,李世民杀了李建成,逼父亲李渊退位,登基称帝。

李世民杀气腾腾,质问魏徵:"你为什么离间我们兄弟感

魏徵：给领导提意见是一门艺术

情？"

此刻，魏徵的生死全在李世民一念之间，正常情况下有两种选择：第一，如果想活命，就抱着李世民大腿，跪地求饶，忏悔道歉。第二，想成全忠义之心，就挺直胸膛，为旧主之恩，对李世民破口大骂，义不屈节。魏徵选择了第三种，说了一句令人拍案叫绝的话："皇太子若从徵言，必无今日之祸。"

这句话既坦诚直率，大义凛然，又表示自己并无死志；他委婉表示李建成不能虚怀纳谏，等于间接赞美李世民；最重要的是，身为东宫谋主的魏徵，一句话将玄武门之变定性了，潜台词是李建成集团想害李世民，李世民发动政变，是以自保为前提。

寥寥十几个字，一箭三雕。什么是语言艺术？这便是。可见魏徵的纵横术真的没有白学。多一门学问，关键时候可以救自己一命。未来的岁月里，魏徵将会运用自己的语言艺术，劝谏君王，利国利民。

李世民听懂魏徵话里的意思，龙颜大悦，拍拍魏徵的肩膀，道："往事如烟，随风而去吧。以后跟着朕好好干。"他封魏徵为詹事主簿。这个官职很有意思，詹事主簿是正七品的小官，掌管东宫印信、文书，相当于文案助理。这个官职拥有参谋建议权，却没有决策执行权。很明显，李世民这样安排是为了考验一下魏徵的才干与忠诚度。

这是魏徵命运的一个重要转折点。

3

当时，大唐内外尚未安定，内有李建成旧部人心惶惶，很多归顺大唐的势力还未归心，外有突厥大军虎视眈眈，对中原垂涎三尺。魏徵很快送给李世民一封投名状，请求出使山东，安抚前太子李建成旧部。

李世民对魏徵说："山东之地，决不能乱！请卿便宜从事。"

魏徵拱手向李世民道别，再次持节出发。路途中遇到关在囚车中的前东宫千牛卫李志安等人，魏徵对押送官员道："陛下令我便宜从事，你立即释放他们，出了事，我担着！"山东之地的众多李建成余党，听说连李志安都无罪释放了，纷纷表示向李世民效忠。

李世民终于腾出手来，逐步平定内外之乱。

要想更快融入一个新的组织，就要敢于任事、勇于任事。魏徵就是做到了这一点，才能在李世民麾下脱颖而出。

李世民愈发赏识魏徵，仅仅几个月他就过了"试用期"。魏徵获封正五品的谏议大夫。这是一个专门为皇帝提意见的官职。

已经47岁的魏徵担任谏议大夫后，真是如鱼得水。寒门出身的魏徵，做过十几年遍访民间的道士，几乎完整体验了大隋帝国由盛到衰的过程，胸中有无数良策，如鲠在喉，不吐不快。

几个月之内，魏徵向李世民提了两百多条建议。李世民看到魏徵工作那么努力，很认可，勉励魏徵："卿所陈谏，前后二百

魏徵：给领导提意见是一门艺术

余事，非卿至诚奉国，何能若是？"

魏徵毕竟曾是李建成的人，他遭到了别的大臣的嫉恨。他们向李世民打小报告，说魏徵私自提拔亲戚做官，个人生活问题严重，如是云云。李世民派人调查后，发现是子虚乌有。李世民在朝堂上当着文武百官的面，提醒魏徵注意瓜田李下，远避嫌疑。

魏徵一脸淡定地问李世民："陛下，想让我做忠臣还是良臣？"很多文武官员不屑地撇嘴：你魏徵换了多少主子了？多厚的脸皮才好意思自称忠臣。

李世民反问道："这两者之间有区别吗？"魏徵答道："自己身受美誉，使君王成为明君，君臣齐心协力，共建盛世，共享富贵，这就是良臣。自己身受杀戮，使君王沦为暴君，如龙逢、比干等，身死国亡，这就是忠臣！"

魏徵不愧是研究过纵横之道的人，概念玩得真溜！

这番话，意思就是你不杀我，咱们共赢，你杀我，你就是暴君，我至少还能在史书上混个忠臣。李世民自然也听懂了，提拔魏徵为尚书左丞，这是文官中仅次于宰相的职位。往后余生，魏徵除了吃饭睡觉，偶尔写书，主要时间就是进谏李世民。

有一次，李世民问魏徵："历史上的君主，为何有的昏庸，有的英明？"魏徵想了想，答道："兼听则明，偏听则暗。"广泛听取各方面的意见就会明智，只听单方面的就容易受骗。接下来，魏徵又向唐太宗列举尧、舜、秦二世、隋炀帝的例子，最后总结道："治理天下就要充分采纳下面的意见，奸臣想蒙蔽也蒙蔽不了。"李世民表示受教了，对魏徵道："爱卿你说得太有道理了！朕要做尧舜，不做隋炀帝！你以后一定要多多监督朕，给朕提建议哦!"

　　魏徵严肃地看着李世民，点头同意。李世民与魏徵发生了很多有趣的故事。比如，长孙皇后心疼丈夫工作太累，亲自为李世民挑选了一个姓郑的漂亮姑娘入后宫，李世民笑纳老婆的一番心意，下诏将郑姑娘迎娶入宫。

　　魏徵却不让他笑纳。在朝堂开例会的时候，魏徵对李世民委婉地劝谏道："陛下啊，您是天下共主，应该以百姓之忧为忧，以百姓之乐为乐。您有三宫六院七十二妃，应该让老百姓也有妻室之欢！只有大家好才是真的好。"

　　李世民皱眉看着魏徵道："爱卿，你到底想说啥？"魏徵道："陛下，郑氏已经与陆家订婚了，您这是要娶别人的老婆啊！让老百姓怎么看你？"李世民满脸尴尬。

　　宰相房玄龄慌忙站出来和稀泥，道："启禀陛下，陆家已经与郑家退婚了。再说了，诏书已经发出，宫中也做好了准备。陛下，就这样吧！"魏徵白了房玄龄一眼，道："陆家敢与皇帝抢老婆吗？你想史书怎么记载此事？"

　　闻听此言，李世民立即下旨，收回诏书。

　　大唐君臣起而行之，为了解决广大光棍与大龄"剩女"的问题，在全国发布一道诏书："民男二十、女十五以上无夫家者，州县以礼聘娶。"意思是：凡大唐帝国子民，男人二十岁娶不起老婆，女人十五岁没钱陪嫁妆出嫁，由地方财政出钱解决。

　　也许魏徵因为早年家里穷，娶不起媳妇，所以他很心疼光棍们。李世民夫妇很宠爱女儿长乐公主，准备了丰厚的嫁妆，标准是长公主的两倍。李世民对房玄龄等大臣道："我和皇后很疼

魏徵：给领导提意见是一门艺术

爱这个闺女，为她多准备些嫁妆。"房玄龄等人道："陛下疼爱女儿，想多陪送些嫁妆，有何不可呢？我们非常支持。按照长公主的标准加倍就是！"

魏徵不乐意了，对李世民道："汉文帝曾经说过，我的儿子怎么能比得上先帝的儿子。陛下您将女儿的嫁妆定为长公主的双倍，首先于礼不合。其次，上有所好，下必甚焉。民间嫁女的嫁妆一定也会增加，那么聘礼也会相应增加。咱们薄嫁薄娶的政策还怎么推行？"

李世民气鼓鼓的，拂袖而去。

李世民思念亡妻，魏徵也要进谏。贞观十年（636年），长孙皇后去世，入葬昭陵。李世民在宫里建起一座高楼，经常望向昭陵的方向，默默流泪。

一次，李世民拉着魏徵一起怀念长孙皇后，他指着昭陵的方向，问道："爱卿，你看到了什么？"魏徵摇摇头："臣老眼昏花，看不见啊！"李世民哽咽道："那是昭陵，爱卿怎么看不见呢？"

魏徵道："哦，臣以为陛下望的是献陵，原来是昭陵啊！"献陵是唐高祖李渊的墓地。李世民瞬间懂了，这是提醒自己不要为了爱情而忘了大唐基业。李世民泪流满面，下令拆毁高楼。这便是"帝泣，为毁观"。

大唐帝国的万里江山，需要君臣日夜奋斗才能维护好，没有时间悲伤。又过了两年，大唐帝国扬威天下，国泰民安，史称"贞观之治"。朝廷开大会的时候，文武大臣惊奇地发现，皇帝陛下佩了两把腰刀。李世民对群臣说道："贞观以前，从我平定天下，周旋艰险，玄龄之功，无所与让。贞观之后，尽心于我，献纳忠谠，安国利民，犯颜正谏，匡朕之违者，唯魏徵而已。古之名臣，何以加也！"

李世民亲自解下两把刀，分别赐给魏徵与房玄龄。

魏徵感恩戴德，继续向李世民进谏。第二年，他为李世民上了一封著名奏折，名曰《十渐不克终疏》，列举了李世民过去与现在不同的表现——从无为无欲到迷恋财物，从与民休养生息到劳役民众，从艰苦奋斗到追求享受，如是云云。

李世民一字一句细读后，下了一道诏书："录付史司，冀千载之下识君臣之义。"他赏赐魏徵黄金十斤，厩马二匹。

贞观十五年（641年），大唐帝国四夷宾服、国富民强。李世民想学习秦皇汉武，去泰山封禅，告诉上天自己有多牛。群臣纷纷赞同。

已经62岁的魏徵，颤巍巍地站出来，带头反对。李世民皱着眉头望着这位须发花白的老臣，一口气问了魏徵6个问题："爱卿不让朕封禅是因为朕功劳不高吗？德行不厚吗？大唐不安定吗？四方夷族未归服吗？年成没丰收吗？祥瑞没有到吗？"

魏徵佝偻着身子，咳嗽道："高矣！厚矣！安矣！服矣！丰矣！至矣！"

李世民不解道："为何爱卿不让朕封禅呢？"

魏徵道："陛下啊，虽然有上述六点理由，然而隋亡大乱之后，户口没有完全恢复，国家府库粮仓还很空虚，而陛下的车驾东去泰山，大量的骑兵车辇，路途耗费，必然难以承担。而且陛下封禅泰山，则各国君主咸集，远方夷族首领跟从，如今从伊水、洛水东到大海、泰山，人烟稀少。这是引戎狄进入大唐腹地，展示我方的虚弱。况且就算赏赐供给无数，也不能满足这些人的欲望；几年免除徭役，也不能补偿老百姓的劳苦。崇尚虚名而实际对百姓有害，陛下，您怎么忍心呢？"

李世民从魏徵的劝谏中醒悟过来，适逢河南、河北许多州县发生水灾，于是便取消了封禅计划。

魏徵一次又一次犯颜直谏，看似在顶撞皇帝，实质上，他的每一条建议都符合大唐利益。魏徵的谏言有理有据，合情合理，再加上李世民胸怀开阔，能够纳谏如流，所以他们二人的故事能成为千古佳话。

4

贞观十六年（642年），魏徵病倒了，躺在床上不能工作。李世民为了鼓励魏徵焕发斗志，加封他为太子太师。李世民到魏徵的床前，拍着他的手说："爱卿啊，我们都老了，可是咱们不能服老。我把太子交给你了。朕知道你患病，可是你即使卧病在床也能保护太子啊。"

魏徵老眼流泪，不顾李世民的阻止，强行叩拜道："陛下，臣敢不竭力！"

贞观十七年（643年）的深秋，魏徵到了临终之际，李世民抚摸着魏徵枯瘦的胳膊，双目缓缓流泪，问道："爱卿还有什么要交代的吗？"魏徵嘶声道："嫠不恤纬而忧宗周之亡。"意思是，寡妇不怕布织得少，而怕亡国之祸。潜台词是：我死了也无所谓，我只担心国家的命运。

过了数日，李世民夜梦魏徵如平生状，一早便听到魏徵去世的消息，亲临恸哭。他废朝五日，赠魏徵司空、相州都督，谥曰文贞，陪葬昭陵。

李世民高度评价魏徵的一生："以铜为镜，可以正衣冠；以古为镜，可以知兴替；以人为镜，可以明得失。朕常保此三镜，以防己过。今魏徵殂逝，遂亡一镜矣。"

故事如果到此戛然而止，不得不说是一个圆满结局。可是世事难料，魏徵死后没几个月，太子谋反。魏徵曾向李世民推荐重用的侯君集、杜伦参与其中。任何帝王对涉及谋反的人，均采取零容忍态度，李世民也不例外。

再加上，有人报告李世民，说魏徵交给史官一份资料，详细记录了他十几年进谏的内容及李世民的批复。李世民勃然大怒，魏徵这老匹夫想干什么？自己青史留名，令朕当陪衬吗？爱之深，责之切。他下令砸了魏徵的墓碑。

两年后，李世民亲率三十万精锐，远征高句丽。返程回国后，秋风萧瑟中，他看到将士们艰辛跋涉，闭上了眼睛，眼前又浮现出魏徵的脸。他悠悠叹道："魏徵若在，不使我有是行也。"他下令祭拜魏徵，召魏徵留下的妻儿老小到御前，嘘寒问暖，赠送大笔财物。

对一个人的公正评价，也许会迟到，但从来不会缺席。

魏徵：给领导提意见是一门艺术

小贴士

魏徵出身寒门，不甘眼前苟且的生活。从小立志，埋头苦读，成年后当道士云游天下，到38岁时才出仕。他读过的书，走过的路，阅过的人，经历过的事，成了一笔丰厚的财富，潜藏在他意识深处。

仕宦之路上，魏徵面对第一位"老板"元宝藏、第二位"老板"李密，他有自信提交自己的发展规划方案；面对第三位"老板"李渊，他已经可以利用自己的能力、人脉立大功；面对第四位"老板"窦建德，他继续沉淀自己；面对第五位"老板"李建成，他已是谋主，可以做出影响生死存亡的规划。这场进阶之路，魏徵用了9年，可见他一直学习，一直进步。

正是，中原初逐鹿，投笔事戎轩。纵横计不就，慷慨志犹存。

当魏徵遇到自己命中的真命天子李世民时，他的人品、才华、胸怀、人脉救了他。所以，李世民对他说："卿罪重于中钩，我任卿逾于管仲，近代君臣相得，宁有似我于卿者乎？"意思就是：你犯的罪比以前管仲射齐桓公还要严重，我重视你的程度超过了齐桓公对管仲，近代君臣关系，我对你最好。

正是：岂不惮艰险？深怀国士恩。季布无二诺，侯嬴重一言。

魏徵为胸襟似海的李世民效命17年。他虽然多次顶撞李世民，可是魏徵的出发点是为了李世民的利益，为了广大百姓的利益，为了整个大唐帝国的利益。贞观年间，敢言谏臣甚多，为何独有魏徵能称为千古人镜？很大的原因，是因为他忠君爱国，深通人性，进谏的方式循循善诱，从现实出发，动之以情，言之以理，诱之以利。所以，他是青史楷模，他能利于百姓，致君尧舜上，缔造辉煌治世。

人生感意气，功名谁复论。

徐懋功：
知进退，懂感恩，才华方能常施展

大业十三年（617年），一个秋风寂寥的日子，几十万面黄肌瘦的灾民扶老携幼，在黎阳城外排起一条条灰色长龙。上千名披甲老卒，有条不紊地分发粮食。一位青年英武的将军，一手按剑，一手牵着战马，缓缓走来。他望着密密麻麻的灾民，目露悲悯之色。

灾民们看到青年将军，纷纷激动起来，高喊道："感谢徐将军救命之恩！""徐将军，我愿意跟你当兵。""徐将军，你救了小老儿一家人啊！""徐将军，你救我一家老小，我这条命就是你的！"

这一声声情真意切的叫喊，响荡在黎阳城外，回荡在华夏大地，轰鸣在历史长空。

1

徐世勣，表字懋功。他晚年自称"我本山东一农夫"，但《新唐书》称他"家多僮仆，积粟数千钟"。可见，他是出身于一个乡间土豪之家。

徐世勣的父亲徐盖明白一个道理：财富来源于社会，最终也要回报社会。徐世勣从小就跟着父亲一起做慈善，为穷人送温暖。史称他"与其父盖皆好惠施，拯济贫乏，不问亲疏"。

大业八年（612年），隋帝杨广要远征高句丽，天下民不聊生，据不完全统计，当时至少爆发了几百次起义。徐家居住的河南一带，更是起义军遍地，烽火狼烟甚炽。

在这样的时代背景下，年仅17岁的徐世勣选择了投身起义军。徐盖拉着儿子的手，凝视着英气勃勃的儿子，说道："儿子，为父不想你去玩命，只想让你平平安安。"徐世勣却挺直腰杆，双目充满对未来的希冀，道："父亲，我虽然现在只是义军里的一员，将来总有建功立业、保家卫国的一天。"

谁不曾是以梦为马的少年？可是又有几个人敢于迈出追求梦想的这一步呢？徐世勣舍弃了富贵的生活，投身义军的那一刻，勇气已经超越了很多人。

徐世勣扛着马槊，毅然加入瓦岗寨。当家的翟让、单雄信对这位小老弟的到来十分欢迎。刚入伙，徐世勣就向翟让建议："此土地是公及勣乡壤，人多相识，不宜自相侵掠。且宋、郑两郡，地管御河，商旅往还，船乘不绝，就彼邀截，足以自相

徐懋功：知进退，懂感恩，才华方能常施展

资助。"

这一番话有两层意思，第一，兔子不吃窝边草，附近都是乡里乡亲，谁不认识谁？熟人下不了手。第二，我们去大运河要经过的宋、郑两地去混口饭吃，那里财货多，发展空间大。

翟让如同醍醐灌顶，说干就干。瓦岗寨有了钱，招兵买马，迅速壮大，连名满天下的李密也来投奔。

这是徐世勣第一次在史书上显示自己的智慧，可以看出 17 岁的徐世勣便具备全局思考的能力。这种能力会伴随他一生。

树大招风，瓦岗寨的蓬勃发展，引起了隋王朝的注意，老将张须陀率齐郡精锐前来镇压。此公乃隋末"救火队员"，提一旅之师，击败的义军没有上百万，也有几十万。他是徐世勣在战场上的第一个"老师"。

张须陀生前大战小战打败过瓦岗寨三十多次。失败是成功之母，连续不断的战败，使徐世勣用兵愈发凌厉老辣。

军事只是政治的延续。起义军层出不穷，张须陀兵马久战兵疲，终于迎来最终结局——"勣与频战，竟斩须陀于阵。"

失去张须陀的隋王朝，更是江河日下。徐世勣名扬天下，瓦岗寨声势大振。徐世勣、单雄信等人说服翟让，让位于英武雄才的李密。

大业十三年（617 年），一场天灾降临华夏大地，史称"河南、山东大水，死者将半"。当时饿殍遍地，百姓易子相食，惨不忍睹。

杨广下令开黎阳仓救济灾民，却没有官员搭理他。徐世勣忧心忡忡，向李密献策攻打黎阳。李密同意后，徐世勣率五千人马急行军，一日克黎阳，之后开仓放粮。这位年仅 24 岁的青年将

军,用自己的仁爱和胆略,救人无数。

凭借黎阳仓,瓦岗寨十日内扩充二十万人马。此时,天下乱哄哄,杨广躲在江东等死,窦建德占河北,王世充在中原,李渊攻占关中自封唐王,梁师都在北方称帝,萧铣在南方称帝,还有大大小小的军阀浑水摸鱼。套用曹操一句话,当时全天下"不知几人称帝,几人称王"。

天下大乱,谁也不能置身事外。青年徐世勣用他的勇敢、眼光、智慧,不畏艰辛,力所能及地帮助一些人。所以,他未来也获得了很多人的欣赏与帮助。

2

一日,李密邀请翟让、徐世勣等人喝酒。酒席上乐呵呵的,李密突然指使亲信砍死翟让。徐世勣拔腿就跑,还是被一刀砍倒,幸好有人及时喊了刀下留人,他才保住一条命。

徐世勣威名太大了,是难得的人才,因此李密继续重用他。

可是,瓦岗寨经过一场火并,离心离德。李密也被王世充打败,无奈入关中,投奔李唐。此时,徐世勣控制着东至东海,南至长江,西至汝州,北至魏郡的庞大地盘。

徐世勣做了一个谁也想不到的决定,他对手下说:"魏公既归大唐,今此人众土地,魏公所有也。吾若上表献之,即是利主之败,自为己功,以邀富贵,吾所耻也。今宜具录州县名数及军人户口,总启魏公,听公自献,此则魏公之功也。"

于是,他派人将地盘上的人口、资源、兵马等资料悉数献给李密。听说此事后,李渊大喜,脱口赞道:"徐世勣感怀主人的

徐懋功：知进退，懂感恩，才华方能常施展

恩德，推辞功劳，确实是纯臣。"李渊一番赏赐，赐徐世勣国姓。从此以后，徐世勣改名李世勣。

李世勣既有智慧，又具备一颗忠心。这样的属下，任何一个君主都是梦寐以求的。所以，李世勣在唐朝也得到了重用。

很快，河北军阀窦建德打来了，俘虏了徐盖。

李世勣无奈地又跟窦建德打了几个月短工。他仍然更看好李唐，找到机会，就果断逃跑，又回到李唐怀抱。

从此，李世勣开启了为了大唐统一南征北战之路。李渊将他划到了最能打的秦王李世民麾下。名将遇名主，如同"开了挂"。不过4年时间，李世勣跟随李世民先灭窦建德、王世充，再独自领军，取鲁王徐圆朗的脑袋，又灭江淮辅公祏。

在消灭王世充的战斗后，李世民俘虏了投靠王世充的单雄信。李世勣与单雄信是十几年的好兄弟。他跪在李世民面前，表示愿意用自己所有的战功与财产，换单雄信一命。李世民恼怒单雄信多次险些要了自己的命，不答应。

李世勣跪了一天一夜，发现李世民不搭理自己，哭着离开了。行刑那天，单雄信面对一脸愧疚的李世勣道："没关系的，我知道自己必然会死。"

李世勣道："我们结拜时说过同生共死，我怎么能苟且偷生？但是我以身许国，忠义难两全。如果我也死了，大哥你的老婆孩子谁来照顾？"刺啦一声，李世勣撕裂了裤子，又抽出宝剑，生生从大腿上剜下一大块肉，用手血淋淋地抓着，递给单雄信吃："我从未想过背叛曾经的誓言！"史书记载，"雄信食之不疑"。

李世勣一诺不相负，将单雄信后人视如己出，悉心培养。他

有生之年，单雄信的儿孙们位列边疆重臣。

武德八年（625年），天下将要统一，朝廷内部却剑拔弩张。太子李建成与秦王李世民的斗争已趋于白热化。双方剑拔弩张，一触即发。

有两位军方大佬的态度非常重要，他们是李靖与李世勣。李靖威望极高，但他明哲保身，选择两不相帮。李世勣的态度也至关重要，因为他是山东豪杰的领军人物。

玄武门之变前，李世勣明确表态，自己效忠于大唐，但不愿掺和皇子之间的斗争。他勤于练兵，埋头于本职工作，上交了一份优异战果——"突厥寇并州，命勣为行军总管，击之于太谷，走之。"

武德九年（626年），玄武门之变爆发后，李世民杀兄逼父，登基为帝。李世勣为了避讳李世民的"世"字，改名为李勣。

突厥看到唐朝内乱，趁火打劫，10余万铁骑南下，走泾州，攻武功，兵锋离长安城不过40里。李勣等将领严阵以待。唐朝刚经历统一战争，国力疲弱，无力与突厥全面决战。李世民只有包羞忍耻，暂时签订了渭水之盟。

李勣暗暗发誓，一定要洗刷国耻。他向李世民请缨，担任并州都督，这是抗击突厥的前线。大唐在卧薪尝胆，李勣在拼命厉兵秣马。

贞观三年（629年），大唐帝国任命李靖为帅，李勣、柴绍等统率多路大军，共计十几万军队，分道出击突厥。李靖亲率三千铁骑顶着严寒，偷袭突厥大营，敌酋颉利仓皇北逃。李勣从云中（今山西大同）急行至白道（今内蒙古呼和浩特），与突厥狭路相逢。

徐懋功：知进退，懂感恩，才华方能常施展

时年36岁的李勣身先士卒，挥舞马槊奋力拼杀，唐军雄赳赳，气昂昂，呼声动天，无不以一当十。突厥大军溃败，残兵败将逃至铁山。颉利可汗派遣使者向唐朝求和，请求举国归附唐朝。李世民派遣唐俭入突厥大营和谈。此时，李勣与李靖，两位大唐战神胜利会师。

李勣雄心勃勃，与李靖商议道："颉利虽败，人众尚多，若走渡碛，保于九姓，道遥阻深，追则难及。今诏使唐俭至彼，其必弛备，我等随后袭之，此不战而平贼矣。"这句话有两层意思，第一，颉利依然有很强的军事实力，如果退往北方，很难将他消灭。第二，唐俭出使突厥大营，必然使突厥放松下来，这是一战而胜的好机会。

年龄比李勣大20多岁的李靖鼓掌赞道："英雄所见略同，这是当年韩信灭齐国的计策。"李靖率兵先上，李勣压阵。面对未来大唐卫国公、英国公的华丽组合，突厥再次大败一场。颉利可汗亲自率着最后的一万中军精锐，向沙漠开路。

李勣已经恭候多时，大唐儿郎雄兵列阵，军旗猎猎。李勣手持马槊，遥遥指着一万多突厥人，纵马向前，大吼道："弟兄们，跟我上！"他的背后，数万大唐勇士誓死相随。

颉利可汗被李勣阻拦，逃跑中被唐军将领张宝相生擒。与突厥一战后，大唐奠立了称霸东亚的基础。

胜利的喜报传到长安，大唐皇帝李世民高兴得手舞足蹈，他对文武大臣赞道："李靖、李勣二人，古之韩、白、卫、霍岂能及也！"意思是：李靖与李勣这两个人，就算是古代的韩信、白起、卫青、霍去病也比不上。

7年后，李世民改封李勣为英国公。

历史的帘子 2

李勣在并州担任了 16 年军政一把手,将并州治理得富足安乐。李世民曾得意地对房玄龄等宰相说道:"朕不需要像隋炀帝那样修筑长城,因为突厥畏惧李勣的威名都跑了,这不是好过修筑长城吗?"

李勣又何止是善于防守的"长城",也是锋利的长槊!

贞观十五年(641年),李世民下诏李勣入京,担任兵部尚书。

李勣还没来得及上任,赶上薛延陀大汗联同同罗、仆骨、回纥、靺鞨等部族,领军 20 万侵略突厥。突厥可汗怂了,立刻向大唐求救。当时的唐朝在周边的地位等同于老大,一群小弟不与老大打招呼,欺负另一个小弟,这是对老大权威的挑战。

是可忍孰不可忍!李世民任命还在途中的李勣为统帅,教训一下这群小弟。李勣也不含糊,挑选六千精锐,携带数日干粮,猛冲猛打。诺真水一战,李勣下令六千骑兵下马步战,设计了一个长槊方阵,下扫马蹄,上刺骑兵,大胜薛延陀,俘虏五万人。

李勣创造了一个冷兵器时代以少胜多的奇迹。

周边诸国提起这位大唐新任兵部尚书,无不胆寒。李世民对自己的这座"长城"愈发恩宠。一日,李勣生了重病,老中医开了方子,需要胡须灰做药引。李世民听说此事后,二话不说,持剑割掉自己的胡子,送给李勣当药材。

古人讲究身体发肤受之父母,何况皇帝呢?李勣跑到皇宫向李世民叩头谢恩,用力过猛,鲜血都溅了出来。李世民慌忙抱起李勣喊御医,抚摸着他的背说:"吾为社稷计耳,不烦深谢。"

李世民为什么对李勣那么好?在一次晚宴上,他对李勣说:"爱卿,我想托付年幼的太子给你。这满朝文武,没有比你更合适的。你过去没有辜负李密，未来也一定不要辜负我的重托啊！"

李勣什么反应呢？史书记载："勣雪涕致辞，因噬指流血。"

李勣喝得大醉，李世民怕爱将受凉感冒，将自己的大衣脱掉包在李勣身上。可见李世民对李勣的信任与器重。

李勣不仅军事才华卓越，而且对君王忠心，懂得进退，懂得感恩。这样的臣子，能获得李世民重视，也不足为奇。

3

贞观十八年（644年），李世民决定亲征高句丽，"授勣辽东道行军大总管，攻破盖牟、辽东、白崖等数城"。高句丽之战中，李勣连克数座雄城。

返程回来没多久，薛延陀又搞事情。李世民咨询李勣的意见。已经53岁的李勣笑着对李世民道："陛下给我二百人马，我去召集联军，灭了他！"

李世民向李勣竖起大拇指，点头允许。"诏勣将二百骑便发突厥兵讨击。至乌德鞬山，大战，破之。其大首领梯真达官率众来降，其可汗咄摩支南窜于荒谷，遣通事舍人萧嗣业招慰部领，送于京师，碛北悉定。"

两百人出关灭一强国，这便是盛唐气象。

到了贞观二十三年（649年），李世民的身体一天不如一天了，他躺在床上，看着自己像乖宝宝一样的太子李治，长叹一声，道："孩儿啊，你对李勣并没有什么恩惠，我将他赶出长安城去当一个小官。以后，你招他回来，担任仆射。这样，他对你就死心塌地了。"

李世民回光返照之际，下了诏令，将李勣贬任叠州都督。李勣接到圣旨后，二话不说，带着几个随从，便到叠州上任。

李世民听到这个消息后，放心地永远闭上了眼睛。同年，李治登基，诏李勣回朝担任尚书左仆射。第二年，李勣主动辞去仆射职务，李治还是命他以开府仪同三司之职执掌政事。

此时，一场朝堂政治风波波及李勣。李治想让自己宠爱的武昭仪，也就是武则天做皇后，遭到了长孙无忌、褚遂良为首的宰相们的激烈反对。与李勣同辈的名将大多已经陨落。论威望、能力、资历、功勋，李勣是当之无愧的大唐军功第一人。李治满怀期待地询问李勣的意见。

这件事情，像极了几十年前的玄武门之变，那时，也是两派争相拉拢李勣。

李勣思虑片刻，轻飘飘地说了一句："此陛下家事也，何必问外人？"这句话从表面上看既不支持，也不反对，实际上意思是：我中立，你们看着折腾吧。李勣的回答也像极了几十年前的玄武门之变。

李勣深知明哲保身的道理，干好自己分内的事，不参与上级的斗争。这样的话，无论谁胜谁负，也连累不了自己，还需要用自己。

武则天上位，夫妻两人对李勣投桃报李。李勣生病，李治亲自慰问，武则天还亲自热烈问候李勣守寡的姐姐，赏赐大量衣物。一次，李勣骑马时扭伤了脚，李治将自己骑的马赏赐给他。

徐懋功：知进退，懂感恩，才华方能常施展

4

老骥伏枥，志在千里；烈士暮年，壮心不已。

乾封元年（666年），李治决定征战高句丽。不久，李勣以七十余岁高龄挂帅出征，远征高句丽。结果非常顺利。总章元年（668年），隋炀帝与唐太宗没拿下的高句丽，被李勣灭掉。此战，唐朝获176座城、697000户口，设安东都护府统管整个高句丽旧地。

李勣押着俘虏先祭拜李世民，再献虏太庙。一时间，李勣声望无两。

总章二年（669年），李勣感到自己的生命走到了尽头，他对儿孙们说："我不就是山东的一个农民吗？幸好遇到明主，我才位列三公！现在我快八十了，死了拉倒，不必求医生救命。"

一日，李勣突然觉得身上又有了力量，他长叹一声，知道自己回光返照了。

李勣安排了几个舞女跳舞助兴，与儿孙们一起吃最后一顿饭。

吃完后，李勣留下一段颇为有趣的遗言："我自量必死，欲与汝一别耳。恐汝悲哭，诳言似差可，未须啼泣，听我约束。我见房玄龄、杜如晦、高季辅辛苦作得门户，亦望垂裕后昆，并遭痴儿破家荡尽。我有如许豚犬，将以付汝，汝可防察，有操行不伦、交游非类，急即打杀，然后奏知。又见人多埋金玉，亦不须尔。惟以布装露车，载我棺柩，棺中敛以常服，惟加朝服一副，死倘有知，望著此奉见先帝。明器惟作马五六匹，下帐用幔布为

顶,白纱为裙,其中著十个木人,示依古礼刍灵之义,此外一物不用。姬媵已下,有儿女而愿住自养者听之,余并放出。事毕,汝即移入我堂,抚恤小弱。违我言者,同于戮尸。"

76岁的李勣说完,就不再说什么了。不久,他便去世了。

李治听说李勣去世后,放声大哭,下令辍朝七日,册赠李勣为太尉、扬州大都督,谥号"贞武",陪葬于昭陵,所筑的坟仿照阴山、铁山及乌德鞬山,以此表彰李勣击败突厥、薛延陀的功劳。

小贴士

纵观李勣的一生,他出生于富贵之家,天下大乱后,17岁当义军,76岁去世,为大唐统一做出杰出贡献。

李勣有一颗仁义之心,从小乐善好施,青年时开黎阳仓救济无数灾民。他有一颗忠诚之心,所以,翟让、李密、李渊、李世民、李治皆愿意信任他。他有一颗爱国之心,所以他一生对周边的战争从未输过。他有一颗情义之心,所以他冒死救单雄信,割肉为誓。他有一颗本分之心,所以他不参与玄武门之变,不掺和李治立后的事。他有一颗守信之心,所以对李密、单雄信、李世民都从未辜负过。他有一颗勇敢之心,所以17岁起义,沙场喋血半个多世纪。他有一颗不服老的心,所以年过七旬,仍能平灭高句丽。

悠悠千载,李勣之后,再无李勣。

武则天：

朕是女人，温柔机智也有锋芒

春暖花开，天气晴朗。长安城皇宫后苑，垂垂老矣的皇帝李世民带着一大群莺莺燕燕，观看一匹高大肥壮、青白杂毛的马。

李世民颇有兴致，他对妃子们说："这匹马叫狮子骢，烈性难驯。诸位爱妃，你们谁有办法降服它？"

众妃子嘻嘻哈哈，各抒己见。李世民笑着摇头。一位十四五岁、仪容美丽的小姑娘，对李世民盈盈一拜，言道："陛下，妾有办法。"李世民微笑，示意小姑娘说下去。万万没想到，这位明眸皓齿、娇俏妩媚的小姑娘竟然讲了一套鞭棍匕相结合的驯马方案：

"妾需要三样东西，一是铁鞭，二是铁棍，三是匕首。先用铁鞭抽它；不服，则用铁棍敲它的脑袋；还不服，就用匕首割破它的喉管！"

1

武则天生前自己起名为武曌，死后才被称为武则天。武则天少女时期的名字，史书未有记载。她出生于武德七年（624年）。父亲武士彟以一山西木材商人起家，是高祖李渊的从龙功臣，爵封应国公，先后在长安、豫州、利州、荆州等地担任要职。

小小年纪的武则天就随着父亲转遍了半个中国，不知见识了多少风土人情。她的母亲杨夫人出身名门，喜欢文史书籍，武则天从小耳濡目染，精于笔墨诗词。

关于武则天小时候，《新唐书》记录了一个有趣的小故事。初唐有名的算命大师袁天罡受武士彟邀请，为孩子们看相。袁天罡看到襁褓中穿着男装的武则天，大惊失色，高呼道："龙瞳凤颈，极贵验也。"他又遗憾地说："可惜是个男孩，若是女孩，当为天下之主！"

武则天的幸福童年因为一件事戛然而止。

武则天12岁那年，武士彟去世。武士彟前妻生的两个儿子武元庆、武元爽和两个侄子武惟良、武怀运对待武则天母女的态度很不好，史书用了"无礼"二字。

究竟无礼到什么程度？应该是很严重的。武则天当皇后以后，两个亲哥哥遭贬至死，两个堂兄弟以故被诛杀。

贞观十一年（637年），太宗皇帝选武则天入宫做才人。才人是宫官之正五品，属于嫔妃。后宫佳丽三千，谁能保证获得天子的宠爱？饱经世事的杨夫人目送女儿进宫时泪水涟涟，武则天对母亲回眸一笑，道："见天子庸知非福，何儿女悲乎？"意思是：妈妈，去见天子，难道不是我的福气吗？为什么婆婆妈妈地哭泣呢？

这一年，武则天年仅14岁。

入宫前的武则天在家庭影响下，读书甚多，见识了很多地方的风土人情。因为家庭不幸，她的意志又得到磨炼。不知不觉，她的综合素质已经超过很多同龄女孩了。

2

武则天长得清秀妩媚，李世民给她起了个名字，叫"媚"，即娇俏的小姑娘。

直到贞观二十三年（649年），李世民驾崩，整整十二年，武媚始终只是一个小小的才人。可见，李世民并不喜欢这位刚强狠辣的小姑娘。皇帝驾崩后，像武则天这样的嫔妃就只能到感业寺，剪掉头发，出家为尼。

武媚此时已经是26岁的"轻熟女"了。历史上有无数的先皇嫔妃接受了自己的宿命，终生青灯古佛伴流年，直至红颜白发，芳华永逝。

入感业寺为尼，可以说是武则天人生的最低谷。在命运这条长河中，武媚愿意随波逐流吗？

弱者接受命运，强者抗争命运，只有至强者才能为自己创造机会，改变命运。

武媚发现自己不被皇帝宠爱时，便开始为自己寻找下家。她与太子李治眉目传情。史书上用了寥寥十个字，描述这段冲破伦理的爱情。"时上在东宫，因入侍，悦之。"所谓"悦之"，就是李治很喜欢她。

为什么呢？第一，武媚漂亮。高颜值容易给人留下好印象。第二，李世民曾用两个字评价李治——仁懦，说白了，就是善良又懦弱。武媚的精明干练、强悍刚烈正好可以弥补李治性格的缺陷。第三，李治是饱读诗书的文艺青年，武媚吹拉弹唱、吟诗作对，样样精通。

两人始于颜值，陷于才华，合于性格。这算是最好的爱情。

文艺青年武媚为李治写了一首情诗《如意娘》，托人带给李治。多年以后，李白读后也赞不绝口。

"看朱成碧思纷纷，憔悴支离为忆君。不信比来常下泪，开箱验取石榴裙。"意思是：我将红色看成绿色。为什么呢？因为思念令我精神恍惚。不能和你在一起，我身体憔悴，魂不守舍。如果你不相信我哭泣，请打开箱子，看我石榴裙上的斑斑泪痕。

多愁善感的李治看到这首凄切、哀怨的情诗，心如刀割。他借口为李世民上香祈福，到感业寺与武媚幽会——"武氏泣，上亦潸然。"好一个执手相看泪眼，竟无语凝噎。

听说此事后，王皇后安排人通知武媚留头发，潜台词就是做好入宫的准备。当时李治宠爱萧淑妃，王皇后为了多一个帮手邀宠，决定让武媚入宫。无论家世，还是传统伦理，王皇后认为武媚不可能威胁到自己的地位。

皇帝与皇后一拍即合。武媚再次入宫时已经28岁了，初入

武则天：朕是女人，温柔机智也有锋芒

宫时她还是14岁的小姑娘，懵懂莽撞，失宠于李世民。整整14年的沉淀后，武媚的城府已经深不可测了。

请看武则天的"史上最强后宫攻略"。

第一步：三路出击，战术不一。对皇帝，武媚收敛锋芒，温柔成熟，体贴入微，李治称她"能奉己"，即"把我伺候得很舒服"。对王皇后，武媚低三下四，小心奉承，王皇后被忽悠得晕头转向——"喜，数誉于帝"，在皇帝面前多次说武媚的好话。对宫女，她"得赐予，尽以分遗"，将皇帝的赏赐，赠送给不受王皇后喜欢的宫女们。从此以后，宫女们感恩戴德，成了武媚的一双双"眼睛"。

不足一年，武则天生下了长子李弘，封二品昭仪。她高升的速度堪比坐火箭。

王皇后与萧淑妃终于渐渐领悟，日渐得宠的武昭仪才是她们的大敌啊！因为共同的敌人，姐妹两个又联手了。

第二步：疑似杀女，助帝夺权。《资治通鉴》讲了一个很残忍的事。武昭仪为了嫁祸王皇后，亲手掐死了自己刚出生的女儿。

此事真假，有待商榷，但女儿的死，确实使李治更疼爱武昭仪，更厌恶王皇后了。他决定废王立武。

为了政治利益，也为了维护伦理，长孙无忌、褚遂良等朝廷重臣激烈反对。王皇后出身于太原王氏，那是天下最大的士族之一，本人又贤良淑德，是李世民亲自挑选的儿媳妇。李世民弥留之际，曾对长孙无忌等人说："佳儿佳妇，今以付卿。"

李治登基以来，权力一直掌握在长孙无忌等关陇门阀手中。

为了爱情，更为了夺回权力，李治下定决心，一定要废掉皇后，打击这些大权在握的顾命大臣。共同的目标使李治与武昭仪成了一对亲密战友。

长孙无忌、褚遂良等人反对的理由主要有两个：一是武昭仪出身不高，不是士族名媛。二是武昭仪曾是唐太宗的嫔妃，儿子娶庶母，乱伦！

武昭仪拉拢了许敬宗、李义府等官僚，为自己摇旗呐喊。文人最善打嘴仗，他们偷换概念的本事，令人拍案叫绝。他们反复强调武则天是开国勋贵之后，出身同样高贵；武昭仪以前只是先帝的宫女，并未与先帝发生不可描述的关系，反而是先帝发现武媚德智体貌俱佳，将她赐予了仁孝的皇帝陛下。

这当然是胡扯。文官们引经据典，慢慢打嘴仗。李治咨询英国公李勣的意见，此公生性谨慎，不愿意卷入宫廷斗争，轻飘飘说了一句："此陛下家事，何必更问外人。"

如果军政元勋重臣全部反对，还未彻底掌权的李治也只能徒呼奈何。但李勣这句话表明，也不是所有重臣都在乎李治废后之事，加上李治之意已决，一定要办成此事，王皇后还是被废了。

李治于永徽六年（655年），正式册封32岁的武昭仪为皇后，接受臣民朝拜。

武则天从14岁入宫，经过18年的坎坷奋斗，侍奉两代帝王，终于达到了古代女子的人生巅峰。她能够成功"上位"，自然离不开自身的美貌、才华、性格、智谋等。她也应该感谢丈夫李治的仁懦，还有李勣等大臣的明哲保身。所以说，成功者离不开贵人相助。

3

武皇后大权在握后，大力提拔了一些不得志的小人物，培养成心腹。她与李治联手，将反对自己的重臣，如长孙无忌、褚遂良等人一一贬黜。

显庆五年（660年），37岁的武皇后得到一个宝贵的机会。

李治的风疾更严重了。大量朝政需要处理。没人管事，对国家来说极为不利。李治已经不信任朝廷重臣了，他将目光投向了比自己大4岁的皇后。

"百司奏事，上或使皇后决之。后性明敏，涉猎文史，处事皆称旨。"武皇后英明果断，又精通文史，再加上皇帝丈夫的指点，她的政治才能突飞猛进，政治威望与日俱增，培养了大量亲信占据重要岗位，为日后称帝奠立基础。

夫妻二人共同执政，大唐国力蒸蒸日上，对外征高句丽，讨伐新罗，灭亡西突厥，平定西南蛮，疆土扩展到了极致；对内经济增长，百姓阜安，有贞观之遗风，史称"永徽之治"。

然而，夫妻两人的矛盾渐渐爆发。武则天发迹以后，守寡的姐姐韩国夫人带着女儿贺兰氏看望她。丈夫李治犯了"每个男人都会犯的错误"，与自己的大姨子韩国夫人好上了，顺便与外甥女贺兰氏也好上了。

这便是"韩国出入禁中，一女国姝，帝皆宠之"。武皇后睁一只眼闭一只眼，暂时隐忍。

尽管如此，武则天权力增长太快，依旧引起了李治的不满。李治与宰相上官仪商量废掉武皇后。等闲变却故人心，却道故人心易变。男人变心挺快的。

上官仪是传统的儒生，认为女人当政，是牝鸡司晨，是一只母鸡不好好生蛋，却学公鸡打鸣。他虽然与武皇后往日无怨，近日无仇，甚至颇受武皇后赏识，还是说了这样一句话："皇后专恣，海内所不与，请废之。"

李治点头同意，上官仪作为著名才子，撸起袖子，片刻之间，一篇文采飞扬的废后诏书便写好了。君臣二人对这篇墨迹未干的诏书非常满意，还未互相吹嘘，便惊奇地发现，怒发冲冠的武皇后大步流星，风风火火地赶来了。

皇宫是武皇后的地盘。侍从们听说皇帝要废后，以最快的速度禀报了武皇后。可见笼络身边的人是多么重要。

女人对付男人，最厉害的有三招，一哭二闹三上吊。武皇后还没上吊，李治就面红耳赤，招架不住了，指着一脸尴尬的上官仪道："我初无此心，皆上官仪教我！""背锅侠"上官仪很快被诬陷谋反，下狱处死。

这件事情令武皇后深感危险，假如不是侍从报信，诏书一旦发出，生米煮成熟饭，武皇后就是第二个王皇后。王皇后与萧淑妃多惨？《资治通鉴》记载，她们被武皇后砍掉手足，淹死在酒缸里。武皇后想到王皇后，一时间不寒而栗。

危机对强者来说，往往意味着机会。强者最擅长通过抓住事物主要矛盾转危为安。

武皇后趁机劝诱李治答应自己与他一块儿上朝。这样无论大

武则天：朕是女人，温柔机智也有锋芒

臣说什么，她都能帮忙分析一下。夫妻同心，其利断金嘛。自己老婆总比外人可信些吧？

耳根子软的李治竟然同意了，史称"二圣临朝"。

武皇后的政治威望，由此向前迈了一大步。大唐的国力继续蒸蒸日上，武皇后希望进一步提高自己的威信。麟德二年（665年），武则天劝说李治到泰山封禅。这是中国古代最隆重的祭祀大典，皇帝向上天表示感谢，汇报一下自己的政绩如何显赫。李治之前，只有秦始皇、汉武帝、汉光武帝3位雄主曾经泰山封禅。连"天可汗"李世民都因为被魏徵怼了几句，没好意思去。

封禅的时候先由皇帝初献祭天，公卿亚献祭地，没皇后什么事。但武皇后不甘心"打酱油"，她对李治说：封禅是祭地之仪，由太后配享，我想做亚献，孝顺一下婆婆她老人家。

老婆要孝顺自己去世的老妈，李治能说什么？武皇后又给百官升职加薪，收买人心，成功做了封禅的亚献。

封禅后，武皇后很快创造了两个词——天皇、天后，分别冠在丈夫与自己头上。百官纷纷表示：你们老李家的事，自己看着玩吧。

自古得民心者得天下。武天后很快交上一份大唐发展计划，又称"建言十二事"，令无数中下级官员、基层军官与普通百姓感恩戴德。这份建言主要内容有四个方面：一是富国强民，二是厚待军官，三是笼络百官，完善人才选拔机制，四是提高妇女地位。在她和唐高宗联合执政时期，大唐从战后恢复期渐渐进入蓬勃发展期，国力渐盛，人口增加，万民乐业。日后武则天以女流之身称帝，千万大唐百姓似乎并不反感，或许正是源于此。

李治身子骨越来越差了，目不能视物。一旦病故，自然应由太子登基。武则天为李治生了4个儿子，长子李弘聪明能干，宽厚仁孝，深得李治夫妇喜爱，曾经7次监国，深受朝野爱戴，可惜年仅24岁便病故了。次子李贤文武双全，英明干练，但竟然谋反了，不过这也可以理解，这算是老李家的传统，他的爷爷李世民干过，大伯李承乾也干过。

李治只好立武则天三儿子李显为太子。然而，无论是三子李显还是四子李旦，都从未被当成接班人培养过，青史也证明了这两个人都不具备为帝的素质。

弘道元年（683年），李治驾崩，留下遗诏，令太子李显登基，军国大事有不能裁决者，由天后决定。

这也可以理解，因为李治与武则天第三子李显轻浮荒唐，李治曾饱受顾命大臣的专权控制，不想儿子重蹈覆辙，觉得还不如让自己老婆当家呢。历史上从未有过皇后能篡位的。

李显刚登基没多久，就重用老婆娘家人，将老岳父韦玄贞从不入流的小吏提拔到宰相的位置。文武百官不服，表示强烈反对，李显说了一句很奇葩的话："我以天下与韦玄贞，何不可？而惜侍中（宰相职）邪？"

这当然是气话，可是天子无戏言啊！大臣们立刻报告了武则天。武则天这皇太后也不含糊，立刻责怪儿子："汝欲以天下与韦玄贞，何得无罪！"

武则天果断废了李显的皇帝之位，改立四子李旦登基。

后来，武则天正式临朝称制，行使皇帝职能。她用的理由也很"奇葩"，说皇帝李旦非常孝顺，因为父亲去世太伤心了，整

武则天：朕是女人，温柔机智也有锋芒

天寻死觅活，无法工作，她这个当母亲的辛苦一下！

武则天为什么能做到这一点呢？因为她团结了一切可以团结的人。李治刚驾崩，武则天就拉拢李唐宗室，给他们很多荣誉官职；将自己的心腹，塞到重要部门；将自己的娘家侄子们放到军政要位。无论朝廷御林军还是地方军，均换上了自己提拔的将领。

武则天还给自己发明了一个名字"曌"。曌即日月当空。她认为自己像太阳与月亮一样，永远高悬天空。

嗣圣元年（684年），李勣的孙子李敬业、才子骆宾王等人以匡扶李唐江山为名，聚集了十几万人起兵造反。武则天一生面临的最严重的军事危机爆发了。

骆宾王作为"初唐四杰"之一，起笔写了一篇《讨武曌檄》。这檄文堪称文采飞扬、慷慨激昂、气吞山河，将武曌骂得狗血淋头，说她淫乱宫廷、残忍变态、近狎邪僻、残害忠良、杀姊屠兄、弑君鸩母等等。

年迈的武曌诵读着《讨武曌檄》，读至"一抔之土未干，六尺之孤何托"时，拍案叫绝。

她问道："谁为之？"这是谁写的？

大臣们说是骆宾王。武曌颇为惋惜道："如此人才，未能为朝廷所用，是宰相之过也。"什么叫政治家的胸怀境界？这便是。

武曌任命李唐宗室辈分较高的李孝逸当名义上的统帅，潜台词就是给天下人看看，皇家根本不领李敬业的人情。史书记载，当时天下安居乐业，百姓们感激武曌仁政，不搭理叛军。7天之

内，雷厉风行的武曌就调集了30多万大军。仅仅1个多月，轰轰烈烈的李敬业起义便被平定。

此后，武则天一方面任用酷吏，将李唐宗室清洗了一遍；另一方面轻徭薄赋，完善科举制度，提拔贤才，百姓士子感激其恩德，天下英才收入彀中。虽然李唐宗室接连叛乱，但均未得到天下人支持，也没泛起多大的浪花，就被一一剿灭。

武则天作为一位女政治家，她不仅擅长权谋斗争，更擅长治国理政。因为她维护了广大百姓的利益，执政30余年，无数人感其恩德，所以她日后称帝，朝野基本无人反对。

4

天授元年（690年），67岁高龄的武曌宣布改唐为周，自立为帝，建立武周王朝。她成为中华五千年历史上唯一的女皇帝。

女皇称帝以后，国泰民安，政局基本稳定。尤其值得一提的是，她为进一步搜罗人才，并防止考官徇私舞弊，创立了殿试，既增加了考试的严格性，又增加了考生的光荣感。

武则天设置武举科目，选拔优秀军官，增强国防实力。她广纳贤才，提拔了大量科举出身的寒门子弟，打破贵族政治的垄断，让无数寒门子弟实现了"朝为田舍郎，暮登天子堂"的愿望。后来辅佐唐玄宗建立"开元盛世"的著名宰相张说、宋璟、张九龄等，均受女皇厚赏提拔。

武则天军事上的成就同样瞩目。长寿元年（692年），年近七旬的女皇为维护国家主权与领土完整，任命王孝杰为全军主帅，

武则天：朕是女人，温柔机智也有锋芒

领兵攻打宿敌吐蕃，一举收复安西四镇，并置安西都护府于龟兹，加强了对西域的统治。

几年后，女皇又设置北庭都护府，她开疆拓土，影响至今。

神龙元年（705年），女皇病重，不能理政。

大臣与皇子李显趁机发动政变，逼武则天退位，唐朝复辟。同年，一代女皇武曌病故，享年82岁。

武则天留下遗命与唐高宗合葬乾陵，去帝号，称"则天大圣皇后"。后人因此称她为武则天。她的墓碑不立文字，千秋功过，任由后人评说。

小贴士

武则天一生多数时间处在逆境之中，不断斗争。她幼年丧父，14岁入宫，26岁出家为尼，28岁再入宫，与皇后等嫔妃斗、与朝廷重臣斗，掌权后与丈夫斗、与儿子斗、与士族门阀斗、与传统的男尊女卑斗。

作为中国封建时代最了不起的女政治家之一，武则天的成功离不开隋唐以来对妇女相对宽松的环境，离不开丈夫李治对她的宠爱信任，离不开她个人的努力奋斗。

史书上多次评价武则天精通文史，善于理政，说明她勤于读书学习，能与实践相结合。她赞美痛骂自己的骆宾王，说明她有容人之量。她轻徭薄赋，鼓励耕织，注重改善民生，说明她心怀百姓。

她广开言路，改善用人机制，提拔无数优秀人才，说明

她既会识人,又会用人。

　　她团结了一切可以团结的人,创造了一个又一个奇迹,她的成功看似偶然,实则必然。

郭子仪：
当机遇降临时，老兵才熬到正四品

建中元年（780年），长安城某处工地热火朝天，几百名工匠正忙碌地挖土、砌墙、锯木、搬运砖石。

一位须发皆白，身材高大，精神矍铄的老人，拄着拐杖，仔细巡查工地。他走走停停，用苍老、和蔼的声音，指导工匠们，这里的地基挖深一些，那里的砖墙要砌高一点。

一位老工匠笑道："您放心吧！小老儿祖孙三代皆是长安城的泥水匠，不知盖了多少府邸。只见过高门豪宅换主人，从未见过哪栋房子倒塌。"

闻听此言，老人虎躯一震，面色凝重，他心想："金玉满堂，莫之能守；富贵而骄，自遗其咎。功成身退，天之道也。"

从此以后，老人再未去过工地现场。

1

郭子仪，出生神功元年（697年），华州郑县（今陕西渭南华州区）人。他的父亲曾在多个地方担任刺史职务。待郭子仪成年后，父亲去世，家道中落。适逢武则天当政，改革科举制，增加了武举考试。自幼喜欢读书习武的郭子仪一举登第。

尔后，郭子仪便在边军效力30多年。他勤勤恳恳，缓缓积累军功，担任九原郡都督（正四品）、朔方节度右厢兵马使等职位。

原本，再过几年，郭老将军就该荣退，回家抱孙子了。不料，一场浩劫席卷大唐，郭子仪却有了大鹏展翅、翱翔万里的机会。

天宝十四载（755年），范阳、平卢、河东三镇节度使安禄山，联络契丹、同罗、突厥等族，起兵15万，号称20万，杀向长安。

大唐帝国沉浸于盛世中数十年，中原之地承平日久，当地百姓几曾见干戈？

安禄山凶猛，千里直入，一路过关斩将，沿途郡县或无力抵抗，或望风而降。名将高仙芝、封常清接连战败，连东都洛阳都沦陷了，唐军只能退守到都城长安最后一道防线——潼关。

至德元载（756年），安禄山在洛阳称帝。大唐局势到了最危急的时刻。唐玄宗晚年昏招迭出，却做了一项公认很英明的决定——提拔了郭子仪。

郭子仪：当机遇降临时，老兵才熬到正四品

天宝十四载（755年），因母亲去世在家守孝的郭子仪，接到一封朝廷的紧急诏书。唐玄宗加封他为朔方节度副大使，命他率朔方军东进，讨伐安禄山。

郭子仪此时已经是59岁的老人了。老当益壮，宁移白首之心？国难当头，老将军脱下孝服，披上战甲，誓要平定叛乱。

郭子仪麾下的朔方军在大唐几大边军中，战绩不在前列，很多人并不看好。逃难的杜甫曾以诗评论："朔方健儿好身手，昔何勇锐今何愚。"

郭子仪没时间、没心情听周围人的闲言碎语，他马不停蹄地赶回军营后，立即号令全军厉兵秣马，拔营东进。谋士们建议直取洛阳，与敌酋决战。郭子仪摇摇头，决定先取山西、河北，斩断安禄山主力与范阳老巢的联系。

郭子仪提兵纵横，收复静边军，又斩杀叛将周万顷，在河曲击败叛将高秀岩，于是收复云中、马邑，打通东陉关。

多年以来，郭子仪厚待士卒，大公无私，经常将朝廷给自己的赏赐分给立功将士，所以朔方将士乐意为他效命。郭子仪的崛起，是他几十年沉淀的结果。正是几十年军旅生涯，使他的经验、人脉、智慧和性格堪当大任。

郭子仪的同事李光弼，治军风格与郭子仪迥然不同，讲究严刑峻法。理念之争令两人关系不睦。多年来，即使同桌吃饭，他们也不会互相说一句话。

安史之乱爆发之后，李光弼怕遭到郭子仪报复，甚至给朝廷打报告，请求调往别的军队。

然而，郭子仪打算亲自收复山西，他认为河北之地还需要一

名智勇双全的大将与自己相互配合。他向朝廷写奏折，推荐李光弼挂帅，担任河北节度使。

李光弼并不领情，认为郭子仪是想借刀杀人。他怒气冲冲地走进郭子仪的帅帐，开口讥讽道："我早就活腻了。求求您老人家高抬贵手，放过我的妻儿老小。"

郭子仪大步上前，一把抱住比自己小10余岁的李光弼，老泪纵横道："国难当头，局势危如累卵。我们的那点恩怨，又算得了什么？光复河北的重任，只有你才能担负啊。"

李光弼面露愧色，他挣开郭子仪的拥抱，整理衣冠，后退一步，向郭子仪隆重一拜。

郭子仪慌忙还礼对拜。一对老将哈哈大笑，尽释前嫌，史称他们"相持而拜，相与合谋破贼"。

郭子仪宽宏大量，气度恢宏，大功不顾私。一个愿意为了公事放下私怨的人，是一个高尚的人。谁都愿意与高尚的人合作。

郭李联手破敌，河北之地的叛军难以招架。安禄山派援兵增援，敌军势大，不能力敌。

郭子仪与李光弼商议后，用了两招。第一招，主力深挖沟，高筑城，不与敌军主力决战。第二招，夜晚派骑兵骚扰。安史叛军欲与郭李决战，却攻不下坚城；欲养精蓄锐，却被郭李兵马虚张声势吓住了。

没多久，安史叛军渐渐军心不稳。李光弼向郭子仪进言道："贼怠矣！"

郭子仪果断全军出击，大破叛军，乘势追击，一口气收复了河北十余郡。

郭子仪：当机遇降临时，老兵才熬到正四品

2

郭子仪目光老辣，他向朝廷上了一份消灭安史叛军的方案：第一步，潼关军避敌锋芒，坚守不出。第二步，他与李光弼等人率主力北上，收复范阳、平卢等地。第三步，数路大军夹击洛阳，短时间内即可平定叛乱。

唐玄宗求胜心切，将郭子仪的方案置之一边，强令潼关统帅哥舒翰全师出关，与敌决战。

皇命难违，哥舒翰无奈之下，领军出关，中伏，全军覆没。潼关失守，唐玄宗没有坚守长安，仓皇逃向四川。行军至马嵬坡，发生兵变。唐玄宗被逼退位，之后继续西狩。

太子李亨在灵宝继位，史称唐肃宗。唐肃宗下诏郭子仪、李光弼等各路人马至灵宝勤王。

郭子仪黯然放弃河北，赶赴唐肃宗处。唐肃宗加封他为兵部尚书、同中书门下平章事。

唐肃宗整顿诸路大军后，决定收服旧土。宰相房琯主动请缨，东进平叛。房绾按照一本破旧的兵书布阵，传说此书记载了大唐两位战神李靖、李勣合创的"悬车阵"。此阵中间是两千头牛车，排成一字长蛇阵，骑兵在左，步兵在右。

房绾得意道："此阵击头则尾至，击尾则头至，击中间则首尾齐至。"

安禄山的军队没有击头，也没有击尾，更没有击中间，而是

选择放一把大火。风助火势，叛军趁势掩杀，唐军四散溃败，死伤四万余人。

叛军渐渐逼近灵武，欲毕其功于一役。新成立的唐朝政府局势危急！

唐肃宗意识到，消灭叛军还是需要老将郭子仪和他麾下的朔方军。唐肃宗拉着郭子仪的手道："老将军，拜托了！"郭子仪虽然须发灰白，却依然嗓门洪亮，慷慨道："摧敌锋于正锐，挽狂澜于既倒，乃是为将者的本分。请陛下安心。"他拱手道别，大步离开。

郭子仪联合回纥部击败叛军，歼敌三万，俘虏一万，解决了灵武的后顾之忧。他向唐肃宗献计，先取潼关、陕西等地，截断叛军归路，再一举收复长安、洛阳。唐肃宗许之。

至德二载（757年），郭子仪顺利攻克潼关等地，打通了陕西通往长安的道路，不幸的是儿子郭旰阵亡。刚过完六十大寿的郭子仪白发人送黑发人，心中悲怆难言。

家事不幸，国事却顺利。安禄山被儿子安庆绪杀了，叛军内讧。唐肃宗下令以儿子李俶为天下兵马大元帅，郭子仪为副帅，统率15万大军，光复两京。

年轻的李俶自然是挂名。郭子仪指挥大军，顺利实现战略意图，先取长安，后收复了洛阳。班师回朝时，唐肃宗亲自率领文武百官迎接，对郭子仪道："国家再造，卿力也。"郭子仪慌忙跪拜谢恩。

到扫除残敌的时候了。朝廷集中了九镇节度使，兵围相州，派宦官鱼朝恩为监军。各路大军互不统属，多次围城不下，军心

郭子仪：当机遇降临时，老兵才熬到正四品

懈怠。史思明率领大军救援相州时，突然狂风大作，唐军与叛军分别溃败。

鱼朝恩回京后，将相州兵败的责任全部推到郭子仪头上。

唐肃宗信以为真，将郭子仪召回京城闲置。史称："子仪虽失兵柄，乃思王室，以祸难未平，不遑寝息。"郭子仪虽然失去兵权，依然担心平叛大事，甚至忧愁到睡不着觉。

郭子仪正是因为怀着一颗爱国之心，才能够下定决心，排除万难，战胜敌人，宠辱不惊。爱国是他最大的动力源泉。

史思明听说郭子仪被弃用后，大喜之下，立刻率军西进。李光弼等将领接连战败，甚至洛阳城又失守了。京师长安再次面临危急。

朝廷上下议论纷纷："为什么放着郭子仪不用，而让叛贼逞凶？"

更严重的是，大唐竟然又有两处重镇发生兵变。病重的唐肃宗无奈之下，只好重新起用66岁的郭子仪。此时，唐肃宗已经重病在身，群臣皆不能相见。郭子仪直叩宫阙，对阻拦自己的宦官朗声道："老臣受命，将死于外，不见陛下，目不瞑矣。"意思是：我这个老家伙抱着必死之心出发，不见到陛下，我死不瞑目。

宦官通报后，郭子仪来到龙榻前。奄奄一息的唐肃宗用尽浑身力气，对郭子仪一字一句道："河东的事情全拜托爱卿了。"

郭子仪哽咽涕泣，泪水滴答滴答落在地上。他强忍悲意，擦干眼泪，亲自镇压叛乱。

郭子仪不想将事情扩大化，只下令斩杀几十名带头闹事的

人。一场危机,轻易化解。

各地蠢蠢欲动的将领,看到郭子仪的手段,不敢再乱动心思。

很快,唐肃宗驾崩,太子李俶继位,史称唐代宗。

自古道,不遭人嫉是庸才。宦官首领程元振、鱼朝恩等向唐代宗进献谗言,将郭子仪比作王莽、司马懿。

代宗皇帝心里犯嘀咕,再次解除郭子仪兵权,罢免他的副帅职位,还交给他一个光荣的任务,命他为肃宗皇帝修陵墓。

孔子曰:"六十而耳顺,七十而从心所欲不逾矩。"郭子仪也达到了"不逾矩"的境界。老将军豁达大度,并不因失去权力而难过。他埋头做事,用心修建肃宗陵墓,事无巨细,亲自过问。

自古君疑臣则臣必死。无论郭子仪如何勤于王事,如果不打消君主疑虑,早晚祸及满门。郭子仪忧心忡忡。最终,他决定用一颗赤胆忠心,打动皇帝。

郭子仪将唐肃宗皇帝在10年间为自己下的1000封诏书打包赠送给皇帝,亲自写了一封字字泣血的陈情书,千百年后,读之依旧令人潸然泪下。

表曰:"臣德薄蝉翼,命轻鸿毛,累蒙国恩,猥厕朝列。会天地震荡,中原血战。……自受恩塞下,制敌行间,东西十年,前后百战。天寒剑折,溅血沾衣;野宿魂惊,饮冰伤骨。跋涉难阻,出没死生,所仗唯天,以至今日。……自灵武、河北、河南、彭原、鄜坊、河东、凤翔、两京、绛州,臣所经行,赐手诏敕书凡二十卷,昧死上进,庶烦听览。"

唐代宗捧着这份陈情书,一字一句细读,情绪激动,不觉身躯颤抖。当年与郭子仪老将军光复两京的艰难岁月,在代宗皇帝心头一一浮现。所谓"天寒剑折,溅血沾衣;野宿魂惊,饮冰伤骨",岂有一字虚言?

满脸羞愧的唐代宗亲自执笔,写了份20余字的诏书,给郭子仪:"朕不德不明,俾大臣忧疑,朕之过也。朕甚自愧,公勿以为虑。"意思是:朕既无品德,又昏庸糊涂,令老功臣忧虑,全是朕的错。朕现在心里愧疚。请爱卿不要再担心了!

郭子仪用他的经历告诉我们,功高盖主,就要采取措施打消君主疑虑。最好的措施,便是用真情打动君王。

3

不久,朝廷平定了安史之乱,但是成千上万的壮士战死,大量百姓流离失所,唐朝渐渐由盛转衰。郭子仪赋闲在家,心怀大唐。凭着一辈子的经验与智慧,他分析出,大唐为了平定安史之乱,西北边境大量边军精锐被调往内地。吐蕃也许会趁火打劫。朝廷不得不防啊!

他屡次上书,请朝廷不可轻视吐蕃的威胁。唐朝君臣视吐蕃为友好邻邦,以为郭子仪老糊涂了。

广德元年(763年),郭子仪最担心的事发生了。吐蕃趁着大唐边境防备空虚,20多万铁骑悍然入寇,竟然直到几乎攻到咸阳,唐代宗才收到消息。他慌忙任命67岁的郭子仪为关内副元帅。

郭子仪赋闲已久,部曲离散,只有20多位伤残老兵在身边。

他带着20多位老兵快马加鞭,飞速赶往咸阳。郭子仪还未赶到咸阳,吐蕃20多万大军已经绕过咸阳,渡过渭水,直取长安!

唐代宗匆忙逃往陕州(今河南三门峡陕州),长安大乱。郭子仪听到消息后,二话不说,立即返回长安。在城门口,他遇到大将王献忠抓着十几个亲王,准备投降吐蕃。

郭子仪大怒,呵斥王献忠。王献忠一向钦佩郭子仪,滚鞍下马,对郭子仪道:"今主上东迁,社稷无主,令公身为元帅,废立在一言耳!"

郭子仪气得身躯发抖,怒吼道:"你在胡说些什么?还不快放了王爷们,速去保护皇上。"王献忠等人看着凛然不可侵犯的老将军,诺诺连声。

吐蕃军大举入城。郭子仪在城外,竖起"郭"字大旗,招募逃兵。大唐离散士卒,听到郭子仪的消息,纷纷前来投奔。郭子仪很快聚集了四五千人。

郭子仪给唐代宗传话:"老臣不收复长安,就没脸再去见您!"

郭子仪召集四五千残兵败将,还未开口,老将军泪流满面,仰天大哭,他怒吼道:"大唐的勇士们!曾经大唐军旗所指之处,攻无不克,战无不胜。先辈们在天之灵看着我们呢!我们这些不肖子孙,真的那么无能吗?大唐都城再次沦陷,这是我们每一个军人的奇耻大辱啊!我宁愿死,也要夺回长安。你们还愿意追随我这个糟老头吗?"

几千名将士失声痛哭,悲愤难言,誓死追随老将军,收复京师。

郭子仪：当机遇降临时，老兵才熬到正四品

敌我势力过于悬殊，郭子仪决定智取。

第一步，他安排大军，在长安城远处，日夜擂鼓呐喊，为军队造势。吐蕃人将信将疑。

第二步，他派人联络城中百姓，让他们议论纷纷："郭令公带着不计其数的大军快要赶来了。"吐蕃人心疑不定，开始逐步撤军。

第三步，一天夜里，郭子仪派人带着几百青壮，在长安大街上，高呼："王师入城了，吐蕃人快投降。"吐蕃人信以为真，慌忙撤走。

郭子仪不费一兵一卒，再次收复了长安。

老将郭子仪兵不血刃吓退强敌，靠的是决死一战的勇气、环环相扣的计策、往日的威名和对敌人内心的分析。

唐代宗回京时，看到郭子仪跪在路旁迎接。他慌忙跳下龙辇，扶起郭子仪道："朕用卿不早，故及于此。"他赏赐郭子仪丹书铁券，重启凌烟阁，挂入郭子仪画像。

广德二年（764年），唐朝叛将仆固怀恩勾结吐蕃、回纥等造反，合计30万大军。长安再次告急。唐代宗急调郭子仪去镇守长安城背面的泾阳城，然后调集各路人马迎战。

郭子仪刚入泾阳，即被重重围困。郭子仪不慌不忙，一边布置城防，一边打听消息。探子回报，仆固怀恩病死，吐蕃与回纥屯兵两处。郭子仪大喜，立刻派人联络回纥。

回纥首领回答："我们听说郭令公已经去世了。除非他老人家亲自过来，我才相信。"

沧海横流，方显英雄本色。接下来发生的故事荡气回肠。

使者将回纥首领的话禀报郭子仪后,郭子仪打算去见回纥首领。诸将纷纷反对,道:"戎狄之心,不可信也,请无往。"郭子仪手捋白须,缓缓道:"敌人兵力是我们的几十倍,不可力敌。只能试着用诚意打动他们。"

手下建议带五百铁骑护卫。郭子仪摇摇头:"只会弄巧成拙。"郭子仪带着数十名随从,奔向回纥大营,他下令随从高喊:"郭令公来了!郭令公来了!"

回纥首领怕唐军有阴谋,令部下张弓搭箭,随时准备乱箭齐发。见此情景,郭子仪面色凝重坚毅,带着随从慢慢骑马,走向目瞪口呆的回纥人。回纥首领终于认出了郭子仪,带着几百人到阵前相见,对郭子仪道:"真是您啊。"

郭子仪笑道:"吐蕃本吾舅甥国,无负而来,弃亲也。马牛被数百里,公等若倒戈乘之,若俯取一芥,是谓天赐,不可失。且逐戎得利,与我继好,不两善乎?"

寥寥两三句话,动之以情,晓之以理,诱之以利。

回纥首领欣然同意。

吐蕃人听到消息后,立即撤军。史书记载:"子仪遣将白元光合回纥众追蹑,大军继之,破吐蕃十万于灵台西原,斩级五万,俘万人,尽得所掠士女牛羊马橐驼不胜计。"

当实力不及别人时,只能用真诚、勇气、智慧来弥补。郭子仪最不缺乏这三样东西,所以能屡次化解危难。

郭子仪：当机遇降临时，老兵才熬到正四品

4

郭子仪班师回朝前。宦官首领鱼朝恩为了破坏郭家气运，将郭子仪祖坟刨了。郭家几代祖宗全部暴尸荒野。他又造谣郭子仪要造反。

刨人祖坟是不死不休的血海深仇。朝廷上下心惊胆战，唯恐郭子仪盛怒之下，提兵问责！

等郭子仪回到朝堂上，唐代宗主动向郭子仪提起："爱卿，听说你的祖坟被人刨了。朕深深痛惜。盗墓贼还没抓到。爱卿不要着急啊！"

郭子仪跪在地上，老泪纵横："臣久主兵，不能禁暴，军士残人之墓，固亦多矣。此臣不忠不孝，上获天谴，非人患也。"这番话核心只有三个字：都怪我。

朝廷上下看到郭子仪有如此胸怀气度，终于放下心来。

一日，鱼朝恩请郭子仪吃饭。宰相元载听到这个消息后，提醒郭子仪，鱼朝恩要对他不利。儿孙们也要求郭子仪带些百战老兵护卫。

郭子仪淡淡一笑，带了十几个仆人，便去赴宴。鱼朝恩也是人老成精，岂不明白郭子仪的心意？他流泪道："非公长者，得无致疑乎？"这次会面，代表着军方与宦官集团的和解。双方同心协力，振兴大唐。

郭子仪选择宽容，并不代表他是一个软弱的人。恰恰相反，正因为他的性格极为坚强，所以才能将奇耻大辱付之一笑，赢得敌人的敬重。

大历十四年（779年），唐代宗去世，唐德宗继位，收回了郭子仪所有兵权后，加封郭子仪太尉，仍兼中书令，并赐号"尚父"。这个称呼可了不得，千百年来，只有周武王称姜子牙为尚父。

郭子仪生命的最后几年愈发低调。

郭府大宅，无论王公大臣，还有贩夫走卒，均可随意进出。一群好事者，绘声绘色地描述郭子仪为妻妾儿女打水洗脸的事。儿子们觉得很丢人，劝说老爸要自重。

郭子仪笑道："你们这群兔崽子知道什么？如果我筑起高墙，不与外人往来，只要有人诬陷我谋反。老郭家会有灭门之祸。任何人均可随意进出，谁又能诬陷我？"儿子们心悦诚服。

后来，郭子仪重病，听说名士卢杞来看望自己，急忙令妻妾们回避，强撑病体，亲自为卢杞端茶倒水，殷勤招待。卢杞走后，家人不解。郭子仪为他们解释道："卢杞辩才过人，满腹韬略。将来必为重臣。但是他相貌丑陋，心胸狭窄，睚眦必报。女眷们看到他这张脸，会忍不住笑出声来，那便会得罪他，郭家将来会大祸临头！"

不得不佩服郭子仪识人之明。卢杞担任宰相后，大肆报复那些与自己有怨的人。

郭子仪暮年的人生智慧，便是"忍让"二字。因为忍让，所以人不忍欺他，他能够避开斗争，安享晚年。

建中二年（781年），85岁的郭子仪到了弥留之际，目光扫过

郭子仪：当机遇降临时，老兵才熬到正四品

围绕在自己病床前的子女，以及几十个孙辈。这位历仕武则天、唐中宗、唐睿宗、唐玄宗、唐肃宗、唐代宗、唐德宗七朝帝王的元老，永远合上双目。

唐德宗下令罢朝五日，追赠郭子仪为太师，谥号忠武（武将最高谥号），配享代宗庙廷，陪葬建陵。唐德宗觉得这样仍无法表现郭子仪的功勋，又下令将郭子仪坟墓加高一丈。

小贴士

唐史臣裴垍称赞郭子仪："权倾天下而朝不忌，功盖一世而上不疑，侈穷人欲而议者不之贬。"能做到这三点，遍翻青史，唯郭子仪一人而已。

纵观郭子仪的一生，他再造唐朝，勋高一代，七婿八子皆贵显，富贵寿考，哀荣终始。

他为什么能做到这些呢？

郭子仪平河北，收两京，平定安史之乱，复长安，败吐蕃，单骑退回纥。表面上看他只是做事厉害，其实他也极善做人。

对国家，他舍生忘死，以身许国。对皇上，他赤胆忠心，功劳归上，过错归己。对同僚，他宽宏大量，谦虚忍让，小心翼翼。对下属，他厚爱有加。对敌人，他英勇顽强，机智百变。对百姓，他亲切随和，不摆架子。对外族，他既以诚相待，又不掉以轻心。对子女，他言传身教，疼爱有加。

历史的帘子 2

  如此做人,天下何人不敬佩他,天下何人不喜欢他,即使是大唐的叛军,对他也是非常尊重的。

  安禄山大将田承嗣投降唐朝后,割据魏州,目无朝廷。一次,郭子仪遣使至魏州办事。田承嗣向西跪拜,并指着膝盖对使者道:"我的膝盖很久没跪人了,今天拜一拜郭老将军。"

赵匡胤：
青春不怕迷茫，怕的是没有方向感

北宋开国初年。一日，身躯雄壮、脸庞黝黑的皇帝在后花园，拉着弹弓射麻雀，弹无虚发，麻雀无不应声而落。嫔妃、宫女们鼓掌叫好。

一位宦官匆匆来报，说张大人有急事求见。皇帝慌忙扔掉弹弓，挥手让嫔妃回避，整衣冠，命宦官速传张大人觐见。

张大人满脸严肃，走进后花园。皇帝面色担忧起来，到底发生了什么大事？听着张大人慢条斯理地汇报，皇帝的黑脸渐渐更黑了，因为全是琐碎小事！

皇帝喝道："就这些鸡毛蒜皮的事，算什么重要的事？"张大人道："至少比官家打鸟重要！"

"信不信老子揍你！"皇帝大怒，顺手抄起玉斧，用柄抽张大人的脸。

"哎哟！"张大人惨叫之后，一声不吭。他弯腰捡起两颗被砸掉的牙齿，放在怀里。皇帝怒道："你小子留着证据，想告朕吗？"张大人道："臣当然不敢告官家，但是史官会记录今天的一切！"

皇帝大惊，黑脸通红，嘿嘿笑道："爱卿，刚才是朕不对。快传太医！"皇帝虽然说了好话，又赐给张大人一些财物。可是史书还是如实记载了此事。

1

这位脾气火暴但知错就改的皇帝叫赵匡胤,出生于后唐天成二年(927年),家住洛阳夹马营。他的父亲赵弘殷是后唐一名普通的中级军官。

正是因为出生于军伍之家,耳濡目染,赵匡胤从小就喜欢舞刀弄枪,骑马射箭。父亲望子成龙,从小就对他严格要求,每天都要读书识字,也要习武。

赵匡胤十六七岁时,有一次,他骑着没有马鞍和缰绳的高头大马,出城玩耍。马不知为何受惊,突然尥蹶子,赵匡胤被甩飞在地,脑袋"砰"的一声,撞在城墙上!

来往的行人大惊,纷纷以为他要不行了。赵匡胤却摸摸脑袋,像没事人一样,轻松站起来,一跃跳上马背,扬长而去。

行人们倒吸一口凉气:这小子的脑袋被庙里高僧开过光?

从这个小故事里,可以看出还未成名的赵匡胤皮糙肉厚,骑术高超,当然,运气也好!

虽然赵弘殷是一个不大不小的军官,可是工作没什么油水,后唐又被后汉灭掉,赵弘殷这种前朝军官不受朝廷重视,多年未得升迁。随着赵匡胤年岁增长,赵家生活愈发困难,再加上赵弘殷夫妇又陆续生了儿女,一大家人张嘴吃饭,凭赵弘殷的俸禄根本养活不起。

21岁的赵匡胤含泪作别父母,外出寻找工作。渐渐衰老的父

赵匡胤：青春不怕迷茫，怕的是没有方向感

母泪水涟涟，可是没有挽留儿子。男子汉志在四方，总活在父母羽翼之下，能有什么出息？赵匡胤孤身一人，背着行囊，沿着黄河西行，到达关陇一带，盘缠所剩无多，赵匡胤便找了一家赌馆碰碰运气。

运气不错，赵匡胤赢了很多钱。可惜赌友们赌品不怎么样，不肯愿赌服输。赵匡胤坚决不同意，连说："不中！不中！"

赌友们看到这个操着河南口音的傻大个儿没眼力见儿，便撸起袖子，要揍赵匡胤。赵匡胤冷笑一声，摆了个很酷的造型，冲着赌徒们勾勾手。这些赌徒多是常年打架的泼皮无赖，各种阴招层出不穷，赵匡胤虽然自幼习武，体壮如牛，毕竟缺乏实战经验。他很快鼻青脸肿，一手捂眼，一手捂裆，仓皇逃跑。

赌徒们为浑身疼痛的赵匡胤上了第一课，那便是真正的实战与锻炼是两回事。若想胜利，下手要够快、够狠！

赵匡胤哀叹：看来关陇一带，不是我的福地。他便南下到了湖北沔阳一带，投奔父亲的老战友，时任复州防御使王彦超。王彦超给了他十贯钱便将他打发了。"叔叔穷得快吃不起饭了。这点钱也是从牙缝里省出来的。贤侄不要嫌少啊！"赵匡胤没有要钱，拂袖而去。

赵匡胤学会了现实教给他的第二课，那便是自身实力才是基础，不能将生存的希望放在别人身上。

赵匡胤选择继续流浪，他花光了父母给的盘缠后，便以卖苦力为生。

谁的青春不迷茫？22岁的赵匡胤也不例外。他认为干苦力不适合自己，但是也不知道自己将来该做什么。赵匡胤像无根的

野草飘来飘去，飘到湖北襄阳旁边的一座无名山上。他看到山上有座寺庙，便喜滋滋地敲门，要点饭吃。

老主持看着大口扒拉着素面的赵匡胤，若有所思。这小子虽然看上去满脸风霜，但是高大威猛、器宇非凡。老住持表示愿意给赵匡胤免费算一卦。

反正不要钱，不算白不算。赵匡胤道："中！"老主持掐指一算，对赵匡胤道："我将自己全部财产送你当盘缠。大步向北走，钱不花完不要停！施主，你的前途在北方！"

赵匡胤虽然不明白老和尚怎么还懂道士的业务，还是带着盘缠，去北方碰碰运气。走在苍茫的天地间，他感到苍穹的无限浩大，胸臆突然充满豪情壮志。

红日初升，在一座山顶上，几个书生摇头晃脑，吟诗作对。赵匡胤撇撇嘴，忍不住也赋诗一首："太阳初出光赫赫，千山万山如火发。一轮顷刻上天衢，逐退群星与残月。"

意思是：太阳升起来之后，光芒万丈。很多山像着了火一样。太阳飞速上升，星星与残月皆消失了。

这是史料中唯一一首完整的赵匡胤的诗，是一首文理粗浅，甚至不押韵的打油诗，但是却充满了"男儿要像太阳一样光芒万丈"的感情。

人生在世，不怕暂时迷茫，怕的是没有方向感。赵匡胤和他的前辈刘秀、后辈朱元璋，这三位开国之君选择终生奋斗的职业之前，都算了一卦。也许，他们早有大志，借着占卜，也算坚定了信念。

赵匡胤：青春不怕迷茫，怕的是没有方向感

2

在赵匡胤一路向北跋涉的时候，天下发生了一件大事。

后汉乾祐元年（948年），后汉河内节度使李守贞等人叛变，各处都在募兵平叛。

在募兵期间，赵匡胤盘缠用尽了。他探望了一下出征在外的父亲赵弘殷，随后北上太原，看到招兵的大旗。赵匡胤一咬牙，选择报名参军，正式投身军旅，成为河东节度使刘崇的镇将。但赵匡胤觉得刘崇不像能成事的样子，又返回河南，投奔了在邺城募兵的枢密使郭威。

牛高马大、武艺高超的赵匡胤在战场上敢打敢拼，下手够快、够狠，很快引起了枢密使郭威的重视。郭威将赵匡胤逐渐提拔，赵匡胤终于成为一名中级军官。

后周广顺元年（951年），郭威发动兵变，黄袍加身，威逼后汉皇帝退位后，登基称帝，史称后周。

作为从龙之臣的赵匡胤水涨船高，高升为东西班行首。郭威养子柴荣与赵匡胤同在军中，私交甚笃。当柴荣执掌开封府时，加封赵匡胤开封府马直军使。

显德元年（954年），郭威病故，柴荣继位，他将28岁的赵匡胤提拔为禁军统领，视若心腹。

赵匡胤也没有令他失望。不久后，北汉、契丹联军攻打后周，柴荣率领大军亲征。两军交手时，柴荣军右翼大将樊爱能

突然撤退，后周军主力将要溃败。柴荣拔出宝剑，亲自到阵前督阵。

在这万分危急之时，赵匡胤纵马而出，对禁军将士高喊道："陛下面临险境，我们只有拼死一战了。"他指挥另一位禁军将领率领一队弓箭手抢占右翼制高点，赵匡胤挥舞着长矛，率领手下当先杀入北汉军右翼。

北汉军顶着头上射来的弓箭，又面对赵匡胤与麾下士卒的决死冲锋，无力招架，全军溃败。赵匡胤似乎杀上了瘾，一路追杀败军，杀到对方城门下。一支冷箭射中赵匡胤的肩膀。赵匡胤折断箭杆，呼喊着部下，烧毁城门。

柴荣见好就收，下令鸣金收兵，赵匡胤才带着部下意犹未尽地撤回大营。这一战，赵匡胤通过他的忠心、英勇、指挥才能得到柴荣的欣赏。柴荣下令将赵匡胤提拔为殿前都虞候，并兼任严州刺史。

两年后，赵匡胤随着柴荣兵伐南唐，赵匡胤为先锋，一路破关斩将，南唐大将皇甫晖、姚凤率领十几万大军与赵匡胤对峙。皇甫晖要求与赵匡胤两军列阵，决一死战。赵匡胤同意。

次日，两军列阵后，后周军主将赵匡胤做了一个谁也想不到的举动。他突然双腿夹紧马腹，双手抱紧马脖子，呼喝战马向皇甫晖、姚凤猛冲过去！电光石火之间，赵匡胤挥刀砍在了皇甫晖的脑袋上，将他与姚凤一块儿生擒。（"太祖拥马项直入，手刃晖中脑，并姚凤禽之。"）

无论是后周军还是南唐军将士都惊呆了，这就是传说中的万军之中取上将首级，如探囊取物！结果，南唐军大败。赵匡胤成

赵匡胤：青春不怕迷茫，怕的是没有方向感

为后周军将士们心中的战神。赵匡胤挥军南下，屡战屡胜，终于平定了淮南地区。

有人向柴荣告密，说赵匡胤在淮南抢了几车财宝，偷偷地拉回自己家里。柴荣立刻派人调查，发现不是财宝，而是几车书，还是赵匡胤自己花钱购买的。

柴荣将赵匡胤召到宫里，调侃道："卿方为朕作将帅，辟封疆，当务坚甲利兵，何用书为？"意思是：你身为我的大将，应该去披坚执锐，开疆拓土，闲着没事，看书干什么？

赵匡胤道："臣无奇谋上赞圣德，滥膺寄任，常恐不逮，所以聚书，欲广闻见，增智虑也。"意思是：我没有奇谋良策贡献给陛下，非常担忧自己办不好事，所以多读点书，开阔眼界，增加见识。柴荣看到自己的爱将如此爱学习，非常开心。不久后，他提拔赵匡胤为忠武军节度使、殿前军指挥使。

世上没有白吃的苦，赵匡胤自幼苦练武艺，锻炼出强壮的体魄、高超的身手，所以他能于万军之中取上将首级。身为武将，他搜集书籍苦读，渐渐成为见识广博、文武双全的大将。再加上功勋卓著，又受皇帝欣赏，他在军中、政界的威望愈来愈高。

显德六年（959年），柴荣因病驾崩，年仅7岁的儿子柴宗训继位。此时，赵匡胤在军中威信极高，他与石守信、王审琦等9位高级将领结拜成兄弟，史称"义社十兄弟"。

显德七年（960年），朝廷听闻契丹与北汉联军将要入侵后周。柴荣留下的孤儿寡母选择了百战百胜的赵匡胤挂帅出征。

赵匡胤率领大军离开都城开封府，浩浩荡荡地走到了40里地之外的陈桥驿。在这里，赵匡胤宣布安营扎寨，夜宿一晚。

历史的帘子 2

　　天还未亮，弟弟赵光义就"慌慌张张"地走进帅帐，对正在洗脸的赵匡胤道："哥哥，出大事了，你快出去看看！"（迟明，逼寝所，太宗入白，太祖起。）

　　赵匡胤大步走出军帐，只见诸将校已经抽出兵刃，喜滋滋地盯着自己。他们齐声道："我们没有主人，只愿意奉你为皇帝！"赵匡胤还没来得及回答，便有几人将黄袍强行披在他身上。将士们一起跪在地上，山呼万岁。然后强行扶他上马。（诸校露刃列于庭，曰："诸军无主，愿策太尉为天子。"未及对，有以黄衣加太祖身，众皆罗拜，呼万岁，即掖太祖乘马。）

　　赵匡胤双手握紧缰绳，道："我的话，你们愿意听吗？"（我有号令，尔能从乎？）

　　将士们高呼："俺们愿意！"（唯命。）

　　赵匡胤道："太后、皇帝，我曾经向他们称臣，你们不得伤害他们；大臣与我是朋友，你们不要欺辱他们；朝廷的府库、文武百官的家，你们也不要掳掠。听从命令的有重赏，违抗命令的杀无赦！"（太后、主上，吾皆北面事之，汝辈不得惊犯；大臣皆我比肩，不得侵凌；朝廷府库、士庶之家，不得侵掠。用令有重赏，违即孥戮汝！）

　　赵匡胤在将士们簇拥下，在石守信等看守城门禁军的配合下，顺利进入朝堂。朝堂早会还没散。赵匡胤跪在地上，冲着柴荣留下的孤儿寡母，重重磕头，泪流满面，道："我有负天地，如今至此！"我对不起天，对不起地，才到了今天这个地步。

　　满朝文武看到赵匡胤背后精兵悍将凶狠的眼神，纷纷跪拜，恭请赵匡胤当天就登基称帝，建国号为宋。这便是"陈桥兵变，

赵匡胤：青春不怕迷茫，怕的是没有方向感

黄袍加身"。

赵匡胤陈桥兵变，也许是自导自演，也许是被逼无奈。史书是存在争议的。自唐朝灭亡以来，中原地区在短短50余年，经历了5个朝代，即后梁、后唐、后晋、后汉和后周。中原以外，即"唐吴越前后蜀，南北两汉闽平楚"等十个国家。这便是所谓的"五代十国"。每次朝代更迭均是血流成河，黎民饱受其苦。

赵匡胤这次政变，是相对"不流血"的政变。他能够兵不血刃登基称帝，除了他自身战功赫赫、文武双全外，离不开军心、民心的支持，毕竟一个7岁的孩子无力保护后周王朝的士农工商。另外，唐末以来，很流行兵变，五代开国之君多是由大将进阶而成。正如当时流行的一句话："天子，兵强马壮者当之，宁有种乎?"谁兵强马壮谁当皇帝，而不是皇帝生的儿子必然当皇帝。

所以，赵匡胤称帝是他个人性格、经历、时代背景等相结合之后产生的必然结果。

3

赵匡胤登基后，乘龙辇外出，远远射来一支箭，钉在侍卫打的黄伞上。侍卫们抽出兵刃，大喊护驾。赵匡胤跳出龙辇，撕开胸上的衣服，笑道："让他射！让他射！"（帝披其胸，笑曰："教射！教射！"）

侍卫们建议搜索全城，赵匡胤不同意。后来此事也就不了了之。

赵匡胤目睹过郭威黄袍加身，自己也亲身体验了一次，对武将们非常不放心。他的9个结拜兄弟全被被封为节度使后，一个比一个桀骜不驯，无视朝廷律法。

赵匡胤请石守信等9个兄弟一起出城打猎。10个人每人一匹马、一张弓、一壶箭。赵匡胤带着兄弟们到树林深处后，他们一起下马喝酒。赵匡胤突然对他们道："此处无人，尔辈要作官家者，可杀我而为之。"意思是：这里没有人，你们谁想当皇帝，就杀了我吧！

看着赵匡胤威风凛凛的样子，9个节度使吓得跪在地上，头不敢抬起来。赵匡胤又重复了几次，将军们只是跪地求饶。赵匡胤道："你们既然奉我为皇帝，就要有臣子的样子，以后不要无视朝廷法度！"（尔辈既欲我为天下主，尔辈当尽臣节，今后无或偃蹇。）

9个节度使很有眼见，立刻山呼万岁。赵匡胤看到跪在地上的兄弟们，长叹一声。

回皇宫后，赵匡胤召来宰相赵普，问道："自从唐朝灭亡以来，区区50年，皇帝换了8个家族。天下纷争不休，黎民饱受战乱之苦，朕要长治久安，应该怎么办？"

对这个问题赵普考虑许久了，他脱口道："天下战乱至今，唯一的原因就是藩镇势力太大。弱干强枝，取祸之道。唯一的办法就是限制藩镇的财力，削弱他们的兵权。只有这样，天下才能太平。"

赵匡胤面色凝重地点头。几天后，赵匡胤招石守信等大将们到皇宫饮酒作乐。酒过三巡，菜过五味，赵匡胤放下酒杯，长叹

赵匡胤：青春不怕迷茫，怕的是没有方向感

道："没有你们我也当不了皇帝。现在做皇帝还没有当初做节度使快乐。我终日睡不着觉啊！"

石守信等人面面相觑，问道："官家啊！如今天下已定，谁敢起异心？"赵匡胤道："谁不喜欢荣华富贵？如果有一天，有人将黄袍也披在你们身上，你们怎么办？"

将军们吓得跪在地上，纷纷道："我们愚钝，请官家可怜我们，给我们指一条生路吧！"赵匡胤推心置腹道："兄弟们，人生苦短，如白驹过隙！你们多存些财产，多置些房产，也能传给子孙后代。家里多安排一些歌姬舞女，每天饮酒作乐，享受人生，难道不舒坦吗？让我们君臣之间没有猜疑，中不中？"

将军们长舒一口气，知道自己全家性命保住了。第二天，他们便以生病为由，纷纷辞职，交出兵权。赵匡胤兑现了诺言，赏赐了他们大量财宝。这便是"杯酒释兵权"。

单纯依靠武力只能使人畏服，若想令人心服，要设身处地，推心置腹，为人谋利。为别人谋利，别人自然也会有所回报。

解决这群大将后，赵匡胤对国家形势依旧忧心忡忡。宋的北面，有辽国和辽扶植下的北汉。西面有后蜀。南面分布着荆南、南唐、吴越、后蜀、南汉等王朝。

赵匡胤登基后的一天，一场大雪降临了。赵匡胤敲开宰相赵普的大门，赵普邀请赵匡胤围着火炉吃烤肉。赵匡胤啃了一口肉后，道："我睡不着觉啊！卧榻之侧全是别人的天下！"

君臣二人吃着烤肉商议对策，最终确定了"先南后北，先易后难"的方针。

赵匡胤率领文武百官齐心合力，改革吏治，发展农业，鼓励

农桑，与民休息，治理水患，轻徭薄赋，注重文治，完善科举。经过两年的励精图治，宋朝于建隆三年（962年）启动统一天下之路。

机会是自己送上门的。荆南、湖南两个政权发生冲突。赵匡胤果断下令早已枕戈待旦的大军立即消灭这两个政权。进展顺利，几个月宋军便灭掉了两国，朝野欢腾。

赵匡胤重金收买后蜀叛将，亲自部署了东、北两路大军夹击成都的战略。中原将士久经战乱，军事斗争经验丰富，承平日久的后蜀政权难以抵挡。蜀王孟昶开关投降，14万蜀国将士放下了武器。

一口气灭了三国，赵匡胤决定亲自北伐，攻打北汉，收回燕云十六州。奈何北汉与契丹联手后实力强大，赵匡胤奈何不了他们。赵匡胤回到开封后，设立了"封桩库"，用以贮藏钱、帛、布匹，期待能赎回燕云十六州。

为了多省点钱，赵匡胤提倡节俭，并率先垂范。皇宫年久失修，需要更换梁柱。相关部门建议砍掉一棵大树，截断后换上去。

赵匡胤听了大怒：随便从工地上拉一根木桩不就行了吗？为什么要浪费木料？赵匡胤在奏折上批复道："截你娘头，截你爷头，别寻进来！"

赵匡胤用节约的钱财安抚百姓、开疆拓土，一步步向统一中原迈进。下一个目标，他选择了南汉政权。南汉皇帝刘铱是一个"奇葩"，此公重用太监、宫女为朝廷大臣，国政糜烂不堪。赵匡胤正气凛然道："吾当救此一方之民。"

赵匡胤：青春不怕迷茫，怕的是没有方向感

三下五除二，宋便灭了南汉。刘铱被俘虏到开封后，赵匡胤请他喝酒吃饭。刘铱双手颤抖着端着酒杯，突然号啕大哭，因为他当皇帝时，最喜欢用毒酒毒杀大臣。他以为赵匡胤也要毒死他。

赵匡胤哈哈大笑，命人拿过刘铱酒杯，一饮而尽。刘铱满脸羞愧。

另外两个南方政权吴越、南唐大为惊恐。势力最强大的南唐皇帝李煜上表称臣。

比较有趣的是，李煜派遣大臣徐铉劝说赵匡胤不要攻打自己。徐铉忽悠赵匡胤道："李煜无罪，陛下师出无名。李煜和陛下的关系就像地和天、儿子和父亲一样。天盖地，父亲要保护儿子！"赵匡胤乐了，反问道："既是父子，如何两处吃饭？"徐铉无语了。

第二天，徐铉继续劝说赵匡胤不要攻打南唐了，赵匡胤不耐烦了，道："不须多言，江南亦有何罪？但天下一家，卧榻之侧，岂容他人鼾睡乎？"意思是：你不要再说了，我知道南唐没有什么罪过，但是天下一统是大势所趋！我睡觉的地方，怎么能允许别人呼呼大睡？

赵匡胤制定了灭南唐的原则——"勿暴掠生民，务广威信"，即不要杀害百姓，要以仁德为主。江南百姓抵抗之心大减。开宝八年（975年），金陵城破，李煜投降，南唐灭亡。

南方还剩下一个吴越国，赵匡胤不打算再使用武力了。他派人给吴越王钱俶传话："待平定江南后，你可暂来开封与朕一见，以慰相念之情。"

开宝九年（976年），吴越国王钱俶迫于形势，到开封朝见赵匡胤。两个月内，赵匡胤经常盛情款待他。可是钱俶焦虑不安，生怕赵匡胤直接扣留自己，再以自己为人质，逼吴越国投降。终于，赵匡胤打发钱俶回国，并送给他一个大包袱，嘱咐他回国途中才能打开。

钱俶在途中打开包袱后，震惊不已。原来包袱里放着几十封大臣建议扣留自己做人质的奏折。钱俶对赵匡胤感激不已，回到吴越后，便上表献地称臣。

就这样，赵匡胤没费一兵一卒，就使吴越归顺了。

开宝九年（976年），大雪纷飞。50岁的赵匡胤召弟弟赵光义在宫中饮酒。当晚，宫女太监看到烛光下有斧影摇动。次日清晨，赵匡胤突然病故。赵光义登基后，将赵匡胤庙号定为太祖，世称赵匡胤为宋太祖。

值得一提的是赵匡胤留下三条遗训，命令历代宋朝皇帝继位前必须跪读：一、保全柴氏子孙；二、不杀士大夫；三、不加农田之赋。

保全柴氏子孙，是因为知恩图报。不杀士大夫，是因为以宽厚仁德为治国纲领。不加农田之赋，是因为爱惜天下黎民百姓。

宋朝能成为文化灿烂、经济繁荣的王朝，赵匡胤厥功至伟。

小贴士

赵匡胤人生大致分为4个阶段。

第一阶段，出身军伍之家，成年后弓马娴熟，武艺高

赵匡胤：青春不怕迷茫，怕的是没有方向感

超。第二阶段，流浪生涯，孤苦无依，足迹遍布数省。独自面对各种人情冷暖，心智增长。第三阶段，跟随郭威、柴荣期间，凭着过人的勇武与高超的军事天赋，不断建立功勋，广泛培植了自己的势力，终于等到机会，陈桥兵变，黄袍加身。第四阶段，用仁厚胸襟、过人豪气，杯酒释兵权，消除几十年来武将乱国的灾难。在统一战争中，他克勤克俭，礼贤下士，恩威并用，以仁德感化为主，武力征服为辅，征服南方各国。结束了百年战乱。

赵匡胤具有两张面孔，一张是英雄豪杰，一张是仁人志士。前者令他充满了英雄气概，战场上无畏生死，称帝后能震慑骄兵悍将，横扫诸国；后者令他一往无前，立志统一天下。

赵匡胤屡战屡胜，他不是一个人战斗，而是顺应了民心。所以，他能为文化灿烂、繁荣富裕的宋朝打下坚实的基础。

范仲淹：
先天下之忧而忧，后天下之乐而乐

大中祥符七年（1014年），宋真宗率领文武百官到应天府拜谒赵家祖庙。应天府的大街小巷，人山人海，男女老幼，熙熙攘攘，争先目睹大宋天子风采。

应天学院的教师与学子们，三三五五，迈出校门。一位衣衫破旧、面容消瘦、神采奕奕的青年学子端坐在藏书馆内。他捧着一本《论语》，轻声诵读："君子食无求饱，居无求安，敏于事而慎于言……"

一位胖乎乎的学子一路小跑到藏书馆，看到这一幕，道："哎哟！你咋还在看书呢！读书也不差这一时半会儿。见天子的机会多么难得！快走，一起去！"

正在读《论语》的青年学子，头也不抬，淡淡道："来日见天子也不晚！"

1

范仲淹，表字希文，江苏吴县（今苏州吴中、相城一带）人，出生于端拱二年（989年）。在他出生几个月后，父亲便病故了。母亲谢氏与范仲淹生活艰难，无依无靠。在范仲淹两岁的时候，母亲抱着他改嫁到山东淄州。

母亲谢氏是大家闺秀，继父朱文翰也是进士出身。他们对范仲淹进行了良好的启蒙教育，时常为范仲淹讲述古圣先贤埋头苦读的故事：苏秦锥刺股、孙敬头悬梁、车胤囊萤读书、孙康借雪光读书、李密牛角挂书……

听着父母讲述的这些小故事，范仲淹充满了对埋头苦读生活的向往。

这些小故事潜移默化地影响了年龄尚幼的范仲淹，告诉他一个道理：人若想干大事业，必须严格自律，埋头吃苦，自强不息。

时光似箭，日月如梭，范仲淹渐渐长成一个十五六岁的少年。小伙子没别的爱好，就是爱读书。朱家子女越来越多，经济渐渐窘迫，继父安排他到当铺当学徒，学一门手艺，将来也好安身立命。不到一个月，范仲淹便回家了。他对继父说："父亲，我想读书！"

朱文翰叹了一口气，问道："孩子，你将来想做什么？"范仲淹思考了很久，才道："不为良相，便为良医。"朱文翰奇道：

范仲淹：先天下之忧而忧，后天下之乐而乐

"为父小时候也梦想过当宰相。你为什么还想当医生？"范仲淹道："若帮助天下黎民百姓，那就最好担任一人之下，万人之上的一朝宰辅；如果成为不了宰相，那就当一位救死扶伤的好医生。"

朱文翰惊讶于范仲淹的志向，便允许范仲淹继续读书。范仲淹为了安心读书，到离家五十里的醴泉寺借读。从此以后，天未亮，范仲淹便起床读书；夜色漆黑，他还在熬夜读书。在寒冷的冬天，他每天睡觉前会熬半罐稠粥。因为昼夜温差大，第二天粥便凝结成块。范仲淹便用刀将粥块分成四份，早晚各取两块，拌上切碎的咸菜，嘎嘣嘎嘣，大快朵颐。

这便是激励无数读书人刻苦求学的典故——断齑画粥。范仲淹断齑画粥，不是为了自虐，也不是炫耀牙齿好，而是为了节省吃饭时间，也是为了磨砺自己吃苦耐劳的品质。若想成为人上人，首先要吃得苦中苦。

身为兄长，范仲淹严格要求自己，也督促兄弟们好好学习。兄弟们不耐烦了，对他说："我们花的是朱家的钱，和你有什么关系？"这句话令范仲淹如遭雷击，他询问母亲后，才知道自己的身世。

范仲淹不愿寄人篱下，含泪作别父母，孤身前往河南商丘，求学于应天书院。

爱学习的范仲淹在书院中可谓如鱼得水。他为了多省点时间读书，五年没有脱衣服睡觉，昼夜不息，埋头苦学。冬天的寒夜里，当困倦来临时，他便用冷水洗脸。有时候没有食物充饥，他便喝点稀粥度日。常人无法忍受的生活，范仲淹甘之如饴。（昼

夜不息，冬月惫甚，以水沃面；食不给，至以糜粥继之。人不能堪，仲淹不苦也。）

有一位家境富裕的同学看范仲淹实在清苦，便带了些美味点心给他。盛情难却，范仲淹难以推辞。直到点心发霉腐烂，范仲淹始终没有吃过一口。同学生气了，问道："你是不是看不起我，嫌弃我的食物难吃？"

范仲淹连忙解释："从勤俭到奢侈容易，适应奢侈的生活后，再勤俭就难了！我害怕吃了你的美味食物后，再也喝不下去稀粥了！"同学对范仲淹大为钦佩。

书山有路勤为径，学海无涯苦作舟。范仲淹用他的求学生涯为我们践行了这句名言。一个什么苦都能忍耐的人，一个能用毅力抵制诱惑的人，一个专心致志、埋头苦学的人，一定能做出辉煌成就。

2

大中祥符八年（1015年），27岁的范仲淹不负众望，以优异的成绩高中进士。朝廷安排他担任广德军司理参军。此处的"军"是等同于"州"的行政单位。司理参军是一个管理诉讼的小官。

范仲淹因为有了官俸，便将母亲接来赡养。虽然官职小，俸禄低，却是范仲淹造福黎民的起点。他在广德做了两件利国惠民的事。

第一件事，是一丝不苟，审查所有案件。范仲淹详细阅读了

范仲淹：先天下之忧而忧，后天下之乐而乐

广德积累的所有案卷，以过人的精力，跋山涉水，实地调查。对原告、被告详细询问，对人证、物证仔细辨析，平反了大量冤假错案。

为了还百姓一个公道，范仲淹经常与自以为是的太守据理力争。太守多次对他大发雷霆，怒声呵斥。范仲淹毫不畏惧，将自己与太守相互辩论的观点用蝇楷记在屏风上。日积月累，屏风密密麻麻，没有一丝空隙。（日抱具狱与太守争是非。守数以盛怒临之，公未尝少挠。归必记其往复辩论之语于屏上，比去，至字无所容。）

公道自在人心。当范仲淹调离广德后，他的下属同僚集资建立了一座"范公亭"，怀念刚直不阿的范仲淹。

第二件事，是范仲淹在广德期间，发现此地缺乏教育的基础设施，当地人也没有读书求学的热情。范仲淹掏出自己所有的俸禄，又到处集资，建立了一座学宫。他访求了3位饱学儒士当老师，动员当地年轻人来听课学习。百忙之中，他还亲自授课。广德渐渐兴起了求学热潮，多年以后，有很多人高中进士。（于是郡人之擢进士第者相继于时。）

2年后，即天禧元年（1017年），范仲淹官升文林郎，任集庆军节度推官。集庆军，即今安徽亳州。因为范仲淹家里太穷了，他将家里的一匹瘦马卖了当盘缠，步行千里上任。范仲淹兢兢业业又干了4年，调到江苏泰州担任泰州西溪盐仓监。

范仲淹上任后，立即走访当地，很快便忧心忡忡。因为西溪位于黄海之滨，旧海堤年久失修，多处溃决。海潮倒灌，淹没良田，当地百姓苦不堪言。范仲淹给上级上书，分析海堤年久失修

的危害，建议沿着通州、泰州、海州，重修捍海大堤。

有人训斥范仲淹不专心本职工作，多管闲事。范仲淹说："我乃盐监，百姓都逃荒去了，何以收盐？筑堰挡潮，正是我分内之事！"

上级领导被说动了，升范仲淹为兴化县令，负责修堰工程。

范仲淹终于有机会干一番大事业了。他上书朝廷，从各地调了4万民夫。他日夜住在工地，安排工程施工。经过3年努力，捍海大堤终于基本完成。无数百姓世代受惠。百姓们为了纪念范仲淹，将这条海堤称为"范公堤"。

天圣四年（1026年），范仲淹母亲去世，按照朝廷惯例，他回到南京应天府守丧。此时期，范仲淹遇到生命中一位贵人晏殊。此公乃是北宋著名文学家、政治家，从小就有神童美誉，一生官运亨通。天圣五年（1027年），晏殊邀请39岁的范仲淹出山，主持应天书院的教务工作。

范仲淹一生对兴办教育事业高度重视，无论在哪儿当地方官，他都会努力振兴当地教育。能为母校效劳，范仲淹欣然同意。

在范仲淹主持教务期间，他搬到书院食宿。他对手下说："天下危困，乏人如此，将何以救？在乎教以经济之业，取以经济之才。"他的意思是要培养经世济民的实用人才。

他鼓励学子们实地考察，关心民间疾苦，积极思考解决问题的办法。对学子，无论贫穷贵贱，他都一视同仁，热诚相待。尤其是对贫寒学子，范仲淹总是勉励他们自强不息，拿自己俸禄资助他们。

范仲淹：先天下之忧而忧，后天下之乐而乐

应天府的学风在范仲淹言传身教下，焕然一新，充满了刻苦求学、学以致用的氛围。

范仲淹做到了"处江湖之远则忧其君"，他为朝廷上了一份万言书，主张"择郡守，举县令，斥游惰，去冗僭，遴选举，敦教育，养将材，实边备，保直臣，斥佞人"。

宰相王曾对这份万言书赞不绝口，王曾与晏殊推荐范仲淹担任秘阁校理。此官相当于皇家图书馆管理员，官虽小，却有机会接触大宋皇帝。

范仲淹入开封后，怀着忧国忧民的情怀，不在意自己的身份，经常与朋友们慷慨激昂地谈论天下大事。士大夫矫正世风、崇尚品德的节操，即由范仲淹首倡，史称"每感激论天下事，奋不顾身，一时士大夫矫厉尚风节，自仲淹倡之"。

当时。宋朝政府由皇太后刘氏垂帘听政。仁宗皇帝赵恒虽然接近20岁了，仍然不能亲政。天圣七年（1029年），仁宗准备亲率文武百官在会庆殿为皇太后祝寿。虽然这种做法会鼓励后宫越权干政，不利于皇权政治的稳定，但是无人敢吭一声。

新任皇家图书管理员范仲淹此时上疏说："若奉亲于内，行家人礼可也。今顾与百官同列，亏君体，损主威，不可为后世法。"大意是：如果尽孝心，在内宫行家人礼仪就可以了。如果皇帝率百官朝拜太后，有损皇帝威严，会给后世留下不好的例子。

无论是刘太后还是仁宗都没有搭理范仲淹，晏殊却吓坏了。他叫来范仲淹一顿痛骂："做事没脑子，想出名想疯了，坑我这个伯乐。"

范仲淹挺直腰杆，目光炯炯道："仲淹缪辱公举，每惧不称，为知己羞。不意今日反以忠直获罪门下。"意思是：我为报答您的推荐之恩，生怕所作所为不称职，辜负了您。没有想到今天因为做人忠直得罪您！

晏殊拂袖而去。范仲淹再次上疏，请刘太后还政皇帝。奏疏石沉大海，无论是皇帝还是刘太后都不搭理他。不久后，他被贬出京师，担任河中府通判，次年又迁陈州通判。在此期间，范仲淹多次给皇帝上疏，建议不要大兴土木，要精简官吏，要注重增加科举的实务内容，如是云云，依旧没人搭理他。

明道二年（1033年），刘太后去世，亲政的宋仁宗诏范仲淹还京担任右司谏（七品官）。同年，发生了旱灾、蝗灾，江淮和京东一带灾情尤其严重。范仲淹请求朝廷派官员到地方视察，救济灾民。宋仁宗没搭理他。

时间一分一秒地过去，范仲淹实在忍不住了，跑到宫里，大声质问宋仁宗："如果皇宫中半天没饭吃，官家你会怎么办？"

宋仁宗醒悟，立即安排范仲淹前往灾区赈灾。范仲淹在江淮之地开仓放粮，赈济灾民，活人无数。回朝后，范仲淹将灾民吃的草根树皮带回皇宫，让皇帝与嫔妃们知道灾民苦到什么程度，警示他们不要骄奢浪费。

范仲淹入仕之后10余年，担任的只是一些小官，可是他能做到平反冤假错案、兴修海堤、兴办教育、赈济灾民等一系列利国利民的大事，因为他有一颗为国为民的心，且能从实际出发，坚持不懈。

范仲淹：先天下之忧而忧，后天下之乐而乐

3

明道二年（1033年），郭皇后因为争风吃醋，抓伤了宋仁宗的脸，宋仁宗大怒之下，想要废掉郭皇后。宰相吕夷简等人表示支持。

废除皇后是动摇国本的大事，岂能说废就废？范仲淹等耿直大臣强烈反对。同时得罪了皇帝与宰相，岂能有好果子吃？范仲淹被外放为睦州知州。

到睦州后，范仲淹留下了大量千古名篇，其中以《严先生祠堂记》最为著名。

"云山苍苍，江水泱泱，先生之风，山高水长。"范仲淹通过缅怀汉光武帝时期著名隐士严光，抒发自己对高尚品德的不懈追求。

不到一年，范仲淹又被平调为苏州知州。

苏州西边的太湖每年夏天都会发生水灾，据不完全统计，每年遭受损失的百姓超过十万户。范仲淹富有治水经验，他实地巡河勘测后，制定了六字方针："修围、浚河、置闸。"修围就是修围堰，改变河道。浚河即清理河道淤泥。置闸即修建水闸，开闸时可以舒缓水流，旱季时可以灌溉良田。

就这样，苏州水患基本解决。当地百姓感恩戴德，为纪念范仲淹，将水闸称为"范公闸"。

因治水有功，宋仁宗将范仲淹调回京师，转升为吏部员外郎。范仲淹一腔热血从未冷，回京后心忧国事，上疏言事，比当年还要频繁。

吕夷简愈发看范仲淹不顺眼。他把范仲淹举荐为权知开封府。这个官可不好做,开封府有帝王将相,还有无数皇亲国戚,特点就是各种事多。吕夷简打算等范仲淹做事出差错时,再贬他。

范仲淹怀着浩然之气,无所畏惧,将开封府各项事务打理得井井有条。做到皇帝认可,百姓满意。

开封城的百姓,还编了一句诗赞美范仲淹:"朝廷无忧有范君,京师无事有希文。"朝廷无事,京城无忧,就是因为有范仲淹在啊!

范仲淹执掌开封府后,站在一个更高的平台,观摩大宋国政。他惊奇地发现吕夷简操弄权柄,任人唯亲。

范仲淹颇富创意,亲手绘了一幅《百官图》,对仁宗皇帝解释官员的升迁情况,哪些合理,哪些不合理。范仲淹对仁宗皇帝道:"天子对于用人不可不察。"

范仲淹此举是在以一己之力,向宰相及其朋党开战!吕夷简勃然大怒,攻击范仲淹越职言事、勾结朋党、离间君臣。不过这一次,范仲淹不是一个人在战斗,太子中允尹洙、馆阁校勘欧阳修都在声援他。

景祐三年(1036年),入京仅10个月的范仲淹再次被贬为饶州(江西鄱阳)知州。

这是范仲淹第三次被贬了。他第一次被贬河中的时候,同事们为他饯行,道:"此行极光。"第二次被贬睦州时,同事们又为他饯行,道:"此行愈光。"这一次,同事们说:"此行尤光。"

范仲淹：先天下之忧而忧，后天下之乐而乐

范仲淹对自己三起三落不以为意，哈哈大笑道："仲淹前后三光矣，此后诸君更送，只乞一上牢可也。"意思是：我已经前后光荣三次了，下次再送我，你们准备一只羊祭拜我吧！

范仲淹胸襟开阔，豪迈大度，令人钦佩。在前往饶州途中，沿途要经过十几个州县，地方官员却不敢接待他。范仲淹表示理解，大家犯不着为了自己这个不相干的人，得罪当朝宰相。

范仲淹作诗以明心志："三出专城鬓似丝，斋中萧洒过禅师。近疏歌酒缘多病，不负青山赖有诗。半雨黄花秋赏健，一江明月夜归迟。世间荣辱何须道，塞上衰翁也自知。"

范仲淹自幼多病，治水期间又患了肺病，旅途艰辛，他苦不堪言。令他痛惜的是，妻子身体也不好，竟然病逝了。范仲淹悲伤痛苦，赋词抒情："愁肠已断无由醉，酒未到，先成泪。"

老友梅尧臣看范仲淹实在太惨了，作了一篇《灵乌赋》，委婉劝说范仲淹学报喜之鸟，不要像乌鸦那样报凶讯而"招唾骂于邑间"，劝他从此少说话，不要多事，明哲保身，颐养天年。

范仲淹也作了一篇《灵乌赋》给梅尧臣——"宁鸣而死，不默而生。"

虽然范仲淹中年丧妻、被贬、肺病严重，但是他很快便斗志昂扬起来。因为他知道，饶州百姓需要他！

范仲淹深入基层调研后，力所能及地减少了一些苛捐杂税。他又修葺了一些先贤祠，为当地有德行的人树立牌坊，鼓励当地百姓学好人，做好事。

景祐五年（1038年），党项人李元昊称帝，建立西夏，攻打宋朝边境。宋军连吃败仗，局势危急，京城震动。

时任陕西安抚副使的韩琦立刻向仁宗皇帝上书，请诏范仲淹前往西北边境主持大局。宋仁宗同意，诏范仲淹还京，加封龙图阁直学士、陕西经略安抚副使等职位。范仲淹接到任命后，马不停蹄赶往边境。

范仲淹一路上见百姓为逃避战乱，扶老携幼，前往内地，又望着滚滚狼烟、残垣断壁、白发戍卒……

范仲淹忍不住双目湿润，写了一首《渔家傲·秋思》："塞下秋来风景异，衡阳雁去无留意。四面边声连角起，千嶂里，长烟落日孤城闭。浊酒一杯家万里，燕然未勒归无计。羌管悠悠霜满地，人不寐，将军白发征夫泪。"

范仲淹下定决心，不惜一切代价，也要平息战乱。

范仲淹亲临前线勘察地形，巡视军营，与将士们探讨对策，他废寝忘食地制定抵御西夏的战略。针对西夏虽军队凶悍善战，但是国力薄弱的特点，范仲淹主张修固边城，坚壁清野，扼守险要，对西夏实行经济封锁，迫使其讲和。他整改编制，选将练兵，筑堡建寨，屯兵营田，招抚边民。

范仲淹说："自古将帅与士旅同其安乐，则可共其忧患，而为国家之用。"他与士卒同甘共苦，将朝廷赏赐给他的全部财物分给将士，做到了"士未饮而不敢言渴，士未食而不敢言饥"。

值得一提的是，范仲淹镇守边境时，提拔了大量优秀将领，如种世衡、狄青等人。他尤为欣赏作战时敢打敢拼的狄青。虽然狄青当时只是一个下级军官，范仲淹却对他极为栽培。

一日，范仲淹赠送给狄青一本自己批注过的《左氏春秋》，勉励他道："将不知古今，匹夫勇耳。"狄青深受感动，从此折节

范仲淹：先天下之忧而忧，后天下之乐而乐

读书，终成北宋一代战神。

经过范仲淹在边境的3年奋战，西夏李元昊终于难以招架，遣使向大宋求和称臣。当地人传颂："军中有一范，西贼闻之惊破胆。"

范仲淹以书生领兵，慷慨赴国难。他能抵御西夏，靠的是他根深蒂固的儒家思想——"行有不得反求诸己。"他从宋朝自身寻找问题，解决内部问题之后，才能打败强大敌人。他以防御为主，减少战争，以堂堂正正的王道碾压西夏。他严于律己，厚待将士，选贤举能，招抚边民，正是儒家"修身""士不可以不弘毅""仁者爱人"等思想的体现。

庆历三年（1043年），55岁的范仲淹因为军功卓著，朝廷加封他为参知政事、枢密副使，职权相当于副宰相。范仲淹多年的夙愿终于得偿。

在与西夏的战斗中，仁宗皇帝深感宋朝积弱，他下令开天章阁，赐予范仲淹等人纸笔，令他们立即书写朝廷弊端，提出解决办法。

范仲淹书写了《答手诏条陈十事》，总结28年从政中酝酿的改革思想，分为"明黜陟、抑侥幸、精贡举、择长官、均公田、厚农桑、修武备、推恩信、重命令、减徭役"等方面。

所谓"明黜陟"，就是严格把控官员升降。北宋时，升降官员不看政绩好坏，讲究论资排辈。官员不求有功，但求无过，无所作为。所谓"抑侥幸"，即限制大官的恩荫特权。大官因为有恩荫特权，可以每年推荐一次子弟充任京官，不仅增加国家开支，且这样当官的人大多没有真才实学，尸位素餐，增加了社会

的不公平。其他各条也各有各的敏感之处。范仲淹的这些改革措施会触犯很多权贵的利益。

改革期间，范仲淹毫不犹豫，将不称职的官员姓名从班簿上勾掉。有人劝说他："你这大笔一勾，可就有一家人要哭！"范仲淹正色道："一家人哭，总比几个州县的百姓哭好些。"

史称范仲淹等人这次变法为庆历新政。

无数权贵的利益受损，他们联合起来反对变法。宋仁宗终究不是齐桓公、秦孝公这样的雄主，范仲淹也做不成管仲、商鞅。庆历新政黯然收场。范仲淹再次被贬。从此以后，他再也没有机会回到京城，只是转任各地，担任地方长官。

庆历六年（1046年），同样被贬的老友滕子京邀请范仲淹为自己新修的岳阳楼写一篇序。

范仲淹欣然同意，创作了最能抒发一生心志的千古名篇《岳阳楼记》，他在结尾中写道："不以物喜，不以己悲；居庙堂之高则忧其民，处江湖之远则忧其君。是进亦忧，退亦忧。然则何时而乐耶？其必曰：'先天下之忧而忧，后天下之乐而乐'乎。"

皇祐四年（1052年），64岁的范仲淹积劳成疾，病死在赴颍州上任途中。

大宋无数百姓悲伤难抑，自发为范仲淹建祠绘像，永远纪念他。听闻范仲淹的死讯，宋仁宗叹息不已，亲自为范仲淹书写"褒贤之碑"。朝廷追赠范仲淹兵部尚书、太师、中书令兼尚书令、楚国公等职，经过朝野公论，将范仲淹谥号定为"文正"。经天纬地曰文，内外宾服曰正，这是中国文臣的最高美谥，世称范仲淹为范文正公。

范仲淹：先天下之忧而忧，后天下之乐而乐

小贴士

范仲淹本是贫寒学子，却为万千黎民奋斗终身，死谥文正。

他璀璨的一生可分为两大阶段。入仕前立志不为良相，便为良医，目的无非是医国医民；怀着这一崇高理想，他昼夜苦学，留下断齑画粥的励志典范，激励了后世无数读书人。他的成功秘诀是一个"苦"字，苦熬生活，刻苦读书，磨砺心智，增长才干。

入仕后，他从小官做起，一生四遭贬黜。在地方时，他为百姓谋福利，修水利，倡教育，救灾民，重文治，保边关；在朝堂上时，他为正世道人心，劝谏皇太后、皇帝、宰相，一往无前，无所畏惧。他的秘诀是一个"正"字，唯有做人堂堂正正，做事才能公道服人，说话才能正气凛然。

范仲淹作为政治家、军事家、文学家，他政治上成功的原因，用一句话来概括便是"不以物喜，不以己悲"。正因为他从不计较个人得失，所以他才能一片公心，干成一件又一件大事。他在军事上成功，是因为他真正运用了儒家内圣外王的理念，行王道，增强自己的实力，以达到不战而屈人之兵的结果。他在文学上成功，是因为他一生践行"先天下之忧而忧，后天下之乐而乐"的理念，文以载道，言为心声，所以他的诗词散文均气象万千，具有忧国忧民的浩然之气。

朱元璋：

不逼自己一把，不知自己有多厉害

　　至正十四年（1345年），濠州城大街，一位身披破烂粗布袈裟的青年和尚，左手立掌收在胸口作礼佛状，右手托着一个有缺口的粗瓷大碗，踩着一双露脚趾的草鞋，逢人便咧开嘴，露出四颗白牙，轻声道："阿弥陀佛，施主行行好！赏贫僧一口吃的吧！佛祖会保佑你。"

　　"滚！"大部分行人只回答一个字。青年和尚双唇紧抿，眉头愈发紧皱，高大消瘦的身躯渐渐佝偻起来。

　　和尚摸着肚子，听着咕咕声，深吸一口气，勒紧腰上的裤带。他挤出一张笑脸，挺直腰杆，对又一个行人道："阿弥陀佛，施主行行好！赏贫僧一口吃的吧！佛祖会保佑你。"

1

元朝致和元年（1328年），濠州（今安徽凤阳）贫穷佃户朱初一的老婆又生了一个男婴。朱初一将他起名为朱重八。朱初一这么起名，不是为了对子女进行"数字化"管理，而是因为家里穷又没文化，只能这样随便起个名。

朱重八还有3个哥哥、两个姐姐，虽然生活清贫，但一家人咬紧牙，也能活下去。

朱重八从记事起，便下地帮父母干农活。八九岁时，他便为村头地主放牛。斗转星移，日出日落，转眼间朱重八16岁了。如果没有变故，朱重八也许会变成朱初一那样的老实贫民，他会娶一位村姑，生的儿子继续为地主放牛。

老朱家至少五代都是贫农，一代一代便这样过来。

不料，这一年，旱灾来临，第二年，蝗灾、瘟疫接踵而来。元朝政府仍然赋役沉重，有些生活不下去的百姓开始起义。朱家人老实巴交，不会来事，自然没有去造反。朱重八的父亲、母亲、大哥，在天灾和瘟疫中，相继死在他面前。

家里穷，找不到一块地埋葬父母。一位地主刘继祖给了朱重八一块地安葬父母。值得一提的是，多年以后，朱重八知恩图报，将刘继祖追赠为义惠侯。刘继祖后人世代公侯，与大明相始终。

此时，用几件破烂衣裳包裹父母尸体下葬的朱重八体会到了

朱元璋：不逼自己一把，不知自己有多厉害

命运的残忍与人间的温情。

走投无路之下，朱重八到几十里外的皇觉寺出家。和尚也不富裕，朱重八才吃了一个多月素饭，便被主持打发外出化缘（要饭），自生自灭。

3年时间，少年朱重八走遍了安徽西部、河南东部的八九个郡县。为了活着，朱重八鼓起勇气敲开一扇又一扇陌生的大门，朝着一个又一个陌生人鞠躬行礼，只为一口吃的。

他一次次忍饥挨饿，饱尝人情冷暖；在社会底层，他见识了形形色色的人，亲身感受民间疾苦。苦难，是人生最好的老师。他结交了一个又一个朋友，他的意志力一天比一天坚强，他的智慧与日俱增。他明白了，佛祖并不会保佑他，人要自己成全自己。

虽然天下大乱，朱重八在饥荒稍微缓和后，还是回到了皇觉寺，每天撞钟、学念经、做杂役。这也可以理解，造反是要掉脑袋的，还不如当个和尚，至少还能识字读经，混口饭吃。

又是3年过去了，《明太祖本纪》称"盗贼四起"。刘福通在颍州起义、徐寿辉在湖北起义、李二、彭大、赵均用等在山东起义。天下乱成一锅粥。

红巾军将领郭子兴、孙德崖在濠州起义，元军不敢进攻红巾军，却抓附近老百姓当成义军杀掉领赏。朱重八面临着随时被砍掉脑袋的风险。朱重八这下只有三种选择了：第一，逃跑。第二，留下来等死。第三，加入义军。

一封来自义军的信，寄到他手中。同乡好友汤和邀请他加入义军，一起创业。

朱重八无法下定决心投入起义大潮。他长叹一声，将信烧了。没多久，一位师兄慌张地告诉他："师弟，义军给你寄信的事，被人举报到官府了。快卷铺盖跑吧！"

青年朱重八还是无法下定决心，舍弃和尚这份工作。元朝的和尚不仅可以娶媳妇生孩子，还可以做生意发财，实在是一份很有前途的工作。

朱重八苦思冥想后，决定请人算一卦。同乡好友兼算命先生周德兴掐指一算，道："重八，卦象显示，留下来或者逃跑，小命难保啊，参加义军则大吉大利。"

周德兴的话，触及了朱重八过往的惨痛回忆。朱重八咬紧牙关，狠狠地跺脚，心想：我想当放牛娃，父母没了，全家离散。我想当和尚，也要砍我脑袋。为了活命，造反又怎么了！

有几个人是天生英雄？人大都是命运逼出来的。

这一年，朱重八 25 岁。无奈选择起义。

2

找工作就找离家近的，朱重八也不例外。他加入濠州义军郭子兴部。郭子兴见朱重八牛高马大，粗眉大眼，暗暗点头，觉得这大块头留下来挡刀也不错，就留他当了亲兵。没过多久，郭子兴惊奇地发现，这小子竟然认识几个字！不错，小伙子有前途。元朝末年，能认识字的人，在红巾军里，绝对算是知识分子。

按照军队惯例，主帅亲兵要放到一线历练。朱重八这辈子第一次担任了领导——九夫长，是 8 个普通兵的头儿。

朱元璋：不逼自己一把，不知自己有多厉害

朱重八珍惜这次机会，作战时奋勇当先，撤退时掩护兄弟们先撤，抢夺的战利品全部上交郭子兴，得到赏赐全部分给属下。他赢得了郭子兴的赏识、属下的信赖、同事们的称赞。

朱重八在淮西一带做过3年乞丐，熟悉当地风土人情、人文地理。郭子兴见他分析问题往往逻辑清晰，一针见血，愈发赏识他。

郭子兴将朱重八渐渐提拔为军队高层将领，又将养女马氏许配给他。拥有了事业与爱情的人生赢家朱重八红光满面，踌躇满志。他绞尽脑汁，为自己改了一个有意义的名字——元璋。璋是一种玉器。

"朱重八这小子攀上高枝了。"义军中很多将领嫉妒朱元璋，经常对他的命令阳奉阴违。这可以理解，兄弟们都是刀口舔饭吃，凭什么他升迁那么快，还娶了郭子兴的养女当媳妇？

很快，朱元璋用实力回答了这两个问题。

义军将领开会的时候，以坐在右边上首的椅子为尊。朱元璋下令将椅子全部撤掉，换成长板凳，派人通知将军们可以自己挑选座位。

第二天，开会时，他又故意迟到。义军将领们毫不客气地从右手第一位依次坐下，将最左面的位置留给朱元璋。

坐在什么位置承担什么责任。义军将领们按照位置高低发言，一群大老粗哼哼唧唧，说不出什么有水平的话。最后轮到朱元璋发言时，他侃侃而谈，有理有据，令人心服口服。

这种会议开了几次后，即使朱元璋故意迟到，右面上首的位置依然给他预留着。朱元璋渐渐建立了在军中的威信。

想要建立自己的威望，最有效的方法，不是用职权打压，而是充分展示自己的才能，才能令人心服。

朱元璋搞定了将军们，却没有搞定郭子兴的儿子郭天叙。这位郭天叙勾结一些不满朱元璋的将领，联合向郭子兴上告，说朱元璋要谋反。郭子兴耳根软，将朱元璋关在监牢。郭天叙下令不准给朱元璋饭吃，想活活饿死他。

朱元璋的老婆马氏，在看望朱元璋时，将胸口塞藏的热腾腾的大饼子，偷偷拿给朱元璋。朱元璋看着老婆烫得红紫的胸口，含泪啃着大饼，暗暗发誓一定要争口气，混出人样！马氏毕竟是郭家养女，是大小姐，她经常出没监牢，狱卒也不敢轻易下黑手。马氏哭哭啼啼地求干妈救朱元璋一命。郭子兴老婆吹吹枕边风，朱元璋又被无罪释放了。

这件事让朱元璋深刻意识到，人的命运应该掌握在自己手里，得用一腔热血打出自己的江山。

濠州义军中几个大帅——郭子兴，孙德崖，彭大，赵均用矛盾重重。有一次，郭子兴竟然被孙德崖、赵均用绑架，关到了黑屋子里。朱元璋联合彭大，救出了郭子兴。

朱元璋向郭子兴请求回家乡募兵。老乡徐达、周德兴等家乡子弟欣然投奔。这是朱元璋第一支嫡系部队。

第二年，朱元璋发现义军内斗越来越严重，说不定某天自己也会被整死。这群家伙没有任何前景规划，只热衷于抢夺财物、女人，跟着这群人混实在没前途。

朱元璋向郭子兴辞行，请求去攻打定远县。郭子兴问他要带多少人，朱元璋淡淡道："24人。其余的人马全部交还郭帅。"郭子兴虽然疑惑，还是同意了。

这24人，包括徐达、汤和、周德兴、郭英等。明朝建立后，24人中两人封王，1人封公，21人封侯。

这一年，朱元璋26岁，正式开始创业。

3

朱元璋对招募士兵已经轻车熟路，在去定远途中，拉了上千壮丁。听说在驴牌寨有三千多名盗匪，朱元璋立刻前去招降，寨主也同意了。谁知，第二天，寨主变卦了。

朱元璋派人哄骗寨主，说要帮他报仇，又骗他前来相会。寨主一到，朱元璋立刻拿下他，以寨主的名义将山寨人马调到了自己麾下。这位寨主也只好捏着鼻子认了。

朱元璋亲率四千多人，一路召集饥民，很快拥有了数万人，攻克了滁州城。儒生李善长、冯国用、冯国胜等人来投。李善长初见朱元璋时，便对他说："大帅若想以布衣之身成就大业，须学习汉高祖刘邦，学习他的豁达大度、知人善任、爱民如子，大业可成。"

朱元璋躬身一拜，道："请先生做我的萧何。"

李善长，被誉为"开国勋臣第一"。他是朱元璋得到的第一个顶级谋士。从此以后，他为朱元璋转运粮储，供给器械，治理后方，和睦军民。

朱元璋拥有了滁州这座险要的城池，文有李善长、冯氏兄弟，武有徐达、汤和等猛将，正式跻身当世军阀之列。

濠州城内乱更加严重，岳父郭子兴带着几万人前来投奔朱元璋这个干女婿。朱元璋做了一个谁也想不到的决定。他送给郭子兴一份礼物——将滁州城与3万精兵全部交给郭子兴。

郭子兴百感交集，激动地拉着朱元璋的手，问道："这份礼物太重了！你为什么对我那么好？"

朱元璋动情道："若没有郭帅，不可能有我的今天。我对您感恩不尽，区区一座滁州城，聊表寸心。"

天下人听闻此事，纷纷赞扬朱元璋仁义、知恩图报。朱元璋虽然失去了滁州城与3万兵马，却得到了人心。

朱元璋攻打附近和州时，人心所向，轻松攻克。濠州义军中孙德崖等人眼看郭子兴、朱元璋混得不错，也跟来混口饭吃。看到这群乱哄哄的家伙，朱元璋十分嫌弃厌恶。

很快，郭子兴去世了，朱元璋更想离开了。

冯国胜劝说朱元璋："集庆（今南京）虎踞龙盘，帝王之都，拔之以为根本，然后命将出师，倡仁义，收人心，不贪子女玉帛，而后天下可定。"

集庆北有长江，南控江左，经济富庶，其资财可支撑长期战争，朱元璋也正有取集庆之意。

他下令全军向东。攻下太平（今安徽当涂）后，明道书院山长陶安等率父老出迎，他向朱元璋进言："海内鼎沸，豪杰并争，然其意在子女玉帛，非有拨乱救民安天下心。明公渡江，神武不杀，人心悦服，应天顺人，以行吊伐，天下不足平也。"

这番话有两层意思，第一，现在的各地豪杰纯粹为了抢钱抢女人，没有济世安民之心。第二，只要朱元璋坚持高举仁义大旗，善待百姓，讨伐害民的政权，就一定能平定天下。

朱元璋向陶安躬身行礼，多谢指点之恩，但是朱元璋心里明白，仅靠仁义是不够的，必须有严明的纪律才能保证军队战斗力。

为节省粮食，朱元璋下令禁止军中用粮食酿酒。大将胡大海之子胡三舍置若罔闻，用军粮卖酒赚钱。朱元璋听说此事后，立即将胡三舍拿下。

左右纷纷劝说，在这关键时刻，一定要对胡三舍从轻发落。万一在前线的胡大海投靠别的义军，麻烦就大了。朱元璋道："宁可胡大海反了，也不能坏我军令。来人，将胡三舍斩首示众！"

全军深感朱元璋执法严明，不敢违反军纪。

高举仁义大旗，可以使朱元璋获得民心；严格执行军纪，可以保证军队战斗力。拥有这两个武器的朱元璋，格局上已经超越了很多诸侯。

朱元璋顺利攻占集庆后，改名应天，取"应天顺人"之意，这一年朱元璋29岁。

虽然抢占了一块不错的地盘，但是形势并不乐观。正北面是红巾军的各部起义军，都是相互合作的，能为自己抵挡元朝主力。南边是占据徽州的元军，西面是占据两湖的徐寿辉，东南方向是占据江苏一带的张士诚。朱元璋夹在各大势力集团中间，一不小心，就会被包了饺子。周围的邻居们看不上弱小的朱元璋，懒得搭理他。

朱元璋一看这形势，闲着也是闲着，攻打徽州吧。

拿下徽州后，大将邓愈对朱元璋说："这附近住着一个人才，叫朱升。"

朱元璋道："你带他来吧！"朱元璋召见朱升，请教未来该如何发展。朱升道："高筑墙，广积粮，缓称王。"高筑墙，即积极发展军事力量。广积粮，即发展水利，屯田储粮，保障后勤。缓称王，即做人低调，避敌锋芒，合纵连横。

短短9个字，从战略高度指明了朱元璋集团未来的发展规划，奠立了帝业基础。朱元璋很高兴，将这番话奉为至理。他邀请朱升为自己效劳。朱升欣然同意。

可能朱元璋要饭的时候，吃过没文化的亏，所以他非常尊重读书人。只要是名士来投，他就给钱，给住房，给官职。他还专门修建了一座豪华的礼贤馆，招纳读书人。一时间，江浙名士刘伯温等人纷纷来投。

尽管军务繁忙，朱元璋每到一地，总要关心当地农业发展，鼓励耕织。他安排军队屯田，耕种粮食，任命专管官员，负责修筑堤防，兴修水利，保证军粮的供应。

几年后，朱元璋谋士如云，武将如雨，兵精粮足，远交近攻，地盘缓缓扩大，已经成为天下实力最强的军阀之一。哪怕天下称王称帝者不知多少，朱元璋依旧牢记"缓称王"这3个字，奉北方的红巾军为主。

只有根深才能叶茂。默默发展综合实力的朱元璋已经从小树苗长成了参天大树。

朱元璋：不逼自己一把，不知自己有多厉害

4

当时，有一位英雄，出身贫寒至极，却崛起于行伍之中，雄才伟略，这个人叫陈友谅。他杀掉主公徐寿辉，自封汉帝，起兵60万，要踏平朱元璋，还和张士诚约好了南北夹击。朱元璋召集部下，开会商议对策。

部下们有的说应该投降，有的说应该退出应天。朱元璋冷哼一声，拂袖而去。

刘伯温跟着朱元璋到了屋内，大声说："主降及奔者，可斩也！"他说："士诚自守虏，不足虑。友谅劫主胁下，名号不正，地据上流，其心无日忘我，宜先图之。陈氏灭，张氏势孤，一举可定。然后北向中原，王业可成也。"

朱元璋采纳了刘基的建议，制定了一套堪称完美的战术。第一步，派手下诈降，将陈友谅水军主力吸引到岸上。第二步，请君入瓮，四面包围。

结果，陈友谅大败，慌忙撤回九江。

陈友谅败退后，文臣武将众说纷纭，有的建议先攻张士诚，有的建议接着打陈友谅。朱元璋判断："友谅志骄，士诚器小，志骄则好生事，器小则无远图。"陈友谅志大、骄横，容易搞事情。张士诚器量小，没有什么远大抱负，所以还是得先攻打陈友谅。

世上最厉害的人，便是能读懂人心和人性的人。毫无疑问，朱元璋便是这样的人。

之后，决定南方霸主之战的鄱阳湖大战爆发。

陈友谅带了大军 60 万，数百艘巨舰，朱元璋大军 20 万，只有一些小船。两军大战杀声震天，炮轰箭射、短兵相接，血战 30 多日。

战况最危急的时刻，连朱元璋都差点被阵斩！

陈友谅杀红了眼，将俘虏的朱军全部虐杀。朱元璋的将士们听到同袍的惨叫声，反而化恐惧为力量，目光愈发坚定。投降也是死，还不如战死前拉个垫背的。与之相反，朱元璋对俘虏的陈军伤者赐药，嘘寒问暖，酒饭管饱，然后将他们全部送还陈友谅。

这一招攻心之计甚是厉害。

陈友谅大军士气渐渐崩溃了。陈友谅战死，第二年其儿子投降。朱元璋乘势追击，吞并江西、湖南、湖北，人口地盘至少扩大了两倍。朱元璋成为名副其实的天下第一军阀。

朱元璋能够打败强敌陈友谅，除了因为他洞悉人心、军事才能杰出、将士用命之外，最重要的是他利用了仁义的力量。所谓仁者无敌，爱人者，人恒爱之。

又是 3 年艰苦奋战，朱元璋生擒了自立为周王多年的张士诚。这位抗元多年的枭雄颇有骨气，纵然沦为阶下囚，他依然对朱元璋大声道："天日照尔不照我！"意思是：你也没啥了不起，只是运气比我好。

实际上，朱元璋能够胜过张士诚，主要是因为他得民心，有谋略，绝不单纯是运气使然。

朱元璋：不逼自己一把，不知自己有多厉害

陈友谅是渔民出身。张士诚原名张九四，私盐贩子起家。朱元璋原名朱重八，什么出身，毋庸赘言。

这3个哥们儿其实都是苦命人。

他们原本没有多少私人恩怨，还有点英雄之间的惺惺相惜，拼死拼活只为了一个活路。是元末的乱象和苛政，把他们逼上造反这条路的。朱元璋的父母、兄长、姐姐，都是死在元末的天灾人祸之中，他于元朝政府，才是既有私仇，亦怀公愤。

至正二十七年（1367年），朱元璋召集诸将商讨北伐大事，他问道："元祚将亡，中原涂炭。今将北伐，拯生民于水火，何以决胜？"大将常遇春第一个发言，道："以我百战之师，敌彼久逸之卒，直捣元都，破竹之势也。"

朱元璋摇摇头，缓缓道："元建国百年，守备必固，悬军深入，馈饷不前，援兵四集，危道也。吾欲先取山东，撤彼屏蔽，移兵两河，破其藩篱，拔潼关而守之，扼其户槛。天下形胜入我掌握，然后进兵，元都势孤援绝，不战自克。鼓行而西，云中、九原、关陇可席卷也。"

大意是，元朝毕竟建国百年，不可轻视。大军分三步走，第一步先攻打山东、河南，第二步夹击大都（今北京），第三步一路向西追杀，取云中、九原、关陇等地。

制定战略后，朱元璋将25万北伐大军分别交予徐达、常遇春统率。将士出发前，朱元璋发布了以"驱逐胡虏，恢复中华，立纲陈纪，救济斯民"为纲领的《奉天讨元北伐檄文》。

三军士气大振，山呼万岁。

朱元璋做了正确的战略规划，加上三军将士英勇奋战，天下

民心所向，北伐军势如破竹。

至正二十八年（1368年），朱元璋在南京称帝，国号大明，改元洪武。

这个昔日的放牛娃、乞丐、和尚，用了16年时间，白手起家打天下，荡平群雄，建立了大明朝。

明朝建立后，朱元璋兴儒家文教，佑天下万民，建中华盛世，轻徭薄赋，爱惜百姓，兴修水利，奖励垦荒，抑制豪强，严惩贪官，重视科举，克勤克俭，广纳贤才，严格治军，注重文治，让百姓得以安居乐业。

他艰难地开创了洪武之治。无论后世谤誉如何，朱元璋的功绩注定彪炳千秋，青史永传！

洪武三十一年闰五月初十（1398年6月24日），71岁的朱元璋走完了他波澜壮阔的一生。

小贴士

朱元璋本是一个卑微的放牛娃、一个端着讨饭碗的乞丐和尚，25岁起义后，仅仅用了16年时间，便开国称帝，建立了享国276年的大明朝。在世界历史上，这也是绝无仅有的。

他的人生大致分为5个阶段。

第一阶段：17岁以前，他做贫农、放牛娃，养成了吃苦耐劳、勤奋工作的品质。16岁到17岁间的天灾人祸和亲人的死亡，磨砺了他强烈的求生意志和坚韧不拔的性格。

朱元璋：不逼自己一把，不知自己有多厉害

第二阶段：17岁至25岁，他在社会最底层行乞求生，行万里路，阅人无数，增长了见闻，体会了民间疾苦，养成了善于察言观色、洞悉人性幽微之处的能力。

第三阶段：25岁至26岁，他参加起义军，遇到这辈子唯一的伯乐——红巾军大帅郭子兴，朱元璋抓住机会从基层小兵混到高级将领，平台不断提高，锻炼了权谋手段，增长了管理才干，积累了政治、军事斗争经验。

第四阶段：26岁至41岁，他在创业过程中坚持努力奋斗，知恩图报，勤奋学习，广纳贤才，识人用人，仁爱百姓，厚待将士，善于用兵，稳扎稳打，坚持高筑墙，广积粮，缓称王。

第五阶段：41岁之后，他开国称帝，纵横捭阖，整顿华夏，开创洪武之治。

朱元璋的成功，既有偶然因素，也是必然的。

王阳明：
从问题少年到心学大师

弘治三年（1490年）的一个冬天，京城翰林院修撰、状元王华在家里唉声叹气。路过后花园的丫鬟们，偷偷瞥一眼后，纷纷捂嘴偷笑。一个年迈的老仆长叹道："少爷啊！你能不能消停会儿？"

后花园究竟发生了什么事呢？只见一位十八九岁的青年，在几根青翠竹子面前，盘腿而坐。

他两手搭在膝盖上，收腹挺胸，一双狭长的眸子深情凝视着对面几根竹子，神情陶醉，口中喃喃道："今日格一物，明日又格一物，豁然贯通，终知天理。"

"格"的意思便是"穷究""探究"。青年的意思是：我今天探究了一个事物的道理，明天又探究一个。早晚有一天，我就能明白天下所有的道理了！

这便是中国哲学史上著名的掌故——阳明格竹。

1

王守仁，字伯安，别号阳明，浙江余姚人。

此公出身于书香门第，自幼便颇多逸事。他小时候沉溺于下棋，有一次为了与小伙伴下棋，他忘记了回家吃饭。母亲生气了，命下人将棋全部丢到河里，王阳明眼看棋子哗啦啦地落在河里，急得蹦了起来。

母亲揪着他的耳朵，吼道："快点吃饭！"吃完饭后，王阳明的爷爷王伦，笑眯眯道："乖孙子，看到棋被扔到河里了，有什么感受啊？将你心里最强烈的情感，用文字表达出来。"

王阳明挠着脑袋，回忆着当时的伤心、惆怅，吟诗一首："象棋终日乐悠悠，苦被严亲一旦丢。兵卒堕河皆不救，将军溺水一齐休。马行千里随波去，象入三川逐浪流。炮响一声天地震，忽然惊起卧龙愁。"

爷爷听后大加赞许，摸着孙子的脑袋，鼓励他保持以诗言志的好习惯。王伦是当时著名隐士，精通文史，胸襟旷达。在王阳明父亲全力备考进士的情况下，正是王伦充当了王阳明的第一任启蒙老师。每日，爷爷教授孙子朗读《论语》《大学》《中庸》等儒家经典。

王华一举高中状元后，被皇帝任命为翰林院编撰，派人接家人到京城居住。王阳明在京城私塾学习时，也不安分。

一日，王阳明问私塾里的老师："世界上最重要、最厉害的事是什么？"老师看这是个教育学生的好机会，说："当然是读书并考中进士啊。"没想到王阳明疑惑地说："考中进士算不得最厉害的事，最厉害的事应该是读书并成为圣贤吧。"

王华听说此事后，拍拍王阳明的肩膀，笑着说："儿子，你要当圣贤吗？"王阳明坚定地点头。

王阳明15岁时，听说有人造反，非要上书皇帝，献计献策，平定农民起义。王华气得骂他狂妄，打发他去山海关、居庸关一带旅游，想让他长长见识，别再这么不自量力。没想到，王阳明看到无垠的草原和苍老雄壮的关墙后，更加热血沸腾。

回家后，王阳明心潮澎湃，辗转难眠。他想起大明洪武、永乐年间的烈烈雄风，忍不住热泪盈眶。他半夜从床上爬起来，趴在桌子上，给皇帝写奏疏，请求领军出关，横扫九边，为大明开疆拓土。

王阳明一脸悲壮，将奏疏递给父亲，流着泪道："父亲，自古忠孝难两全。替我将奏疏上交天子，给我几万人马，我要为大明横扫天下！"

王华目瞪口呆地看着泪流满面的儿子，嘴角直抽，无奈透了。

王阳明17岁时，王华给王阳明定下一门亲事。王华以为，结婚能让王阳明收心，变得"正常"一点。然而，结婚当天，王阳明又整了一个大活儿：吉时快到了，大家却惊奇地发现新郎不见了。

原来，王阳明结婚当天出去闲逛，遇到一个道士，觉得很有趣，两人谈经论道，相见恨晚。王阳明非要跟道士学打坐。等到第二天，家人找到他时，发现他正与一个道士相对而坐呢。

这便是王阳明的赤子之心。全心全意追求自己喜爱的事物，终将有收获。

婚后，王阳明拜访当世理学大家娄谅。王阳明向娄谅讨教成为圣贤的方法。娄谅看着对面这位小青年渴望的眼神，严肃道："圣人是可以通过学习而达到的。你要成为圣人，就必须读懂朱圣人的书。"他为王阳明讲授了格物致知的学问，还送给王阳明一套朱子的全集。

王阳明如获至宝，千恩万谢地离开，路上便如饥似渴地将朱子著作逐字阅读。"必使学者即凡天下之物，莫不因其已知之理而益穷之，以求至乎其极。至于用力之久，而一旦豁然贯通焉，则众物之表里精粗无不到，而吾心之全体大用无不明矣。此谓物格，此谓知之至也。"

读到此处，王阳明有了新的领悟，原来只要格物，就能得到一个物的理，格不同的物便能得到不同的理，直到豁然贯通，便可修身、齐家、治国、平天下了！

一屋不扫何以扫天下？王阳明精神抖擞，斗志昂扬，决定从后院里的几根竹子开始格。

这一格便是整整7天，王阳明没有格出传说中的"理"，却实实在在地格出了重感冒。

这件事可笑吗？笔者不觉得。伟大与荒谬之间，往往只有一步之遥。

在王阳明格竹子第二年，疼爱他的爷爷病故了。王阳明悲伤难过，又开始喜欢上了佛学，读了大量佛经。王华不忍儿子这么沉沦下去，鼓励他振作起来，准备科举。

为了不让父亲失望，王阳明捡起"四书""五经"，在21岁那年高中举人。王华很高兴，鼓励儿子再接再厉。然而，1年后，王阳明进士考试落第了，过了3年，王阳明进士考试又落榜。王阳明倒是看得很开，说："世以不得第为耻，吾以不得第动心为耻。"

这几年，王阳明学学文学，读读兵法，不亦乐乎。

终于，在弘治十二年（1499年），28岁的王阳明高中进士，正式踏入仕途。他先后在朝廷的工部、刑部、兵部任职锻炼，上班时为朝廷、为百姓做些力所能及的益事，下班时与一群志同道合的人搞搞文学，谈谈哲学，侃侃兵书，练练书法，甚至还多了几个红颜知己，小日子过得美滋滋的。时光似箭，日月如梭，就这样又过了7年。不知这些年，王阳明有没有想起过做圣贤的梦想。

此时，发生了一件改变他命运的大事。

弘治帝驾崩，正德帝登基，宦官刘瑾掌权。史书提到刘瑾这位太监，最常用的词便是"祸国殃民"。刘太监逮捕了得罪他的御史戴铣等20余人。

朝廷中很多充满正义感的文官纷纷上书为戴铣等求情。其中自然也包括已经不再年轻，却依然满腔热血的王阳明。

不愧是名传青史的文学家，王阳明发明了一个新词称呼刘瑾——"权奸"。刘瑾气鼓鼓的，将王阳明杖打四十，贬至几千里之外的贵州龙场做驿丞。

艰难困苦，玉汝于成。王阳明的传奇正式开启。

2

所谓斩草不除根，春风吹又生。

刘太监派遣了几名杀手暗中跟随，准备在路上干掉王阳明，一了百了。

危机即将降临之时，王阳明读过的文史书籍，似乎能活学活用了。路过钱塘江的时候，王阳明脱掉鞋子、大衣放在江边，还留下一首绝命诗，装成自杀的样子，成功骗过了杀手。

王阳明跑到南京去见担任吏部尚书的父亲，请教应该如何做。王华告诉儿子："朝廷既然已经委任于你，你还是去上任吧。"王阳明坚定地点点头，如二十几年前，告诉父亲要做圣贤时一样。

坐船途中，王阳明遇到大风暴。船随时可能倾覆，满船的人惊慌失措。

王阳明大步走到船头，盘腿坐下，目睹着风云变色，惊涛骇浪，作诗一首，缓缓吟道："险夷原不滞胸中，何异浮云过太空？夜静海涛三万里，月明飞锡下天风。"

意思是：这个世上的一切艰难险阻，如同天上飘浮的一朵朵白云，不应滞于心中。夜深时，我思考着国家的命运和自己的经历，大起大落，如眼前大海中的三万里波涛一般。我只有养浩然之正气，才能挑战人生所有的艰难。

几番风雨，几番坎坷，王阳明带着两个随从，终于来到龙场，史称"龙场万山丛薄，苗、僚杂居"。龙场周围层峦叠嶂，遍布草木，毒虫野兽经常出没，偶尔有少数民族经过此地。

条件虽然艰苦,王阳明却充分发挥乐观主义精神。他对随从说:"当下即去消磨,便是立命功夫。"意思是:活在当下。

王阳明找到一个荒僻的破山洞,起名为阳明小洞天。洞天,是道家神话中神仙的府邸。

为了活着,王阳明带着两个仆人,挖些野菜,与当地土著学习开垦荒地,种些粮食。

但是这种苦日子何时是个头啊!

王阳明亲手打了一副石棺,晚上就躺在里面,思考人生:

我曾经豪情万丈,而今却过着穷困潦倒、朝不保夕的生活。

我曾经前途无量,风光无限,而今艰难困苦,生死难料。

我曾经有幸福美满的家庭,如今家人远在天边,日夜为我担忧。

我的人生为什么沦落到如此地步?我坚持仗义执言,错了吗?

王阳明睁大眼睛,死死地盯着夜空中满天星斗,读过的一本本书——儒典、兵书、史书、佛经、道藏,见过的形形色色的人——朋友、亲人、上司、同事、路人,经历过的所有事——好事、坏事、喜事、怒事、哀事,仿佛化作一颗颗流星,坠落到王阳明的脑海。

理,其大无外,其小无内。无所不包,无所不在的理,究竟在何方?我明白了,我终于明白了!

王阳明一跃而起,仰天长啸:

原来理始终在我心中,从未曾离去。

我的灵明便是天地鬼神的主宰。

天没有我的灵明,谁去仰他高?地没有我的灵明,谁去俯他深？鬼神没有我的灵明，谁去辨他吉凶灾祥？

这便是心外无物，心外无事，心外无理。圣人之道，吾性自足，向之求理于事物者误也！

知行本就合一，即对世界的认知与实践的方式本就是密不可分的。

王阳明能够开悟，离不开20多年的学习、实践。发现学过的道理并不能为他解决世间的难题后，他陷入了疑惑，疑惑后又反思，终于发现了一种新的道理，紧接着发明了一种新的理论。

王阳明的这次开悟，史称龙场悟道。

身为知行合一的提出者，王阳明自然深深明白这个道理。他焕发了改天换地的豪情壮志。

从身边的夷人、苗人同胞开始，他用手比画交流，教授他们文字，改善他们的生活方式。

王阳明渐渐出名，周边城镇的人慕名拜访。当地土著知恩图报，为王阳明修建了一处木房子。从此以后，王阳明便在房子里向来求学的人传授学问。

因为房子建在龙场山岗上，便命名为龙岗书院。房子旁边有一个破草亭子，王阳明命名为君子亭，住的简陋卧室叫何陋轩，他又发现了一个小山洞，因为王阳明喜欢在洞里读《周易》，便命名为玩易窝。

王阳明有了坚定的信念，有了改造世界的激情，有了强有力的执行力。什么叫乐观主义精神？这便是。

王阳明正式开宗立说，传授哲学。

史书对他的作为评价极高，称贵州"士始知学"。他名气越来越大，甚至四川、两湖、江西等地的学者也赶赴龙场学习阳明心学。这期间，王阳明作《瘗旅文》和《象祠记》，被后世收录于《古文观止》。《教条示龙场诸生》更是直接提出"志不立，天下无可成之事"。

正德四年（1509年），刘瑾伏诛。王阳明被诏还京，历任一些闲官。不过王阳明的精力主要不用在仕途上。他开始广收门徒，为大众讲解自己的心学。

这段时间，他进一步提出新的哲学理论"致良知"——回到自己的内心，寻求真理。他认为，每个人内心都有一套完整的理，应该把内心的理挖掘出来，再扩充到万物之中。

如果一直这样下去，王阳明依然会成为政治家、思想家、文学家，但他的头衔会少一个军事家。王阳明多次向朝廷上疏，请求辞去官职，安心做学问，因为他患有肺痨，即肺结核，无力从事繁重的工作。可朝廷不允许。

兵部尚书王琼欣赏王阳明的人品才干，甚至对周围的人说："重用此人，可安天下！"

王琼力荐王阳明为都察院左佥都御史，巡抚南、赣、汀、漳等地，主要是现在的江西一带。当时这些地方盛产一种独特的"土特产"——土匪，而且孜孜不倦地"生产"了数十年。

王阳明到任之后，惊奇地发现此地有大小土匪几十股，加在一起至少十几万人，而且朝廷每次围剿，土匪仿佛都能未卜先知，提前埋伏。

身为一位伟大的哲学家，王阳明并未将土匪放在心上，他在致学生的信中写道："破山中贼易，破心中贼难。"意思是：只要我能破掉心中的胆怯、犹豫、狂妄等"贼"，山中的那些小贼不在话下。

王阳明盘腿而坐,闭目遐思。少年时读过的《孙子兵法》《吴子兵法》《六韬》《三略》《司马法》等,一页页在他脑海里翻过。

此心不动,随机而动。当他睁开眼睛时,已经制定了一套连环计。

第一招,引蛇出洞。一日,王阳明突然召集所有文吏武将开会,宣布剿贼方略。会后,他将那些鬼鬼祟祟,想给土匪通风报信的人全部抓起来,将他们策反,让他们给土匪提供假情报。

第二招,保甲法。境内百姓十户编为一甲,有从贼者、助贼者、知情不报者,十户同罪。土匪都是本地人,这一招搞得土匪们有家难回,顺便也断掉了土匪的人力、物力供给。

第三招,以逸待劳,声东击西,借刀杀人,斩草除根。

王阳明下令将有限的兵力,驻守在关键要道,坚守不出,今天白天宣布打这个,最迟明天早上就一定偷袭那个。他对俘虏的土匪进行思想改造,选拔愿意受招安的,收为己用,令他们攻打别的山贼,戴罪立功。有首鼠两端的,王阳明也先怀柔应对,瞅准机会抓起来依法处置。

为患数十年的江西土匪,在王阳明手中,三下五除二便被解决了。

这便是王阳明像军事教科书一般经典的"江西剿匪记"。不过,相较后期他的军事成就,剿灭土匪只是牛刀小试而已。

3

正德十四年(1519年),宁王朱宸濠发动叛乱,以谋士李士实、刘养正为左、右丞相，起兵10万，发檄各地。大明朝廷惊慌不安——"京师闻变，诸大臣震惧。"

唯有兵部尚书王琼淡定地捋着胡子，笑眯眯道："老夫早就料到宁王必反，所以我将王阳明安排在江西，请诸君静候佳音。"

宁王这一脉也是被骗者。当初永乐大帝朱棣起兵靖难的时候，对第一代宁王朱权许诺："兄弟跟我好好干！大事成了，平分天下哦。"

朱权美滋滋地答应了，还挺卖力。但是朱棣得到天下后，却违背了诺言。不仅如此，他还将这位小弟改封到南昌，严密监视。

宁王一脉与永乐一脉矛盾甚深。到朱宸濠这一代，他再也无法忍受了，要夺回祖宗的江山。大家都是太祖高皇帝子孙，凭啥天下要给你们一脉？

当宁王宣布起兵时，王阳明刚刚因为剿匪成功解散了部队，成为一个光杆司令。

沧海横流方显英雄本色。王阳明快马加鞭赶到吉安县，说服县令帮助自己。附近几个县的官吏听说王阳明在吉安，纷纷投奔到他麾下效劳，他手里总算有点人力可用。

王阳明对他们分析道："贼若出长江顺流东下，则南都不可保。吾欲以计挠之，少迟旬日无患矣。"意思是：如果宁王顺江东下，先取安庆，那么南京就不保了。我会想个办法拖他们十几天，让安庆、南京有充分的时间备战，宁王便不足虑了。

手下们面面相觑：宁王又不是你儿子，凭什么听你的？

王阳明第一招，是虚张声势加反间计。史称："乃多遣间谍，檄府县言：'都督许泰、邵永将边兵，都督刘晖、桂勇将京兵，各四万，水陆并进。南赣王守仁、湖广秦金、两广杨旦各率所部合十六万，直捣南昌，所至有司缺供者，以军法论。'"

宁王惊疑不定，不敢轻举妄动，过了十几天，发现没有一兵一卒过来，他才明白上当了，心急火燎地率军攻打安庆。

此时，安庆已经做好了准备，王阳明手中也有了几万人。手下们建议，立刻去救安庆，内外夹击，生擒宁王。

王阳明侃侃而谈："不然。今九江、南康已为贼守，我越南昌与相持江上，二郡兵绝我后，是腹背受敌也。不如直捣南昌。贼精锐悉出，守备虚。我军新集气锐，攻必破。贼闻南昌破，必解围自救。逆击之湖中，蔑不胜矣。"

手下们心悦诚服。

王阳明第二招，便是瞒天过海、树上开花加釜底抽薪。王阳明带着几万人，号称30万精兵，围住南昌城。城内人心惶惶，他轻松破城。

前线的宁王听说老巢被一锅端了，决定立刻回师，与王阳明对峙在鄱阳湖，准备决一死战。

宁王采取两个办法。第一，将自己几十年积累的财宝全部拿出来，宣布当先冲锋的赏千金，杀一人赏千金。当天兑现，绝不拖欠。七八万叛军兴奋地嗷嗷直叫，士气大振。第二，他用铁链将大船连在一起，使用战船集群战术。这是学曹操。

不知宁王有没有读过《三国志》，反正精通史学的王阳明一定读过。敌人送菜上门，不学周瑜的火攻计都对不起自己。王阳明"以小舟载薪，乘风纵火"。

宁王军溃败，王阳明生擒宁王。

在囚车里的宁王还挺有幽默感，他问王阳明："这是我们老朱家的家事，与先生何干？"

王阳明心想：与无数被牵连的百姓有关。

宁王一脉辛辛苦苦准备几十年的叛乱，王阳明只用了35日便平定了。

世人都说，王阳明像神一样。可是王阳明却不居功为傲，将宁王交给皇帝，称是朝廷决策英明，指挥有方，自己只是跑腿打杂而已。

这便是急流勇退，功成而弗居。

王阳明的两次平叛，深刻体现了什么是"知行合一"。保持冷静，灵台清明，根据时间、地点、条件的变化，具体问题具体分析，无往而不利，这正是阳明心学的实践运用。

正德帝驾崩后，嘉靖皇帝继位，王阳明先后担任南京兵部尚书，总督两广兼巡抚等职。王阳明晚年主要精力用在建立阳明书院，传播王学上，一时间心学大兴。

嘉靖八年（1529年），58岁的王阳明到了弥留之际，围绕在身旁的弟子们哭着问：老师还有什么遗言？

王阳明指着自己的心口，笑道："此心光明，亦复何言？"言讫去世。朝廷追谥为文成。

小贴士

中国历史上唯一一个没有争议的立德、立功、立言三不朽的圣人，便是王阳明。王阳明的成功，离不开家庭培养、社会环境等因素。

他的一生可以大致分为四个阶段。

第一阶段，学习。青年时的王阳明始终有一颗好奇心，他对新鲜事物充满热爱。正如王阳明的墓志铭所说："初溺于任侠之习，再溺于骑射之习，三溺于辞章之习，四溺于神仙之习，五溺于佛氏之习。正德丙寅，始归正于圣贤之学。"

第二阶段，疑惑。他因为得罪权奸，被贬龙场，一无所有之后，对过去学过的学问，产生了疑惑。

第三阶段，悟道、传道。王阳明走过的弯路，遇到过的迷茫，都是他成圣之前的垫脚石。他终于找到战胜自己、走向人生辉煌的绝学，并影响了无数人。

一是致良知，追求更高层次的自我修养，将一颗良知之心，推广到生活的方方面面。二是知行合一，知道就要做到，以自制力克服自己的心猿意马，在实践中确证自我。他建立龙岗书院，开宗立派，广泛传播自己的理论。

第四阶段，实践证道。他在江西剿匪，平定宁王叛乱等战役中，大显身手，而后又功成身退，充分证明了心学的智慧。晚年，他建立阳明学院，广收门徒，传授自己的学问。

此心不于事上磨，更于何处磨此心。

海瑞：

天资平平者的人生顿悟

明朝嘉靖年间，淳安县的大街像往日一样熙熙攘攘。紧挨着城墙的草棚下，一位屠夫腰上系着油乎乎的围裙，手里操刀正在埋头剁肉。他的耳畔传来一道中正、和蔼的声音："店家，给我割二斤肉。"

"好嘞！客官稍等。"屠夫头也不抬，麻溜地割了二斤肉，称了一下，便递给对面那人。

屠夫抬头时，只见这位客官穿一袭打着几个补丁的破旧长衫，身材消瘦，须发斑白，笑容和煦，一对眼眸炯炯有神。

屠夫揉揉脑袋：多么亲切熟悉的人。好像在哪儿见过？客人转身后，屠夫盯着他的背影，突然大叫道："俺的娘嘞，竟然是海大人！哈哈哈哈！海大人竟然买肉了！这辈子竟然能做海大人的生意！"

1

海瑞，表字汝贤，正德九年（1514年）出生于海南琼山，即今海南海口。屡次不第的父亲在海瑞四五岁时，便离开人世，留下孤儿寡母，相依为命。

海瑞的母亲谢氏，含辛茹苦将他抚养长大。海瑞从小寒窗苦读，拼命学习，可是成绩却不理想。母亲告诉他："别人读一遍，你读十遍，总会有进步！"海瑞咬牙点头。

海瑞参加科考，从十几岁起，直到28岁，才终于中了秀才。

35岁那年，海瑞以一篇立足现实分析家乡发展的策论文《治黎策》，获得考官欣赏，高中举人。他踏出了改变命运的第一步。但尔后他又考了两次进士，均落榜。

这并非说明海瑞没有真才实学。同时期的天下第一才子徐文长一辈子也未能考中进士。能否高中进士，不仅要看才华，还要看文章是否能让考官满意。

嘉靖三十三年（1554年），年过不惑的海瑞似乎领悟了王阳明的名言——"世以不得第为耻，吾以不得第动心为耻。"

海瑞放弃了继续考试，选择做些实事。海南布政司随意将他安排到福建南平县（今南平市）做教谕。县学教谕是古代官学的正式教师，是八品小官。

海瑞到任后，勤学苦干，每天第一个上班，最后一个下班，制定一系列学堂管理办法，禁止学生迟到早退，南平县的教育事

海瑞：天资平平者的人生顿悟

业蒸蒸日上。又是几年过去了。

一日，京城派遣的御史到基层视察，在当地知府、县令等的簇拥下，气派十足、大摇大摆地到南平县的学堂指导工作。

站在海瑞两边的副手慌忙跪拜迎接，唯有海瑞抱拳躬身后，腰杆挺直如青松一般。县令看到自己这位属下不懂规矩，训斥道："你怎么对上官不敬？"

海瑞负手而立，双眸炯炯，淡淡道："台谒当以属礼，此堂，师长教士地，不当屈。"到大人办公之处，当行拜见上官的礼仪；此乃老师教育学生之处，不应屈身下跪。

御史大人气乐了，调侃道："这是哪来的笔架子啊。"两边人跪着，中间人站着，可不就是笔架的形状吗？

从此以后，海瑞赢得一个"海笔架"的雅号，渐渐在民间风传。

从这个小故事中，我们不难看到正直的力量。一个正直的人，不求官，不求财，不好女色，自然能够无欲则刚。

海瑞48岁时，接到一份令他吃惊的委任书，朝廷高升他为淳安知县。据说是当时的福建学政朱衡力荐了他。朱衡此人，也是《明史》中的著名直臣，史称"性强直，遇事不挠"。

英雄相惜，莫过如此。明朝虽有刘瑾、严嵩这些巨贪，却也从不乏朱衡这般骨鲠之士。

淳安县位于今天的浙江省杭州市，海瑞安顿好自己老母妻儿后，从福建出发，背着包裹，穿着草鞋，独自步行千里上任。

知县，正七品官，对海瑞一个非进士出身的人来说，当知县简直算是一步登天。海瑞得以站在更高的平台管理民政。

历史的帘子 2

海瑞发现了两个问题：第一，本县官吏要么贪污受贿，要么不作为。第二，土地兼并严重。富豪享三四百亩之产，而户无分厘之税，贫者户无一粒之收，虚出百十亩税差。

针对第一个问题，海瑞要求官吏们甘于清贫，将工作当成事业，无私奉献。县衙里的县丞、主簿、都头等哼哼唧唧地点头答应，毕竟口号听多了，习惯了。他们做梦也没想到，海瑞是阳明心学的支持者，是一个知行合一的人！

海瑞真的是不取百姓一针一线，每月仅靠那点俸禄生活。他将家人接来后，老婆做饭，自己在县衙开辟了菜园子，亲自种菜施肥。

海瑞大人穿着打着补丁的衣服，夜以继日地辛勤工作。县吏们看到顶头上司以身作则，率先垂范，深感害怕。他们决定带着属下们集体请病假。毕竟，若是以海瑞的标准要求他们，他们的好日子就算到头了。于是他们开始消极抵抗：有本事你一个人治理一个县啊。

海瑞却并没有被要挟成功，他冷哼一声：没人起草公文，我来写；没人跑腿，我来跑；没有参谋，我自己拿主意；没人维持治安，我多溜达几圈；没人抓捕犯罪分子，从民间召集志愿者抓。

县吏们看到县太爷每天斗志昂扬的样子，越来越慌了。最后，他们纷纷"身体康复"，重新投入工作，毕竟累一点总比丢掉饭碗强。

解决了内部问题，海大人率领县衙工作人员重新丈量土地，核查税收漏洞，打击欺压百姓的豪强，对遭遇不公的百姓给予最大保护。一时间，淳安县逃难的百姓纷纷归乡，安居乐业。

百姓们亲切称呼海大人为海青天。

一个像海瑞这样真心为民的人，能始终以饱满的信心、昂扬的斗志，迎接任何挑战。百姓们的目光是雪亮的，他们懂得知恩图报。

2

很快，发生了两件小事，令淳安乃至东南一带的官民对海瑞钦佩不已。海瑞的名声渐渐传遍大江南北。

浙直总督胡宗宪的儿子在东南一带闲游，招摇过市。各地官员殷勤巴结，唯恐招待不周。

走到淳安县时，胡公子喜滋滋地到淳安县驿站打秋风，却大吃一惊，然后勃然大怒。他无论到哪儿，都是吃着山珍海味，美人陪伴左右，走的时候再收个大红包。但淳安县驿站的工作餐，只有粗糙的大饼、黑乎乎的咸菜、绿油油的蔬菜汤。胡公子面红耳赤地掀翻了桌子，一声令下，随从将驿站负责人吊起来抽打了一顿。

挨打的小吏冤枉极了，这是县令海大人制定的接待标准。驿站办事员飞快禀报了海瑞。海大人大怒，亲自带着衙役们将胡公子及其随从抽了一顿，顺便将胡公子携带的几千两银子没收了，充作县财政资金。

海瑞写了一封书信，派人押解着胡公子，送给胡宗宪。信的大致内容是："过去胡总督您老人家巡视各部门，命令各地勤俭节约。现在这个人奢侈跋扈，怎么会是您的儿子？肯定是冒充的。请胡总督处置。"

胡宗宪何许人也？文武双全、气度恢宏的抗倭名将。他了解事情经过后，知道是自己儿子理亏，看到书信，苦笑一声，也没好意思再针对海瑞。

又过了两年，海青天之名传遍东南数省。海瑞一贯艰苦朴素，母亲过生日的时候，他为了给母亲补补身子，到大街上割了两斤肉，结果惊住了屠夫。

在没有互联网的时代，这个消息甚至传出了县城，传出了省城，传到了总督胡宗宪耳朵里。在一次会议结束后，胡宗宪神神秘秘地对属下说："你们听说了吗？海瑞竟然也买肉了！"

属下们都惊呆了，海瑞竟然也会买肉。

嘉靖三十九年（1560年），都御史鄢懋卿出巡两浙两淮盐政，《明史》评价此人"性奢侈，至以文锦被厕床，白金饰溺器"。连夜壶都用金银制作而成，可见这厮何等腐败！

鄢大人出巡之前，自然也按照惯例发布通告，表示自己最讨厌铺张浪费，最喜欢勤俭节约，各地官员一定不要在接待上浪费公款，谁敢为了拍他马屁，浪费公款，一定严惩不贷！

可是鄢懋卿一路上大摇大摆，吃喝玩乐，不亦乐乎。海瑞自然也听说了此事，但他只是冷哼一声。淳安县虽然已经富裕了，但是民脂民膏凭什么用到贪官头上。

海瑞于是给鄢大人写了一封书信，书信开头先附上鄢懋卿颁布的通告。然后他滔滔不绝地表达对鄢大人的景仰之情。话锋一转，他说：卑职听到一个谣言，说鄢大人一路吃喝嫖赌，我们淳

海瑞：天资平平者的人生顿悟

安是穷县，拿不起这样的接待标准。大人您说该咋办？

鄢懋卿大怒：从没见过这样的人。他派人打听了一下海瑞，大吃一惊。对这种不想升官发财，一心为民的官员，能怎么办？

无论面对封疆大吏，还是京城大官，无论上级是忠是奸，海瑞只坚持一心为公的原则。值得一提的是，海瑞并非莽夫，他善于运用"以子之矛，攻子之盾"的智慧，令贪官有苦说不出，从而力所能及地维护百姓利益。

鄢懋卿回京城后，越想越气，安排属下无中生有，弹劾海瑞，海瑞因此失去升迁机会，赴吏部另听调遣。

嘉靖四十一年（1562年），福建学政朱衡成为吏部右侍郎，可以说海瑞的命运，正是他一手改变的。朱大人出手力保海瑞，史称海瑞"坐谪兴国州判官"。

《兴国县志》记载了海瑞执法如山、不畏强权的故事。原兵部尚书张鏊的侄儿张魁、张豹，仗势欺压百姓、横行霸道。海瑞将他们依法拘捕治罪。

兴国州百姓为感激海瑞，自发为他立生祠。

嘉靖四十五年（1566年），朱衡再次顶住各方面压力，力保53岁的海瑞出任户部云南司主事（正六品）。从天涯海角的教谕到京城正六品的高官，海瑞用了12年。这是大明无数举人穷其一生也难以实现的，但没有几个举人有资格抱怨世道不公，因为没有几人能有海瑞这般的爱民之心和奉献精神。

海瑞踌躇满志，入京为官，然而很快他的心便沉到了谷底。

京城乃大明政治中心，他作为户部基层干部，有机会更深一步了解全国的局势。他痛苦地发现，大明内部国库亏空，灾荒遍地，各地民乱四起，而且北有蒙古诸部虎视眈眈，南有倭寇时常侵扰，嘉靖皇帝却刻苦修道，大兴土木，愈懒怠政。朝堂大官们有良心的明哲保身，没良心的曲意逢迎，剥削百姓。

海瑞目睹国事如此艰难，双目仿佛喷出了火焰，能燃烧自己，也能燃烧世界。大丈夫读圣贤书，所为何事？为光宗耀祖、封妻荫子吗？非也！当为国泰民安，当为守护万千黎民。孔曰成仁，孟曰取义，道之所在，虽千万人，吾往矣；义之所存，虽九死吾犹未悔。

海瑞做了一个谁也想不到的决定，一个震惊天下、名扬千古的决定。海瑞拜托朋友照顾高堂老母与妻子，自己购买了一副最便宜的棺材放在客厅里。

海瑞换上了一袭青衫，将头发梳得一丝不苟，自己磨墨，怀着满腔热血，书写了一封奏折，递上去，向至高无上的嘉靖皇帝"亮剑"！

递完奏疏，他也不上班了，每天就坐在棺材旁边等锦衣卫上门。饿了啃一口大饼，渴了喝一口凉水。

几天后，大明嘉靖皇帝收到一封户部云南司主事海瑞的奏折，名曰《治安疏》，又称"天下第一疏"。节录如下：

"陛下天资英断，过汉文远甚。"（看到这里，嘉靖还得意地捋着胡子。）

"然文帝能充其仁恕之性，节用爱人……陛下则锐精未久，妄念牵之而去，反刚明之质而误用之。"（陛下，没过多久，您就不好好工作了，做白日梦，将刚毅英明用错了地方。）

"至谓遐举可得，一意修真，竭民脂膏，滥兴土木，二十余

海瑞：天资平平者的人生顿悟

年不视朝，法纪弛矣。数年推广事例，名器滥矣。"（您以为可以成仙，便拼命修炼，大兴土木，这是在浪费民脂民膏；二十年不上朝，朝堂纲纪崩坏；卖官买官，导致名爵泛滥。）

"二王不相见，人以为薄于父子。"（您不和儿子相见，人们说您没有父子之情。）

"以猜疑诽谤戮辱臣下，人以为薄于君臣。"（您对大臣猜疑、辱骂、杀戮，人们认为您没有君臣之情。）

"乐西苑而不返，人以为薄于夫妇。"（您长年住在西苑不去后宫，人们说您没有夫妻之情。）

"吏贪将弱，民不聊生，水旱无时，盗贼滋炽。"（天下官吏贪污成风，蛮横欺民军队越来越弱，民不聊生，天灾遍地，流民暴乱一天比一天严重。）

"今赋役增常，万方则效。陛下破产礼佛日甚，室如县罄，十余年来极矣。"（陛下您为了修道，花费无数。朝廷为了增加捐税，百姓家徒四壁。这十几年，已经快到极限了。）

"天下因即陛下改元之号而臆之曰：嘉靖者，言家家皆净而无财用也。"（天下人猜想，陛下的年号嘉靖的意思是家家都是穷光蛋，没有钱用。）

嘉靖皇帝双目通红，面色狰狞，将《治安疏》狠狠砸在地上，尖叫道："来人！快把海瑞抓起来。别让他跑了！"

在海瑞命悬一线的时候，嘉靖皇帝的贴身大宦官黄锦站了出来，劝说道："陛下，这个家伙脑子有病。听说他已经买好了棺材，安顿了家小，不会逃跑的。"

这个世界还是好人多。只要做符合道义的事，总会有志同道合的人伸出手来帮一把。

暴怒的嘉靖皇帝渐渐冷静下来，下诏将海瑞关押，又捡起《治安疏》，每日反复阅读。属下向他禀报了海瑞的事迹，嘉靖长叹道："这个人想做比干，朕却不是纣王。"有些朝臣建议对海瑞处以死刑，内阁首辅徐阶出言反对，保住海瑞。

几个月后，嘉靖皇帝去世。监狱主事带着好酒好菜请海瑞大吃一顿。海瑞以为自己将要行刑了，大口喝酒，大口吃饭。主事靠近海瑞耳边，小声道："陛下驾崩了，先生出狱后，就要被重用了。"海瑞目瞪口呆，不敢置信，讷讷道："这是真的吗？"

《明史》用寥寥二十余字，描述海瑞的反应："即大恸，尽呕出所饮食，陨绝于地，终夜哭不绝声。"

嘉靖皇帝做梦也想不到，自己去世后，最伤心难过的人竟然是骂自己最凶的人。

海瑞是一个虔诚的儒家信徒，他怀着致君尧舜上的梦想，又用王阳明心学武装自己，所以骂了皇帝，皇帝也不忍杀他。因为大家都心知肚明，海瑞的出发点是为君、为国、为民，他的所作所为是符合皇帝、百官、百姓的利益的。

3

待海瑞出狱后，他又听到一个不幸的消息：妻子去世了。海瑞悲伤难抑。

隆庆帝登基后，新任内阁首辅发动变法。江南是最富裕的地方，也是土地兼并最严重的地区，是变法最艰难的地方，加上隆

海瑞：天资平平者的人生顿悟

庆四年（1570年），江南等地发生大水灾，急需一名能臣去解决这一切。

57岁的海瑞被加封为右佥都御史（正四品），外放应天巡抚，辖区包括应天、苏州、常州、镇江、松江、徽州、太平、宁国、安庆、池州十府及广德州，包括了现在的江、浙、沪、皖大部分地区。

这些地区是大明帝国最富庶繁华的地区，赋税至少占了全国的一半。

海瑞心潮澎湃，前去赴任。他终于可以为一方封疆大吏，造福一方了。

海瑞暗暗发誓，不管前面是刀山火海，还是万丈深渊，他都将义无反顾，勇往直前，为天下百姓，与贪官污吏、土豪劣绅决一死战。

中国历史上不敢说后无来者，至少前无古人的事情爆发了。大量贪污受贿过的官吏听说"海笔架"要来了，竟主动辞职。（属吏悼其威，墨者多自免去。）

很多大户人家听说"海青天"要来了，慌忙把红彤彤的大门涂成很土的颜色。（有势家朱丹其门，闻瑞至，黟之。）

镇守太监听说"海青天"要来了，立刻降低自己的出行标准。（中人监织造者，为减舆从。）

海大人暂时没心情搭理这些宵小之辈。在旅途上，海瑞就有了治理水患的对策。海瑞一上任，便以工代赈，进行河道疏浚，兴修水利工程。后世梅溪居士钱泳盛赞海瑞治水："昔海忠介治河，布袍缓带，冒雨冲风，往来于荒村野水之间，亲给钱粮，不扣一厘，而随官人役亦未尝横索一钱。"史称："瑞锐意兴革，请浚吴淞、白茆，通流入海，民赖其利。"

面对土地兼并严重的问题，海瑞在江南推行一条鞭法，但是江南豪族激烈反对。所谓一条鞭法，便是把各州县的田赋、徭役及其他杂征总为一条，合并征收银两，按亩折算缴纳。实行的前提是重新丈量土地，这是从无数地主豪强口中夺食。

海瑞眼见地方士绅不配合，见招拆招。他发布公告，鼓励全江南百姓将自己受到的迫害剥削，统统告诉自己。

据说，海瑞还亲笔写了一副对联。上联：政善民安歌道泰。下联：风调雨顺号时清。横批：本府日夜受理状子。

江南一带沸腾了，无数受苦受难的老百姓请"海青天"为自己申冤。只要证据确凿，"海青天"不管对方什么背景，立刻拿人。为了提高审案效率，海瑞提笔写道："讼之可疑者，与其屈兄，宁屈其弟；与其屈叔伯，宁屈其侄；与其屈贫民，宁屈富民；与其屈愚直，宁屈刁顽。事在争产业，与其屈小民，宁屈乡宦，以救弊也；事在争言貌，与其屈乡宦，宁屈小民，以存体也！"

海瑞要求各衙门按照这个原则办事。这6个原则，在中国法制史上被称为"海瑞定理"。

无数地主豪强的土地，重新回到百姓的手里。

利益受损的豪强们对海瑞群起而攻之。虽然海瑞上书辩解，还是被免去了应天巡抚的官职，改任一闲职。海瑞上辞呈前，为朝廷上疏。有好事者，称这一份奏疏为"天下第二疏"。其中有一句，骂得最厉害："举朝之士，皆妇人也！"满朝文武都不是大丈夫！

海瑞：天资平平者的人生顿悟

可见，海瑞心里真的对朝廷很失望。

百姓听到消息后，对这位上任仅仅半年的"海青天"依依不舍，送别海瑞时，很多人泪流满面。朴实的百姓们用独特的方式，永远铭记海瑞。

当地老百姓们将海瑞的画像挂在屋里，每日早晚上香跪拜，期望"海青天"保佑他们家庭平安，万事如意。甚至还有将他的画像贴在大门上，当成门神，用来辟邪免灾的。

官僚并非惧怕海瑞的严厉，而是惧怕他的廉明；老百姓不仅佩服海瑞的才能，更佩服他的公正。公正能使老百姓不敢不尊重他，廉明能使官僚不敢骗他。公正使人明察，廉明产生威信。这便是海瑞的魅力。

海瑞回到老家，侍奉年迈的老母亲，虽然清贫，倒也自在。不久，母亲死了。海瑞老了，下地干活没有力气，以卖字补贴生计。家乡人敬其如神，子弟争先求学于他。海瑞得好学之人而教育之，日子虽然清贫，倒也甘之如饴。

转眼间，海瑞致仕 15 年了。直到万历十三年（1585 年），72 岁的海瑞接到万历皇帝的诏书，任南京都察院佥都御史（正四品）。海瑞很乐意再次为民服务，打点行装，轻车赶赴南京。

万历似乎觉得一个小小的四品官，对海瑞来说太不够意思了。海瑞还没到南京呢，就被加封为南京吏部侍郎（正二品）。

海瑞坐着驴车，到南京城下时，惊讶地发现自己进不去城了！听说"海青天"要来，官员请假，商人关门，农民扔下了锄头。无数人在几天前，便卷着铺盖睡在南京城外排队，争先目睹传说中的"海青天"的风采！

刚上任，海瑞立刻发布了禁革积弊告示，改革吏治，提高行政效率。之后，海瑞又转任南京右都御史。

万历十五年（1587年），海瑞去世，临死前，他向老仆交代了一句遗言："明日给兵部上交七钱银子。"大明朝的"海青天"就此永远闭上了眼睛。

为什么要交给兵部七钱银子呢？因为寒冬时候，兵部要为南京各衙官员发木柴钱。海瑞称量后发现多给了他大约七钱的木柴钱。

海瑞病逝后，无儿无女，无妻无妾。好友王用汲主持他的丧事。王用汲到海瑞家后，惊奇地发现，为官几十年，堂堂大明南京右都御史海瑞的全部遗产，竟然只是几件打着补丁的破衣服，几十本破书，以及一个破烂的竹箱子。这是连最贫寒的书生，都不屑于使用的破竹箱子！王用汲扑在海瑞的遗物上，号啕大哭，几乎晕倒。

听说海瑞病逝，南京城百姓停止了日常工作。当海瑞的灵柩走水路运回家乡时，两岸上百里站满了身穿丧服的人。他们要送"海青天"最后一程。哀哭之声，一日不绝。

万历皇帝追赠海瑞太子太保，谥号忠介。

小贴士

如果用世俗意义上的成功来评价海瑞，是对他的侮辱。

海瑞这样忠君爱民，一心为了老百姓的人，不会在乎自己的官帽大小、地位高低。能评判他的，只有老百姓。老百

海瑞：天资平平者的人生顿悟

姓的眼睛是雪亮的。无论南平教谕、淳安知县，还是兴国县通判、云南司主事、应天巡抚，在海瑞之前有很多任，海瑞之后也有很多任。但百姓心中铭记的只有一个海瑞，只有一个胸怀天下苍生的"海笔架""海青天"。

因为胸怀天下苍生，所以海瑞无怖、无畏、无私、无欲，所以他无敌。海瑞死了很多年，可是他却永远活着，活在青史上，活在人心里。

如同臧克家的诗《有的人》所言："有的人活着，他已经死了；有的人死了，他还活着。……他活着为了多数人更好地活着的人，群众把他抬举得很高，很高。"

曾国藩：
笨人的"修身十二法"

清朝道光年间，湘乡一个小村庄，迎来了一个月光皎洁、万籁俱寂的夏夜。一位相貌普通的少年，端坐在书房，捧着一篇《岳阳楼记》，摇头晃脑，用略显稚嫩的湖湘口音，缓缓诵读："庆历四年春，滕子京谪守巴陵郡。越明年，政通人和……"

可是，每当少年闭上眼睛，张口背诵时，总是磕磕绊绊。记起上句，忘了下句。他把头发揪断了好几根，落在地上。

窗外有一小偷，已经观察少年很久了，本想趁着少年睡着之后，再下手偷些财物。可是，眼看少年将一篇文章，翻来覆去读了几十遍，竟还没背下来！

小偷忍无可忍，一脚踹开门，大步走了进来。

小偷指着一脸诧异的少年，道："小子，我都听会了，你还没背会，你到底行不行！"

少年处变不惊，冷冷地盯着小偷。然而，当这位"不速之客"真的背着双手，缓缓背诵起《岳阳楼记》时，少年面色渐变，越来越尴尬。他捧起《岳阳楼记》，小心对照，打心眼里希望对方背错一两个字，然而从头至尾，小偷背得一字不差，甚至还带了一点儿少年的家乡口音。

小偷翻着白眼，不屑地瞥了少年一眼，扬长而去。

1

嘉庆十六年（1811年），曾国藩出生于湖南省长沙府湘乡荷叶塘镇一个普通的耕读家庭。耕，指耕田务农；读，指读书考试，说白了，就是一边耕田种地一边读书考试的乡绅家庭。

这样的家庭，在全国各地有成千上万。

曾国藩的父亲曾麟书，考了整整17年，才高中秀才。

父亲屡败屡战的精神，感染了曾国藩。曾国藩从14岁起与父亲一起参加县试，一口气考了5年，每一次均是父子同时落榜。

如果没有意外，也许曾国藩会跟着父亲不知再考多少年，才能中个秀才功名。

直到第六次考试，曾国藩头悬梁，锥刺股，做足了功夫，自以为考得不错，谁料发榜那天，不仅没有看到自己的名字，还看到一份湖南学政发布的公告，批评曾国藩的文章"文理太浅"。

众目睽睽之下，真是奇耻大辱！直至几十年后，曾国藩依旧对此事耿耿于怀，称其为"平生第一辱"。

21岁的曾国藩怒发冲冠，气呼呼地返回家里。

竟然说我文理太浅，我要写出有深度的文章给你们看看！曾国藩在心中呐喊。他抱出一套二十四史，逐本细读，还准备了手札，记下了密密麻麻的心得体会。

他每日闭门不出，沉浸在史学浩瀚的海洋中。无论王侯将

曾国藩：笨人的"修身十二法"

相，还是枭雄豪杰，穷其一生的智慧韬略，在史家笔下，不过寥寥几百字。

这便是史书的魅力。曾国藩发奋读书，精读深思，仿佛日夜与古人神交。十几年读书没有开窍的曾国藩，一朝顿悟，文笔大进，学识一日千里，写起文章来，有理有据，气势磅礴。

第二年，第七次参加考试，曾国藩终于考中了秀才，虽然在榜上是全县倒数第二。值得一提的是，比曾国藩小一岁的左宗棠16岁便中了秀才，而且是全县第二名。同是晚清著名人物，曾国藩开窍还是比较晚的。

由此可见，少年多磨砺，能化耻辱为动力。

曾国藩中了秀才之后，第二年便中了举人，4年之后又中了进士，成为军机大臣穆彰阿的得意门生，授为翰林院庶吉士。

他到京城之后，传奇人生渐渐开始。

曾国藩刚入京那一年，从《曾国藩家书》来看，他的缺点还挺多，有爱财、抽烟、睡懒觉、游玩、读书无恒心等等。

理学名家唐鉴入京后，曾国藩想拜其为师。唐鉴也是湖南人，很欣赏这位小老乡的求学之心，便收曾国藩为徒。曾国藩请教老师应该如何提高自己做人的修养，唐老师回答："要记日记。从每天睁开眼睛，一直到晚上休息。一言一行，每个念头都要一一记下来。"

曾国藩认为很有道理，便将言行举止以及动过的妄念，一一记在日记里，借此审查自己，改掉坏毛病。

曾国藩抽烟至少七八年了，每日烟筒不离手。曾国藩在日记中痛骂自己："因为抽烟所害，我每天昏昏沉沉。我折断烟杆，发誓永远不再抽烟。如果我再抽烟，就让老天用雷劈了我！"

从此以后，曾国藩真的再没有抽烟。他还写信告诉自己弟弟，戒烟成功了。

成功戒烟增强了曾国藩的自信，磨炼了他的意志。

所谓食色，性也，青年曾国藩也不例外。

曾国藩朋友娶了一个漂亮小妾，去朋友家拜访时，曾国藩情不自禁地瞟了几眼，还主动聊了几句。回到家里，他便在日记中骂自己："猥亵大不敬。"

还有一次，曾国藩在同僚家看到很多美女，又忍不住睁大双眼，多看了几眼。曾国藩又在日记里骂自己："真不是人，耻心丧尽。"意思是：我真不是人！我没有羞耻心！

最难得的是，曾国藩还带着自己的日记找老师唐鉴。唐鉴细读日记，很满意，问道："昨间闻人得别敬，心为之动。昨夜梦人得利，甚觉艳羡，醒后痛自惩责，谓好利之心至形诸梦寐。这两句，是怎么回事？"

曾国藩羞愧道："我曾梦到同事从外地出差回来，皇上赏了他三千两白银，于是我很羡慕，梦到自己也被皇帝赏赐了白银。"

唐鉴大喜道："好！就要这样毫不留情地骂自己。狠狠地骂自己！"唐鉴又送曾国藩两句话："不为圣贤，则为禽兽。只问耕耘，不问收获。"

这两句话，成为曾国藩一生奉行的座右铭，正是做圣贤的梦想，促使他不断克服缺点，提高修养，努力奋斗。

曾国藩：笨人的"修身十二法"

2

30多岁的曾国藩立下了做圣贤的志向，还为自己制定了"修身十二法"，终身奉行。

一、主敬：整齐严肃，无时不惧。无事时心在腔子里，应事时专一不杂。清明在躬，如日之升。二、静坐：每日不拘何时，静坐四刻，体念来复之仁心，正位凝命，如鼎之镇。三、早起：黎明即起，醒后勿粘恋。四、读书不二：一书未读完，不看他书。东翻西阅，徒务外为人，每日以十页为率。五、读史：每日圈点十页。六、谨言：刻刻留心，第一功夫。七、养气：气藏丹田，无不可对人言之事。八、保身：节劳，节欲，节饮食。时时当作养病。九、日知所亡：每日读书记录心得语，有求深意是徇人。十、月无忘其所能：每月做诗文数首，以验积理之多寡，养气之盛否。不可一味耽著，最易溺心丧志。十一、写字：早饭后做字半时。凡笔墨应酬，当作自己课程。凡事不待明日，愈积愈难清。十二、夜不出门：旷功疲神，切戒切戒！

正是由于坚持每日自修、自省、自律，对完美人格做不懈追求，曾国藩官运亨通，从小小的七品官，升到正二品礼部侍郎。

曾国藩自称："十年七迁，连跃十级。"他写给弟弟的信中写道："三十七岁至二品者，本朝尚无一人。"

咸丰二年（1852年），曾国藩母亲去世，他回老家丁忧，也就是守孝。

历史的帘子 2

这一年，太平军北伐，湖南、湖北各地纷纷陷落。咸丰皇帝诏令10个省43位退休或者丁忧在家的大官为团练大臣。其中自然也包括曾国藩。

所谓团练，便是招募一些民兵。至于军饷和人员，朝廷没有，团练大臣自己筹措。

书生曾国藩此前并无领军经验，战乱当头，不得不出山。此时，湖南境内人心惶惶，各地土匪趁机发难。曾国藩到长沙后，杀伐决断，4个月内"计斩决之犯一百零四名，立毙杖下者二名，监毙狱中者三十一名"。曾国藩因此有了"曾剃头"的绰号。

曾国藩又从家乡拉起了一千多人，称为湘勇，每日刻苦操练。长沙城内的绿营军与湘勇发生矛盾后，几个绿营士兵竟然带着兵器冲进曾国藩办公室要砍了他，曾国藩慌忙夺门而逃才幸免于难。

长沙城的军政官员，不仅没有帮助他，反而讥笑不已。正是，"司道群官皆窃喜，以谓可惩多事矣。"让你事多，活该！

堂堂前任正二品大臣，差点被几个兵痞杀了。这事说出去都丢人！

"好汉打脱门牙活血吞。"曾国藩选择忍耐，他带着自己建立的湘勇跑到附近的衡阳城发展。

真的是一穷二白！

没有办公场所，那就租一个房子；没有钱，就到处求人拉赞助；没有兵，就从乡下招募一些憨厚老实的农夫；没有将，自己就请一些朋友，请他们推荐能人。历经艰难，他终于拉起了一支两万人的队伍。

曾国藩：笨人的"修身十二法"

经半年准备，曾国藩觉得可以与太平军决一死战了。

咸丰四年（1854年），湘军倾巢出动。43岁的曾国藩意气风发，亲笔书写了《讨粤匪檄》。他声称太平天国"荼毒生灵"，"举中国数千年礼义人伦诗书典则，一旦扫地荡尽。此岂独我大清之变，乃开辟以来名教之奇变，我孔子、孟子之所痛哭于九原"。"凡读书识字者，又乌可袖手安坐，不思一为之所也。"

这篇檄文指责太平军不尊孔孟，号召广大知识分子一起维护名教，讨伐太平军。

曾国藩初次领兵，并不顺利，连输数战。靖港水战，曾国藩为了挽回局面，亲赴战场，结果中了埋伏，全军大败。曾国藩亲眼看到自己的属下、朋友一个个惨死在自己面前。

舞文弄墨几十年的老书生哪里见过这等血肉横飞的场面？曾国藩崩溃了，又想到长沙文武官员对自己的冷嘲热讽，他大叫道："皇上，我对不起你啊！"说罢就要跳河自杀！

几个亲兵跳水将他捞起来，架着他，拼命逃跑。曾国藩跑到长沙城外，结果长沙官员竟然不给他开门。羞愤交加的曾国藩，给皇帝写了一封遗折，再次尝试自杀，不过又被属下救了。

曾国藩用了整整3个月，才走出失败阴影，重整旗鼓。

之后，曾国藩攻下了岳阳，又拿下了武汉。这是朝廷与太平军开战以来，清政府取得的最大胜利，湘军声名鹊起。

太平军进攻江西，朝廷派曾国藩入江西救援。不料，太平军将领石达开夜袭曾国藩。这是曾国藩一生最大的一次惨败。

湘军战船被烧毁100余艘，曾国藩虽然侥幸逃脱，但是他的座船被俘，官袍、大印、各级来往公文什么的，全部成了太平军的战利品。曾国藩再次羞愧交加,又想跳水自杀,当然又被亲兵捞了出来。不过他的对手并不敢轻视他。石达开道:"曾国藩必是我们的心腹大患!"他身边有人不以为然,道:"观曾氏用兵,不过尔尔。"曾国藩打仗,也不怎么样。

石达开道:"曾氏非将兵才,实将将才。"曾国藩不善用兵,但擅长用将,是帅才,而非将才。

曾国藩虽然已经选拔了大量贤将才,但是仍然屡战屡败,九生一死。更令他难以接受的是,江西官吏根本不搭理他,钱、人、物资,都不给,史称"多方掣肘,动以不给饷为词"。

曾国藩一边与太平军拼命,一边与江西文武官员吵架,心力交瘁,瘦了十几斤。之后,曾国藩被太平军围困在南昌城,差点被俘虏,江西官绅不仅袖手旁观,还"人人目笑存之"。

他自称"积泪涨江"。意思是:我流的泪水,能让江水上涨。

适逢曾国藩父亲病故了,他便借此机会,辞职回老家守孝。他给咸丰帝上奏称:"不给我地方军政大权,我就不干了。"

巧合的是太平军发生内讧,咸丰帝看到曾国藩也没什么作用了,大笔一挥,便同意了。

3

曾国藩看到皇帝竟然真撵自己回家,心寒了:我与太平军对抗5年,白手起家,草创湘军,多少次九生一死,多少次含羞忍辱,仍然是二品官。眼看太平军内讧,到摘取胜利果实的时候了,却没我什么事了?

曾国藩：笨人的"修身十二法"

不仅如此，更令曾国藩痛苦的是，连左宗棠等老战友，也骂曾国藩自私无能，临阵脱逃。

回到老家后，曾国藩大病一场，甚至到了走路都困难的地步。他的脾气越来越暴躁，骂完弟弟们就骂弟媳。

医生为他看病后，说："身体几个毛病，可以慢慢调理，但是心病还要心药医。"

医生走后，曾国藩讷讷道："心药？"

他艰难地站起身来，从书架上抽出一本《道德经》，拿出青少年时埋头苦读的劲头。读书百遍，其义自见。

曾国藩缓缓吟诵："上善若水，水善利万物而不争。人之生也柔弱，其死也坚强；草木之生也柔脆，其死也枯槁。"他拍案而起，大笑起来。

原来如此，回想起自己半生经历，自己常常站在道德制高点上，指责别人，与长沙、江西官员产生矛盾，难道没有自己的原因吗？自己过去太自傲了，太急躁了，锋芒毕露，容易引起别人的反感；说话太直，容易得罪人。很多事情，虽然表面赢了，却不知埋藏了多少隐患。

自己今天的一切，也算是自作自受。

曾国藩长叹道："天下之至柔，驰骋天下之至坚。"天下最柔韧的力量，能驾驭天下最刚强的事物。

曾国藩在书札中记下来8个字的心得体会："大柔非柔，至刚无刚。"意思是：一个人刚猛到了最高境界，恰恰是不露锋芒，绵里藏针的。

多年以后，曾国藩回忆自己在家丁忧时的体会，感慨颇深：

"昔年自负本领甚大，可屈可伸，可行可藏，又每见得人家不是。自从丁巳、戊午大悔大悟之后，乃知自己全无本领，凡事都见得人家有几分是处，故自戊午至今九载，与四十岁前迥不相同。"

纵然曾国藩已经大彻大悟，成功涅槃，还是需要时势来造英雄。如果不是接下来发生的事，估计曾国藩余生也就退休终老了。

太平天国内乱解决后，又爆发了无与伦比的锋芒，青年将领李秀成、陈玉成联手攻破了清军江南、江北大营，东南局势又扑朔迷离了起来。

咸丰帝在咸丰八年（1858年），不得不重新起用48岁的曾国藩。

曾国藩在赴任路上给江南各地大员、各位将领写信，几乎每封信都用极为谦卑的口气，大意是请大家多多指点关照。（"乞惠指针。"）

曾国藩到了长沙后，亲自拜访大小衙门，连对与他地位相差甚远的长沙县令，态度也颇为谦卑、客气。长沙县令受宠若惊，拍着胸脯保证，乐意为曾大帅效犬马之劳。

曾国藩又专程拜访之前与他交恶的左宗棠，请左宗棠为他书写他之前集成的一副对联：敬胜怠，义胜欲；知其雄，守其雌。

两位晚清中兴名臣一笑泯恩仇。

曾国藩重新到前线后，同事、属下们惊奇地发现曾国藩变得圆滑、谦卑了。胡林翼说他"渐趋圆熟之风，无复刚方之气"。江西那些经常与他吵架的官吏，也渐渐与他和睦相处了。（"再至江西，人人惬望。"）

曾国藩：笨人的"修身十二法"

曾国藩招募士兵、筹集军饷，再也没有官吏为难他了。连远在京城的咸丰皇帝都为曾国藩"点赞"："汝此次奉命即行，足征关心大局，忠勇可尚。"

曾国藩用兵也具有道家色彩，他自称以"天下之大拙，破天下之至巧"。

他要求湘军作战必须贯彻六字秘诀——"结硬寨，打呆仗"。具体而言，就是作战前，先勘察地形，选好扎营地，深挖壕沟，高筑寨墙。有了"硬寨"，进可攻，退可守，已立于不败之地，且不急于进攻，重在防守。如此，湘军每次打仗死亡率都较低，积小胜为大胜，愈战愈强。

太平军愈发招架不住了，地盘越来越小，军队越打越少。

咸丰十一年（1861年），咸丰皇帝去世后，慈禧掌权，她加封曾国藩为两江总督兼协办大学士。大学士官居一品，两江总督总管江苏、安徽和江西三省的军民政务，从此以后，曾国藩彻底放开了手脚，尽情发挥自己的才干，在左宗棠、曾国荃、李鸿章、胡林翼等人杰的辅佐下，于同治三年（1864年）攻破南京。

朝廷加封曾国藩为太子太保、一等侯爵。他成为清朝开国以来第一个以文人身份封侯的人。

立下盖世奇功的曾国藩却忧心忡忡，他对左右说："处大位大权而兼享大名，自古曾有几人能善其末路者？总需设法将权位二字推让少许，灭去几成，则晚节渐可以收场耳。"

在湘军拿下南京后，朝廷派遣大军，放在曾国藩大军外围，又要查曾国藩军队账目，用意已经昭然若揭。

幕僚王闿运劝说曾国藩称帝，滔滔不绝地讲述成就帝王之业的好处，曾国藩用手指沾茶水写了一个"妄"字。

左宗棠也赠他一副对联："鼎之轻重，似可问焉！"潜台词是：哥们儿想不想当皇帝？

曾国藩将"似"字改为"未"字，退还左宗棠。

甚至有30多名湘军将领，直接"逼宫"，劝说曾国藩称帝。曾国藩挥笔写下一句诗，扬长而去。众人围过来一看，上面写道："倚天照海花无数，流水高山心自知。"

曾国藩为了使朝廷放心，裁撤了湘军主力，将湘军悍将、自己的九弟曾国荃撵回老家，所有军械、粮草全部交朝廷派的人接管。

假如曾国藩在南京称帝，率领湘军起义，也许他会失败，满门抄斩；也许他会成功，成为开国之君。但是无论哪种结果，兵连祸结，饱经战乱的百姓一定会继续遭难，生灵涂炭，尸横遍野，甚至西方列强也会趁乱更加肆无忌惮。曾国藩选择继续做忠臣，不仅成全了自己忠义的名声，也维护了中国无数百姓的利益。

曾国藩不恋兵权的行为，终于赢得了朝廷信任，朝廷继续重用他。在曾国藩人生的最后几年里，他首倡洋务运动，安排了第一批留学生出国，学习国外先进技术；他组建了中国第一所翻译馆，帮助国人睁眼看世界；他建立了中国第一所兵工学堂，建立了中国第一个近代化军工基地，制造了中国第一艘轮船。

他的种种努力，有力推动了中国近代化建设。

同治十一年（1872年），曾国藩病逝。朝廷追赠太傅，谥号文正。文正是中国古代文人的最高谥号。

曾国藩：笨人的"修身十二法"

小贴士

纵观曾国藩的一生，他以中人之姿，创立盖世功业，成为晚清中兴名臣。青少年时期，他发奋读书，精学史书，终于在22岁那年考上秀才，继而高中举人、进士，有机会入京城深造。

28岁至42岁，将精力从读书作文转移到学习理学上，不断完善自己的人格，严于律己，改掉各种毛病，日夜精进，所以官运亨通，十年升官七次，官至二品大员。

43岁至47岁，曾国藩从一代理学名家转变为军人，多年屡败屡战，九死一生。

47岁那一年，曾国藩回家奔丧，行有不得，反求诸己。他开始学习道家思想，领悟了"大柔非柔，至刚无刚"的人生观。

再次出山后，曾国藩做人谦厚，做事精明，用兵沉稳，最终功成身退，实现个人理想。他怀着一颗忠君、爱民、求学之心，推动了中国政治、军事、文化等领域的发展。

李鸿章：

一万年来谁著史，三千里外欲封侯

咸丰九年（1859年），江西建昌湘军大营，清晨，曾国藩起床梳洗后，精神抖擞地走进一座营寨。

幕僚们纷纷问好，曾国藩含笑点头。饭桌上摆了些简单的早餐、鸡蛋、馒头、咸菜、清粥等。曾国藩坐在主位后，左右扫了一眼，眉头渐渐皱在一起，问道："少荃呢？又睡懒觉了？"幕僚们发出一阵善意的哄笑。

曾国藩道："先别吃饭。我们一起等他！"片刻后，一位高大英俊、气宇非凡的中年人，气喘吁吁地跑进营寨，拱手道："大帅，各位同僚，烦劳各位相待，实在抱歉，我昨晚又头疼了！"

幕僚们轻声笑起来，帐内充满了欢快的气氛。

曾国藩气乐了，道："少荃啊！我军中待人，唯一个诚字！"中年人俊脸通红，讪讪道："大帅放心，鸿章以后，绝不赖床！"

1

李鸿章,字少荃,出生于道光三年(1823年),老家在安徽合肥。李家几代人耕读传家,可惜并未有人能考取功名。到了李鸿章父亲李文安这一代时,发生了改变。

道光十八年(1838年)李文安高中进士。多年以后,李鸿章一定感激自己父亲没有早一年中进士,也没有晚一年中进士,恰恰与曾国藩同一年中了进士。

看一个人是否聪明,主要看他做出了什么成就。在科举这一条路上,李鸿章堪称"学霸"。他少年勤学,天资聪颖,仅仅18岁便中了秀才。21岁入京那一年,李鸿章意气风发,踌躇满志,作诗言志:"丈夫只手把吴钩,意气高于百尺楼。一万年来谁著史,三千里外欲封侯。定须捷足随途骥,那有闲情逐野鸥?笑指芦沟桥畔路,有人从此到瀛洲!"

这首诗意思是:好男儿要意气风发,建功立业,让悠悠青史铭记我的功勋,封侯拜相,舍我其谁。我要一展胸中抱负,哪有闲情雅致去看身边的野鸥嬉戏?我笑指卢沟桥畔的一轮明月,有人能从这里走向功成名就!

成才需先立志,志不立,天下无可成之事。李鸿章书写这首诗时,只是一介布衣而已。封侯拜相、青史留名的远大抱负,促使他不断努力奋斗,为自己创造理想中的生活。21岁的李鸿章还写了一首诗,其中一句可与今人共勉:"倘无驷马高车日,誓不

李鸿章：一万年来谁著史，三千里外欲封侯

重回故里车。"

入京第二年，李鸿章高中举人。两年后，李鸿章以年家子的身份拜入曾国藩门下。所谓"年家"，指同年中进士的朋友，"子"便是子女，依照当时官场惯例，同年进士往往互相照应，抱团取暖。

在曾国藩的指导下，再加上李鸿章个人努力，25岁那年，李鸿章中了进士，入翰林院，主要工作是每日书写文书、收发文件。他就这样平淡无奇地过了三四年，直到咸丰二年（1852年），太平天国运动爆发，渐渐席卷大半个中国，清朝军队主力——八旗与绿营不能阻挡。按道理说，镇压太平天国运动不是李鸿章一个小小的"文秘"能掺和的，不甘寂寞的李鸿章却看到了机会，怂恿安徽老乡、工部左侍郎吕贤基像曾国藩一样办团练。吕贤基犹豫不决，李鸿章急了，连夜捉刀代笔，为吕贤基写好奏折。

吕贤基被赶鸭子上架，将奏折交给了咸丰皇帝。咸丰帝看到老臣的拳拳报国之心，颇为感动，安排吕贤基到安徽合肥办团练。吕贤基苦笑着对李鸿章道："君祸我，上命我往；我亦祸君，奏调偕行。"意思是：李鸿章你坑我，我也要坑你，你上奏皇上，陪我一起去！

李鸿章嘿嘿一笑，欣然同意。

然而机会是留给有准备的人的，李鸿章拿了20多年笔杆子，玩不了刀把子。史称他"专以浪战为能"，说他根本不会打仗。他甚至有被太平军一天攻破十几座营寨的记录，最惨的一次，全军溃败，他孤身逃亡，若不是安徽巡抚和春率兵救援，李鸿章早就小命不保。

30多岁的李鸿章虽然打仗缺乏经验,但做人还是比较老练的,他向和春表示感谢后,说自己无知无能,坑害三军。据说,李鸿章当时向和春竖起大拇指,道:"威震三军,以军门为最。"意思是:您威震三军,厉害无比!和春却鄙夷地瞅了他一眼,不屑道:"贪生怕死,以阁下当先。"李鸿章面红耳赤,下不来台。

上司不待见自己,要给自己穿小鞋简直太容易了。树挪死,人挪活,还是早点跑路吧。

2

李鸿章决定投靠正与太平军连番血战的老师曾国藩。曾国藩听说李鸿章来投奔自己,颇为开心,将他引为幕僚。

开会的时候,曾国藩总带着李鸿章。曾国藩每当有犹豫不决的事,经常与明快果决的李鸿章商议。曾国藩为什么这么欣赏李鸿章呢?第一,李鸿章本来就是曾国藩的学生。第二,李鸿章"颜值"高,身材高大。古人也看脸。第三,李鸿章志向远大,足智多谋,又勇于任事。

曾国藩决定将李鸿章当成接班人培养,把一生所学对他倾囊相授。

几年时间,在曾国藩苦心孤诣的教育下,李鸿章的军政经验、权谋韬略,一日千里。

后来,年迈的李鸿章深情回忆自己的恩师:"我从师多矣,毋若此老翁之善教者,其随时、随地、随事,均有所指示。""从前历佐诸帅,茫无指归,至此如识指南针,获益匪浅。"

李鸿章：一万年来谁著史，三千里外欲封侯

读万卷书不如行万里路，行万里路不如阅人无数，阅人无数不如名师指路。中年之前的李鸿章虽然胸怀壮志，饱读诗书，在朝廷中锻炼数年，沙场上争锋几载，却不得志，如同一只未涅槃的凤凰。直到投奔到曾国藩帐下，得名师悉心指点，他才渐渐磨砺出了杀伐决断、独当一面的才干。

然而，曾李二人虽然师生之情深厚，却因为一件事闹翻过。

曾国藩为了便于压制太平军，将幕府放在安徽祁门。李鸿章大惊失色，强烈反对，他认为祁山易攻难守，乃兵家绝地，太平军若是进攻祁门，全军就被一锅端了。曾国藩有自己的考虑，不肯听。很快，镇守徽州的李元度不听曾国藩将令，擅自出击，导致徽州失守，祁门门户大开！

曾国藩大怒之下，要向朝廷参奏李元度。李鸿章带着一群幕僚向曾国藩求情。曾国藩冷笑道："诸君如胆怯，可各散去！"

李鸿章一怒之下，真的离开了曾国藩。一切正如李鸿章的预料，太平军猛攻祁门，曾国藩写好遗书，准备以身殉国，幸亏湘军猛将鲍超来救，曾国藩才逃过一劫。

没多久，李鸿章在众幕僚劝说下，重新投奔曾国藩。

那些年，太平天国兵锋凶猛，渐渐拿下安徽、江西、江苏，兵锋直指上海。上海士绅生怕太平军打过来，以每月60万两军饷为酬，向曾国藩求救。曾国藩正在南京一带与太平军交手，无暇他顾。他便安排李鸿章组建淮军，去救上海。

终于有机会再次带兵独当一面，李鸿章大喜之下，欣然从命。没有军饷，上海士绅出钱；没有兵将，和老师借。曾国藩大笔一挥，送给李鸿章几营精锐悍勇的湘军，给李鸿章当"嫁妆"。

甚至，曾国藩还亲自帮李鸿章制定营规。

早年的带兵经历，再加上与曾国藩几年的学习生涯，李鸿章带兵已经轻车熟路。他以九千湘军为骨干，借鉴湘军编制及排兵布阵的方式，两年内扩充了六七万人。值得一提的是，李鸿章"青出于蓝而胜于蓝"，他不仅学习湘军，而且雇用了国外军事教官，购买洋枪洋炮，打造"现代化军队"。

几场大战打下来，李鸿章的淮军渐渐成为一支善战之师。李鸿章从幕僚变成了李大帅。这期间，曾国藩推荐李鸿章为江苏巡抚。在军政两界，李鸿章渐渐显名。

战场上李鸿章展现了自己杰出的军事才华，连战连胜，于同治二年（1863年）兵围苏州。苏州乃太平军北线最后的大本营，由太平军慕王谭绍光与手下的纳王郜永宽、宁王周文佳、康王汪安均、比王伍贵文等"四王"，以及张大洲、汪怀武、汪有为、范起发等"四天将"率领10余万人镇守。

若是强攻，淮军纵然得胜，也要损失惨重。李鸿章使用反间计，诱降郜永宽等"四王四天将"，许诺二品顶戴，加官晋爵。郜永宽等起初不敢相信，李鸿章请常胜军（是清朝为对抗太平天国，官商出资与英法等外国军官、中国人及菲律宾佣兵组成的武装部队）首领、英国军官戈登作保。郜永宽等与李鸿章折箭为盟，相约不相负。

郜永宽等人砍掉慕王谭绍光的脑袋，打开苏州城，投降淮军。

按照梁启超所著的《李鸿章传》的记载，郜永宽等八将带着十几万人占据半个苏州城，要挟李鸿章立即兑现承诺。李鸿章邀请八将一起吃饭，然后一声令下，刀斧手齐出，将八将砍死，又杀了不愿意投降的八将亲信1000多人，再安抚、遣散了太平军余众。

苏州便这样被平定了。江苏渐渐全部收复，太平军一边形势江河日下。朝廷加封李鸿章为太子少保。

曾国藩称赞李鸿章："此间近事，惟李少荃在苏州杀降八王最快人意。""殊为眼明手辣。"

可是事情还没结束，常胜军首领戈登大怒，认为李鸿章食言而肥，亵渎了自己的荣誉，带着一把短枪要和李鸿章决斗，像中世纪的骑士一样为荣誉而战。

李鸿章不想当什么骑士，用了两招便解决了这个麻烦。第一，先躲两天，让洋人军官消消气。第二，奏请朝廷，称常胜军英勇无敌，屡建奇功，如是云云，赏赐了常胜军7万两白银，又赠送戈登1万两白银。此事便被摆平。

可以看出李鸿章多么善于抓住机遇，借力打力，做事时杀伐决断，洞察人心。

3

朝廷下令李鸿章率领淮军南下，帮助湘军曾国荃部围攻南京。咸丰皇帝曾下令，攻克天京者封王。谁能攻破南京，封谁为王。

封王的诱惑，李鸿章不为所动。

湘军与太平军浴血奋战十几年，围困南京两年了。无论如何,自己这个"嫁出去的闺女"不能抢"娘家人"的荣誉。

李鸿章上奏朝廷,天气太热了,火器不能使用;部队太累了,需要休整。朝廷不听,催促其尽快南下。李鸿章灵机一动,率军攻入浙江,追击那儿的太平军。

时任闽浙总督左宗棠哈哈一笑,洞察了李鸿章的用意,他上奏朝廷,称李鸿章"越境掠功":这小子不地道,到我地盘抢功劳,请朝廷做主。

朝廷不理,继续催促李鸿章南下。皇命难违,李鸿章心急如焚,终于传来消息,湘军主将、曾国藩的九弟曾国荃已经要挖通攻城地道了。

李鸿章大喜,一边大张旗鼓地集合部队,一边给曾国荃写了一封信,大意是:九叔,我受朝廷之命,助你一臂之力。潜台词是:九叔,您老人家加快进度,我扛不住朝廷的压力了!

曾国荃出示李鸿章的信给所有营寨主将,道:"我们围城血战两年,要把功劳送给别人吗?"

众将群情激愤,道:"拼死一战!"第二天,湘军便攻克南京。太平天国起义宣告结束。

湘军、淮军将帅均加官晋爵,李鸿章受封一等肃毅伯,赏戴双眼花翎。事后,曾国藩握紧李鸿章的双手,感谢道:"愚兄弟薄面,赖子保全。"意思是:谢谢你,保全了我们兄弟两个的面子。

世人常说,晚清名臣,曾国藩最善做人,左宗棠最善做事,李鸿章最善做官。从这件事情来看,李鸿章不止会做官,做事也精明厚道,做人也知恩图报。

李鸿章：一万年来谁著史，三千里外欲封侯

太平天国起义结束后，朝廷要裁撤湘军，曾国藩同意，李鸿章却给曾国藩写信，委婉劝道："目前之患在内寇，长远之患在西人。吾师暨鸿章当与兵事相始终，留湘淮勇以防剿江南北，俟大局布稳，仍可远征他处。"意思是：老师，咱们保留些人马，可以内除贼寇，外御列强。

可惜曾国藩并未听他的话，裁撤了湘军主力。

此后数年，李鸿章凭借军功，以及个人的远见卓识，文韬武略，先后担任两江总督、湖广总督、直隶总督及北洋通商事务大臣等职。他平定捻军起义，又与曾国藩、张之洞等人合力开展洋务运动，筚路蓝缕，建立金陵机器局、天津机器制造局等近代化军工企业。他对洋务运动的认识愈发深刻。

李鸿章说："中国欲自强，则莫如学习外国利器。欲学习外国利器，则莫如觅制器之器，师其法而不必尽用其人。欲觅制器之器与制器之人，则或专设一科取士，士终身悬以为富贵功名之鹄，则业可成，艺可精，而才亦可集。"

这番话，从学习外国利器开始层层论述，希望先找到能制造利器的机器，选择会制造利器的人学习相关技法，再通过改革科举，选拔专业人才，建立长效机制。他的这番话，至今仍有很强的指导作用。

同治十一年（1872年），曾国藩去世。50岁的李鸿章痛哭流涕，他亲笔写下挽联：师事近三十年，薪尽火传，筑室忝为门生长；威名震九万里，内安外攘，旷世难逢天下才。

他想：恩师，您虽然不在了，但我们富国强民的梦想，就由学生来实现！学生也会像您一样，安内靖外，做一个旷世难逢的

人物。

又过了两年，李鸿章积功至文华殿大学士，世人渐渐称他为李中堂。

如果说曾国藩是洋务运动倡导者，那么李鸿章便是推广者。往后20年，李鸿章纵横捭阖，殚精竭虑，大力开办军工企业和民用企业，派遣留学生，创设北洋海军，建造上海制造机，修建中国第一条铁路等。他对中国的近代化起到了推动作用。

假如李鸿章70岁便去世了，他或许会以更正面的形象留在史书上，可惜历史从来没有假如。李鸿章的一世英名将被一场战争埋没。

时间到了光绪二十年（1894年），慈禧太后过60岁大寿要修建颐和园，于是大量挪用海军军费。李鸿章顶多是清朝的四把手。清朝真正当家做主的是慈禧太后、光绪皇帝与几个亲王。一把手慈禧太后要钱，李鸿章不敢不给。虽然李鸿章知道，日本对中国早已虎视眈眈，他也知道北洋舰队需要军费购买弹药，更新装备。

没多久，日本海军悍然偷袭北洋舰队。大清各路大军，除了淮军旧部，均作壁上观。

结果，李鸿章20多年费尽心血创建的北洋舰队全军覆没！因为战事发生在甲午年，故称为甲午战争。

日本军队赢得战争后，虎视眈眈，派谁去谈判呢？慈禧太后经过慎重考虑，诏令73岁的李鸿章赴日本马关谈判。

日本政府狮子大开口，除了割地之外，还向清政府索要白银3亿两。日本首相伊藤博文对李鸿章道："但有允与不允两句话而已。"意思是：就两个选择，答应或者不答应，没有讨价还价的余地。

李鸿章拂袖而去。他在返回下榻之处的路上被日本一个年轻人刺杀，子弹击中李鸿章面部，血流衣襟。

李鸿章经过抢救后，勉强恢复知觉，子弹却留在眼眶下，至死无法取出。李鸿章凝视着中弹时的血衣，道："此血所以报国也。"他对身边的美国顾问科士达道："万一谈判不成，只有迁都陕西，和日本长期作战，日本必不能征服中国，中国可以抵抗到无尽期。日本最后必败求和。"

李鸿章遇刺后，日本首相伊藤博文、次相陆奥宗光均来看望。也许日本人怕列强干预，也许是怕谈判失败，最后，日本人将索赔白银从3亿两变成2亿两。

李鸿章请示朝廷，朝廷同意了，丧权辱国的《马关条约》就此签订。李鸿章发誓终身不踏入日本国土一步。

几年后，李鸿章出使俄国，须经过日本。李鸿章坚决不同意，表示宁死也不踏入日本国土。换船时看到日本的小船，他怎么也不肯上，最后只有在两艘轮船之间架了一块木板，李鸿章以70多岁高龄，在起伏不定的波涛上，咬紧牙关，步履蹒跚，慢慢腾腾地挪过去。

这位风烛残年的老人，就如同走向末日的大清帝国的化身。

老友戈登拜访李鸿章，推心置腹道："中国今日如此情形，终不可以立于往后之世。除非君自取之，握全权以大加整顿耳。君如有意，仆当执鞭效犬马之劳。"意思是：中国现在的形势，不可能在世上立足了。除非你拿下中国，拥有全部权力大加整顿。如果你同意,我愿效犬马之劳!

李鸿章什么反应呢?他"瞿然改容,舌矫而不能言"。他面色大变,伸直舌头,说不出话来。

也许他是真的惊呆了,也许是故意装的,因为拒绝好友会令对方没面子,答应的话又不符合自己为人。

人生最后几年,李鸿章曾自嘲是个"裱糊匠":"我办了一辈子的事,练兵也,海军也,都是纸糊的老虎,何尝能实在放手办理?不过勉强涂饰,虚有其表,不揭破犹可敷衍一时。如一间破屋,由裱糊匠东补西贴,居然成一净室,虽明知为纸片糊裱,然究竟决不定里面是何等材料。即有小小风雨,打成几个窟笼,随时补葺,亦可支吾对付。乃必欲爽手扯破,又未预备何种修葺材料,何种改造方式,自然真相破露,不可收拾,但裱糊匠又何术能负其责?"

光绪二十七年(1901年),79岁的李鸿章在病逝前一个小时,大口地吐血,而俄国公使还在逼迫他在一份条约上签字画押。

据说,临死前,李鸿章留下一首绝命诗:"劳劳车马未离鞍,临事方知一死难。三百年来伤国步,八千里外吊民残。秋风宝剑孤臣泪,落日旌旗大将坛。海外尘氛犹未息,诸君莫作等闲看。"

他已经油尽灯枯,却怎么也不肯闭上眼睛。围在身边的幕僚们,涕泣着趴在他耳畔轻声道:"未了之事,我辈可了。请公放心。"李鸿章微不可察地叹息一声,永远阖上双目。

李鸿章：一万年来谁著史，三千里外欲封侯

小贴士

笔者曾有幸参观李鸿章故居。李鸿章中年时的照片，看上去意气风发，踌躇满志。老年的照片也还平静沉稳。但暮年的照片，面无表情，双目深邃。

青少年时期的李鸿章，胸怀封侯做宰的壮志，埋头苦学，先后考中秀才、举人、进士，踏入仕途。

中年李鸿章，不甘寂寞，抓住太平天国起义的机会，沉浮数年，入曾国藩幕府，终于担任淮军的统帅，借力打力，有了一番军事成就。

晚年的李鸿章，不辞辛劳，不畏诽谤，努力推行洋务运动。人生最后八年，由于皇命难违，他被迫出面签订了一系列不平等条约。

作为读书人，李鸿章立志求学，埋头苦学，是科举的弄潮儿，留下气势雄浑的《入都》名作。作为军人，他原本不会用兵，却能学习湘军、学习西洋，创建淮军。

作为政治家，他曾艰辛地推动洋务运动。作为外交家，他在国家生死存亡的紧要关头，合纵连横，以衰老之躯，尽量为国家减少损失。

李鸿章的一生充满争议，但也确实称得上以一己之力，撑起了晚清时中国的半边天。